语文教学中的
人文素养价值探索

王爱淳 著

吉林大学出版社
长春

**图书在版编目（CIP）数据**

语文教学中的人文素养价值探索 / 王爱淳著．-- 长春：吉林大学出版社，2021.5

ISBN 978-7-5692-8482-9

Ⅰ．①语… Ⅱ．①王… Ⅲ．①中学语文课－教学研究 Ⅳ．① G633.302

中国版本图书馆 CIP 数据核字（2021）第 126733 号

书　　名　　语文教学中的人文素养价值探索
　　　　　　YUWEN JIAOXUE ZHONG DE RENWEN SUYANG JIAZHI TANSUO

作　　者　　王爱淳 著
策划编辑　　李承章
责任编辑　　安　斌
责任校对　　马宁徽
装帧设计　　树上微出版
出版发行　　吉林大学出版社
社　　址　　长春市人民大街 4059 号
邮政编码　　130021
发行电话　　0431-89580028/29/21
网　　址　　http://www.jlup.com.cn
电子邮箱　　jdcbs@jlu.edu.cn
印　　刷　　武汉市籍缘印刷厂
开　　本　　710mm×1000mm　　　　1/16
印　　张　　16
字　　数　　251 千字
版　　次　　2021 年 5 月　第 1 版
印　　次　　2021 年 8 月　第 1 次
书　　号　　ISBN 978-7-5692-8482-9
定　　价　　78.00 元

**基金项目：**

"中国语言文学"贵州省区域内一流培育学科

2020 年度贵州省理论创新课题（联合课题）：中学群文阅读与单篇阅读教学效果比较研究　项目编号：GZLCLH-2020-309

2019 年度黔南民族师范学院校级项目：BOPPPS 教学结构下的有效课堂教学设计　项目编号：qnsy201939

黔南民族师范学院 2018 年度"地方民族文化与教育研究"项目：本土特色文化在民族地区教育中的渗透研究——以卡蒲毛南族乡中学为例　项目编号：MY18JD005

# 前言

根据《高中语文新课程标准》中所提出的要求：习近平总书记在全国教育大会上强调，要在党的坚强领导下，全面贯彻党的教育方针，培养德智体美劳全面发展的社会主义建设者和接班人。应坚持反映时代要求，关注学生个性化、多样化的学习和发展需求，促进人才培养模式的转变，着力发展学生的核心素养。内容中所提到的着力发展学生的核心素养已不再是单单地只发展学生的语文能力，而是学生通过学科的学习逐步形成正确的价值观、必备品格和关键能力，是学生在语文学习中获得的语言知识与语言能力，思维方法与思维品质，情感、态度与价值观的综合体现。除此之外，在《高中语文新课程标准》中还对语文这一学科的核心素养进行了归纳和总结，主要包含了："语言建构与运用""思维发展与提升""审美鉴赏与创造"以及"文化传承与理解"四个方面。其中，"审美鉴赏与创造"

和"文化传承与理解"两个板块都是对学生人文素养的培养和发展提出的针对性的要求。并且，在《初中语文新课程标准（最新修订版）》中，"语文课程应为提高学生道德品质（思想道德素质）和科学文化素养，弘扬培育民族精神，增强民族创造力和凝聚力，发挥积极的作用"等体现学生人文素养、人文情怀的内容都成了此次修订版的增加部分。

随着时代的发展，学生的人文素养、人文情怀、个性发展、思维拓展、鉴赏能力等方面已经成了学校培养学生全面发展的重要板块。而语文学科的特殊性存在于人类社会的各个领域。因此，本书的编写力图在语文教学中探索人文素养的价值及意义，主要以中学语文教材中的语文篇目为教学案例展开实践探讨和研究。

本书共计六章。第一章"人文素养的基本认识"主要介绍了人文素养的基本内涵、人文素养的价值及意义以及与之相关的语文课程中人文性与工具性之间的关系、隐性课程与显性课程之间的关系等。

第二章主要讨论的是人文素养在语文教学中的现状、成因以及就该现状存在的问题所提出的策略与方法。只有全方位地分析人文素养在语文教学中的现有状况，才能更准确有效地提出行之有效的策略及方法。根据对现有状况进行分析，不难看出，人文素养在中学语文教学中并没有充分地发挥其重要作用，只达到了浅层的效果，而导致存在该现状的主要原因则可以从教师、学生、考试机制、教学侧重点等方面进行论述。因此，就以上几点因素，提出了与之相关的策略，从而更加详细地提出了解决方法和途径。

第三章是根据中学语文教材中的部分篇目作为案例进行分析和研究，主要从散文、小说、诗歌、新闻四个板块的教学内容展开研究。每个板块当中所选择的篇目都是该体裁在语文教材中比较有代表性的篇目，能够更好地使人文素养在这些篇目中的价值得到充分地体现，如散文教学板块中初二年级下册的《白杨礼赞》、高一年级上册的《荷塘月色》；小说教学板块中高二年级下册的《荷花淀》、初一年级下册的《台阶》；诗歌教学板块中初一年级下册的《黄河颂》、高一年级上册的《沁园春·长沙》；新闻教学内容中初二年级上册的《消息二则》、高一年级上册的《奥斯维辛没有什么新闻》。

第四章主要展现了人文素养在传统文化中的价值体现。众所周知，中华民族五千年的传统文化博大精深，传统文化的重要性不言而喻，与传统文化相关的内容也在中学语文教材篇目中占据了很大的篇幅，在语文教学中如何更好地传承和发扬传统文化也是老师需要关注的一个至关重要的点。因此，在本章节中，主要通过古诗词、文言文以及"记"这种文体来诠释人文素养、人文情怀在传统文化中是如何来呈现它的价值和作用的。而在古诗词教学这个板块中又包含了"爱国情怀""思乡之情""人生抱负"三个系列。通过这些耳熟能详的古诗词以及经典的传统篇目，可以更好、更直接地向大家诠释在传统文化中人文素养的价值体现。

第五章将要讨论的是人文情怀在不同情感体系中的精彩呈现。本章的内容主要倾向于在中学语文教材中不同情感的体现与诠释。分别从"亲情""爱情"以及生活当中的"人间真情"三个角度展开探讨，更加直观详尽地突显出人文情怀在我们现实生活中的情感熏陶。所选篇目主要从深入人心的真挚情感入手，更能直击人心，例如，朱自清先生父亲的《背影》、莫怀戚笔下祖孙三代人在田间的《散步》以及鲁迅先生笔下人物形象极其鲜明的《纪念刘和珍君》，等等。通过这一个个活灵活现的人物形象，情感丰富的故事情节，令人荡气回肠的丝丝情愫，更加精彩地呈现出人文情怀在不同情感体系中令人为之动容的真情实感。

第六章主要是对我国著名教育家陶行知先生的教育理念进行研究和探讨。同一线教育工作者就如何在自己的教育理念中体现人文情怀、人文素养、人文情感，进行探究、分析以及讨论。通过总结前人的思想理念和优秀案例来论证本书中所要阐述的观点，且更加丰富地充实本书的整体内容。

人文素养在中学语文教学中的价值探索这个研究点值得每一位语文教育工作者在教育事业这条前行的道路中不断探索、不断创新，本书的研究及论述主要是基于诸多具有代表性意义的语文篇目进行实践探索而展开的。笔者虽竭尽全力但难免有不尽之处，期待同仁和读者的指正。

# 目录

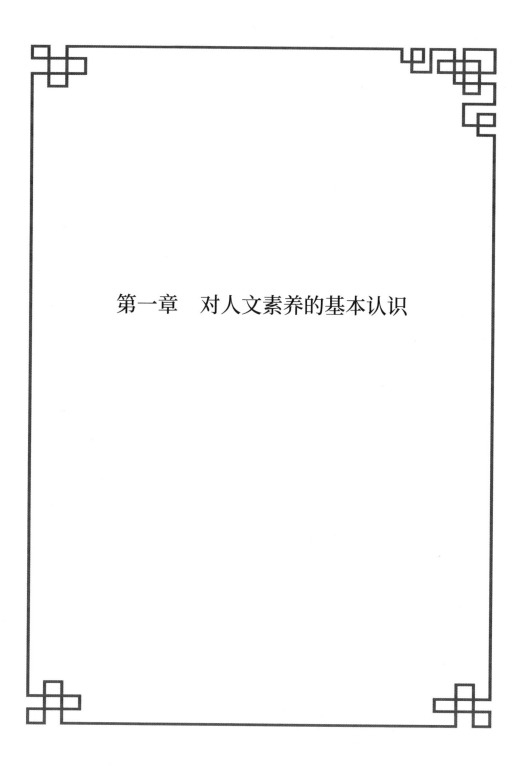

第一章　对人文素养的基本认识

# 第一节　人文素养的基本内涵

## 一、基本概念解释

根据对"人文素养"一词的定义查阅可以得知，所谓的"人文素养"，事实上就是"人文学科的研究能力、知识水平和人文学科体现出来的以人为对象、以人为中心的精神及人的内在品质"。而人文素养的关键和灵魂，并非能力，而是"以人为对象、以人为中心的精神"，其核心内容是对人类生存意义和价值的关怀，这个就是我们通常所说的"人文精神"，也可以称之为"人文系统"，这是一种为人处世最基本的"德性""价值观"和"人生哲学"，而科学精神、艺术精神乃至道德精神都包括在其中。事实上，"人文"二字最早出自《易经》，在《易经》中提出："文明以止，人文也。"在这里，"人文"指的是：当时社会的礼乐典章制度以及其对社会个体行为的规范教化作用。随后，北宋思想家程颐将"人文"视为人之道，认为其具有教育、教化作用。由此可以看出，"人文"最早的理解是关乎道德教育的内容。事实上，"人文"不仅可以统称为人类所有文化知识中的优秀部分，还能作为一种优秀、先进的文化价值观对人起到教化的作用。①

## 二、对"人文素养"的解读

在《初中语文课程标准》中就提出，"要全面提高学生的语文素养"，"语文课程应通过优秀文化的熏陶感染，提高学生的思想道德修养和审美情趣，使他们逐步形成良好的个性和健全的人格，促进德、智、体、美诸方面的和谐发展"。而提到"语文素养"就不得不先对"素养"一词进行一个较为详细的解析。"素养"一词在《现代汉语词典》中的解释为"平日的修养"，可以理解为"素养"是属于"修养"的范畴，事实上，"素养"是介于素质和修养二者之间的一个概念。② 提及"人文素养"需从"人文主义"这个角度展开阐述，王文彦在《语文课程与教学论》中提道："具体到语文教育中的人文主义，是指汉语言文字中所包含的民族文化，以及在教学实践中发挥民族文化的作用来发展学生的思想感情，培养健全的人格和完美的个性。具体主张是：追求语文教学的社会化、人格化与个性化，课堂不仅是学生获得知识和技能的场所，也是学生体验人生的地方。"事实上，"人文素养"主要是指处于社会环境中的人吸收丰富的人文科学知识以及接受到人类优秀文化的熏陶之后所表现出来的整体精神状态和内在涵养与气质。③

在《高中语文课程标准》中也明确指出，语文学科核心素养主要包含了"语言建构与运用""思维发展与提升""审美鉴赏与创造""文化传

---

① 戴盛才 . 探寻高校语文教育有效改革途径 [J]. 语文建设，2017（20）：16-17

② 王文彦，蔡明 . 语文课程与教学论 [M]. 北京：高等教育出版社，2006：63

③ 陈媛媛 . 语文阅读教学中人文素养的培养——以新课程改革为背景 [J]. 吕梁教育学院学报，2020：83

承与理解"四个方面。其中，"审美鉴赏与创造"和"文化传承与理解"两个方面主要是指学生在语文学习中，能帮助学生形成正确的审美意识、健康向上的审美情趣与鉴赏品味，并在此过程中逐步掌握表现美、创造美的方法。除此之外，学生还能结合语文篇目当中的知识，正确地继承和弘扬中华优秀传统文化、革命文化、社会主义先进文化，应该提升学生中国特色社会主义的文化自信，防止文化上的民族虚无主义；因此，在语文教学中，老师应结合教材中的语文篇目，深入探索文章中所宣扬的文化主旨，帮助学生提升审美情趣与鉴赏品味，传承和发扬中华民族的传统文化。

## 第二节　人文素养的价值及意义

### 一、人文素养的核心价值

人文素养的核心价值主要体现在中学语文课堂教学中老师通过篇目的讲解、内容的介绍，在学生获得语文能力的同时能够把握文章的主旨，以及作者的思想情感，在此基础上，学生能够在不同体裁的篇目中学习到丰富多彩的人文精神。在前文中已经提到人文素养主要包含了"人文学科的研究能力、知识水平和人文学科体现出来的以人为对象、以人为中心的精神及人的内在品质"，其关键是"以人为对象、以人为中心的精神"。那么语文作为一门重要的基础性学科，老师在教学中必须关注两个点，其一就是学生这一学习主体，关注学生的个体情况、身心发展，从学生的角度出发去思考他们在学习的过程中所要面临的情况，是否能够准确地解读文章的主旨，老师应该更多地关心学生的内心世界。只有掌握了学生的内心情感才能更充分地剖析文章的精神主旨和中心思想。每个人对待事物以及问题的观点都会存在自身的看法以及偏见，因此，在语文教学中，如何帮助学生增强自我完善的意识、建构完整的思维模式十分重要。引导学生树立积极向上的世界观、人生观、价值观有助于学生在以后的人生道路中有着一个准确的定位。所以，在语文教学中，老师一定要做到"以人为本"，不能忽略学生的真实感受。其二，老师在开展教学的过程当中，务必正确地引导学生把握文章的本质内涵，在深刻理解教材基本内容的基础上，有意识地挖掘其中的人文内涵，帮助学生吸收和内化，如果学生在老师的授课过后只能达到深入浅出的效果，那就意味着学生并没有建立起学习人文精神良好的意识形态。事实上，语文学科不能仅仅只停留在学生的基础认知能力层面上，更多的应该从更高的心理层面出发帮助学生获得精神世界的充实。

## 二、人文素养的意义所在

人文素养的意义主要体现在通过老师的帮助，学生能够自主地建构一个较为完善的意识形态，对待不同的人和事能持有积极乐观向上的人生态度。整个思想体系的构建皆需老师借助语文教材当中的内容帮助学生吸收和理解。首先，人文素养的提升能够帮助学生在情感能力、审美能力等方面有进一步的发展。因为人文素养主要体现在以人为中心的精神品质方面，而在我们中学语文教材中随处可见以人为主、以情感世界为主体结构、以宣传弘扬正能量为主线的语文篇目。其目的主要在于通过语文课程的学习，学生不但能够学会语言的建构与运用、逻辑思维的发展与提升，还能形成正确的审美意识、健康向上的审美情趣与鉴赏品味，继承和弘扬中华民族优秀的传统文化。

### 三、人文素养在语文教学中之作用体现

人文素养在语文教学中的作用主要体现在几个方面。

第一，帮助学生理解多样文化。根据学生的年龄特点引导学生去理解不同时代、不同国家的传统文化和历史发展，扩宽学生的文化视野，学生通过书本当中不同篇目的知识背景、人文风俗、生活经验等了解不同的风土民情。如让·乔诺《植树的牧羊人》当中"植树人"这个角色的虚构、康拉德·劳伦兹《动物笑谈》中各种动物的奇怪表现、茅以升《中国石拱桥》的桥体结构、海明威《老人与海》当中人与自然对抗的惊心动魄，从而达到丰富学生内心世界的作用和效果。

第二，增进学生的美感体验。在中学语文教材的篇目中，处处彰显着"美的画面"。如何帮助学生在课文当中发现美、挖掘美、体悟美、品味美，从而真正地感知当中的人文情怀、体会其中的人文精神是提升学生人文素养的关键之一。不同年龄段的学生对于当中"度"的一个把握，以及如何很好地理解文章中的人文情怀是老师需要不断思考和探索的，如词人李清照《声声慢》中的"凄美"、朱自清《春》的"生机美"、郭沫若《天上的街市》当中的"期望美"、叶圣陶《苏州园林》中的"建筑美"以及刘禹锡《陋室铭》中的"简陋美"，等等，这些"美"的定义都需要在老师的逐步引导下让学生慢慢去发现和挖掘，从而能够从书本上、从课堂中、从作者的笔下去欣赏不一样的美，去体悟不一样的人生。

第三，完善学生的人格品质。学生的个人品质、人格心理都是需要老师在日常教学中去关注并积极引导的重点。通过在语文教学中学习不同的内容从而获得新的认知，对以往不正确的思想观点予以摒除，从而改变学生固有思想中不积极、不健康的因素，是语文教学当中的一个重要任务。

学生拥有高尚的情操、健全的人格才能帮助他们在今后的生活和工作中获得更高层次的起点以及更大的收获。所以，在语文教学中，诸多语文篇目中积极向上的元素都能提升学生的人格品质。如"县委书记的榜样——焦裕禄同志""人民应当坚持正义的精神""生于忧患死于安乐的警示""可远观而不可亵玩焉的品质""在《诫子书》中学会如何做人、如何做事"，等等。

第四，提升学生的个性发展。在学生以往的人生经历中，有着太多丰富多彩的生活片段，但由于家庭教育存在一定的差别，人生阅历也各有不同，导致学生的个性发展也有所不同。在这样的情况下，老师应正确引导学生在不同风格的作品中找寻与之相关的、能够吸引他们的亮点，从而帮助学生在自身的发展中、个性的塑造中有一个正确的方向。例如，应学习白求恩同志毫不利己、专门利人的高尚品质；应摒除皇帝的新装当中皇帝的愚昧无知、爱慕虚荣；假如生活欺骗了你，也不要气馁、不要妥协等能够激发学生正能量的切入点，以此提升学生的个性发展。

## 第三节　语文课程中人文性与工具性之间的关系

　　只有将语文课程中人文性与工具性之间的关系阐述清楚了，才能更加清晰地认识到人文性的作用与价值，才能更突出人文素养对学生的重要性。在语文课程标准中强调，"工具性与人文性的统一，是语文课程的基本特点"，二者既相互对立，又相互依存。语文作为一门基础性学科，它的工具性是不言而喻的，"在语文教育界长期积累的识字和写字经验、阅读和写作经验、口语交流经验，都是语文作为一种工具而积累的经验"，因此，自这门学科诞生之日起，就从未有人质疑过它的作用和意义。而语文课程的人文性却一直饱受争议，尤其是在多年前，很多业内人士坚定地认为，"人文性"不可能与"工具性"一样成为语文课程具有标志性的特性，"人文性"也不具备这样的特性。然而，事实上，在语文课程当中，处处都能体现"人文性"，从语文教材所选取的篇目中就能证明这一观点。所谓"人文性"就是指"以人性、人道为本位的价值取向"①。再从现行的语文课程标准中对"工具性"与"人文性"的定义进行分析,"工具性"的着力点在于培养学生语文运用能力的实用功能和语文课程实践性的特点,而"人文性"则具有对学生思想感情熏陶感染的文化功能和课程所具有的人文学科的特点。因此,二者是相辅相成的、是缺一不可的。只有在工具性的作用得到很好的发挥的基础上,才能实现人文性的价值;与此同时,只有将人文性在语文课程中诠释得更加透彻,才能证明工具性的作用得到了体现。王荣生在他的《语文科课程论基础》中提出:"事实上,语文科的'思想性''人文性''德育''态度'等,不只局限于课文内容,除了通过课文所进行的教育,除了在教学活动中通过听、说、读、写接受和表达的内容所进行的教育,除了在课内课外老师同学生的交往中所进行的教育,除了学校、课堂环境的'隐性课程'所体现的教育,被习惯于指涉为'工具性'的东西,实际上也实施着'思想''人文''道德''态度'的教育,而且往往还是比课文更强有力、更持久的'教育'。"②可以看出,人文性教育也好、隐性课程教育也罢,给学生所带来的影响都是比较深远并且更加持久的。

正如,新课程对学生的发展作出了新的定位,要求学生在学习每一门课程都要将"知识与技能""过程与方法""情感态度与价值观"这三维目标有效地结合起来。只有将语言进行整合与建构,才能提升学生思维发展的空间,待学生思维品质得到全面提升后,自然会在教学活动当中不断地形成正确的审美意识,逐步掌握以及创造美的方法,传承中华民族的优秀传统。

---

① 朱绍禹.中学语文课程教学论 [M].北京:高等教育出版社,2005:4
② 王荣生.语文科课程论基础 [M].北京:教育科学出版社,2014:99

## 第四节 隐性课程与显性课程之间的关系

在本书中之所以要阐述显性课程与隐性课程之间的关系，是因为两种课程的性质所对应的正是语文课程的工具性与人文性，其中的隐性课程所包含的内容也折射出了人文素养的诸多方面，与人文素养有着千丝万缕的关系。在张华的《课程与教学论》一书中对隐性课程和显性课程的定义进行了较为详细的阐述，书中提到："隐性课程与显性课程是相对应的范畴。如果说显性课程是学校教育中有计划、有组织地实施的'正式课程'（formal curriculum）或'官方课程'（official curriculum）的话，那么隐性课程则是学生在学习环境（包括物质环境、社会环境和文化体系）中所学习到的非预期的知识、价值观念、规范和态度。"而隐性课程也被称为潜在课程、隐蔽课程、无形课程、自发课程等，主要指学生在学习环境（包括物质环境、社会环境和文化体系）中所学习到的非预期或非计划性的知识、价值观念、规范和态度。因此，不难看出，显性课程的实施总是伴随着隐性课程一同存在的。隐性课程主要是学术以外的非学术性内容，如价值、态度、信仰、情感、社会交际。除此之外，隐性课程具有持久性，许多隐性课程都是通过心理的无意识层面对人产生的影响，类似于对情感态度的影响、对价值观念的影响、对性别角色的影响，等等。并且，隐性课程的内容既可能是学术性的，也有可能是非学术性的，如潜移默化地学会某种学术知识、学术观点、学术态度、学科探究方式等就是学术性的，而隐含于班级和学校结构、行为规范和规则、人际交往方式等方面就是非学术性的。[①] 陶本一在《学科教育学》一书中也提出："学生在学校中所获取的经验，可分为两部分，一是在教育过程中直接表现出来的，例如学校的课程表上所列的科目，另一则是间接的，例如校园文化、学生团体交往等等。这两者的外延之和就是学校课程的外延，即学生在学校情境中所获得的全部经验。"[②] 事实证明，隐性课程与显性课程之间的关系是相辅相成、缺一不可的。

如果从语文课程的角度来说，显性课程所对应的内容即是学生语言的积累、语感的培养、思维的发展、语文基本方法的掌握、良好习惯的养成、听说读写能力的提升以及正确地理解和运用祖国的文字。而隐性课程所对应的正是让学生接受优秀文化的熏陶、思想道德水平的提高、良好个性的形成以及德、智、体、美诸多方面的和谐发展。因此，显性课程与隐性课程囊括了语文教学的方方面面，从语文课程的诸多方面就足以证明显性课程与隐性课程的广泛性和深入性。

首先，我们从教案这个角度来谈一谈。众所周知，语文教案当中包含了教学目标、教学重难点、教学过程、教学方法等板块。就拿教学目标和教学重难点来说，一篇课文的教学目标必须紧密结合这篇课文的知识点以

① 张华.课程与教学论 [M].上海：上海教育出版社，2015：310

② 陶本一.学科教育学 [M].北京：人民教育出版社，2001：106-107

及学生应该达到的水平、获得的认知能力、情感态度，等等。例如初一上学期所要学习的史铁生的《秋天的怀念》，这一篇课文的教学目标主要是帮助学生理解作者的复杂情感，掌握文中对景物描写的方法，并揣摩语句中朗读时的语气；而重难点则是通过学习，学生能够对于生存困境中"好好儿活"这句话的领悟，并且学生需学着练习朗读的语气，画出重音、停连、语气符合、写提示语，等等。这当中，掌握朗读技巧、描写方法、掌握人物的内心变化都是显性课程，也就是语文工具性的一个体现；而学生能够体会作者对母亲的那份怀念、对母亲的悔恨、母亲让他"好好儿活着"的那份信念，以及文中母亲对孩子那一份细腻的爱、无私的爱、深沉的爱则是隐性课程，也就是语文课程的人文性。这份情感是能够直击学生内心深处的，每个孩子都享受着母亲无私的爱，通过学习这样一篇课文，不但能够帮助学生掌握文中描写的方法、朗读的技巧，还能从另一个角度加深学生对母亲的情感。老师在让学生学会描写的同时，还能在此基础上，以学生与母亲之间的情感为主线，帮助学生续写一篇以"母爱"为主题的作文，从而帮助学生更好地体会母亲这个角色的不易，学生对这份情感的体悟和感知便是语文三维目标当中的"情感态度与价值观"。以课文中的思想情感联想到学生自身的情感，通过老师的引导，请学生静下心来感受母爱，回忆一下自己是否也曾对母亲漠视、冷淡，对母亲所做的一切都觉得理所应当，老师可以在拓展延伸部分，请学生为自己的母亲写一封信，写出对母亲的愧疚、对母亲的爱以及对母亲的真情实感，更好地引导学生思考自己与母亲之前的关系与感情。

其次，再来谈谈授课过程。在授课过程当中，老师对教学内容讲解的形式以及向学生有意无意传达出的信息都是隐性课程的一个范畴。从老师对文本知识的讲解到对一篇课文的剖析，再从对一句话的重点解析到对作者情感的解读都从侧面对学生产生了一定的影响，在整个授课过程当中，学生都在老师的语言表达以及言传身教中获取了除知识以外的情感熏陶与情绪的渲染。如教授吴晗的《谈骨气》一课，老师对"骨气"一词的理解，对文中引用内容的分析，都能站在中国人民这个角度来谈论自身对"骨气"的诠释，学生从侧面能够感受到老师所传达出的"富贵不能淫，贫贱不能移，威武不能屈"。从而帮助学生在内心深处形成一个积极向上的"骨气意识"，对学生进行了一次深入的"骨气教育"。在提高学生爱国主义情操方面起到了积极的作用。当中，老师对英雄气概的赞扬以及要求学生要做一个有骨气的中国人的倡导，那种打动学生的情绪、情感都是一种人文情怀，都是在学生学会文本基础知识这样一种显性课程的同时无意间收获到的隐性课程。

最后来看看教学环境。环境所传达出来的人文精神、人文情怀对学生的影响也是非常明显的。大到学校当中的宣传标语、滚动显示屏中积极向上的"正能量"，小到教室里的黑板报、教室环境氛围的营造，都是学校环境所构建的隐性课程。其从侧面对学生带来的影响也是不可小觑的。就拿全国唯一的卡蒲毛南族乡中学举例说明，卡蒲毛南族乡中学地处于贵州省黔南布依族苗族自治州平塘县，该校为了更好地发扬和传承毛南族文化，在校园环境氛围的营造方面下了许多功夫，该校将校园文化的建设作为宣扬民族民间文化的重要组成部分，将富有毛南族文化的民族元素在校园中进行深入地推广。并且，卡蒲中学于 2015 年拟定了"毛南大课间"的活动方案，将毛南舞蹈"猴鼓舞""地牯牛""舞火龙"与体育课间操有效结合，开发了具有创造性的适合学生运动的校本操即"毛南大课间"。除此之外，还研发了以毛南语为主的校本教材。走进卡蒲毛南族乡中学，能够在校园的各个角落欣赏到有关该民族的各种图片、素材、手工，等等，给人以一种浓厚的少数民族气息。在这样的一种氛围环境下，学生除了学习国家所规定的学习科目以外，还会学习与毛南族有关的知识。学校所营造出的校园环境给学生提供了能够直接接触到本民族文化的机会，在课余时间，能够更容易地了解并熟悉本民族的传统文化。这样一种方式就很好地帮助学生产生对本民族深深的人文情怀，更有利于民族文化的传播与发扬。

第二章　人文素养在语文教学中之现状、
成因及策略

# 第一节 人文素养的现有状况

纵观语文学科的发展历程，作为一门基础性的语言学科，语文学科的实用性、工具性得到了社会大众的一致认可，甚至在部分人的思想观念里面，语文学科就只有工具性的作用，而人文性被习惯性地忽略了。大部分人认为，学生学习语文这一门课程主要是培养他们的写字能力、阅读能力、写作能力、口语交际能力等。事实上，语文课程的本质除了这些能力的获得以外，还应该激发和培养学生热爱祖国的思想感情，提高学生的道德修养和审美情趣以及帮助他们形成良好的个性和健全的人格。从最新版的《高中语文新课程标准》和《初中语文新课程标准》所补充的内容可以看出对有关学生人文素养这个问题所提出的要求。在《高中语文新课程标准》中提到，普通高中语文课程，应使全体学生在义务教育的基础上，进一步提高语文素养，形成良好的思想道德修养和科学人文素养，为终身学习和全面而有个性的发展奠定基础，为传承和发展中华文化、增强民族凝聚力和创造力发挥应有的作用。之所以要求学生形成良好的思想道德修养和科学的人文素养，是因为在互联网快速发展的今天，学生获取的大量不良信息对学生的人生观念造成了巨大的冲击，这也是部分学生人文素养缺失的原因之一。在《初中语文新课程标准》中也提到，语文课程应为提高学生道德品质（思想道德素质）和科学文化素养，弘扬和培育民族精神，增强民族创造力和凝聚力，发挥积极的作用。事实上，通过社会现行的发展可以看出，部分学生对国家发展、社会进步、科技创新并没有过多关注，更多关注的是娱乐、明星、网红等没有营养价值的直播，在越来越多网络平台的影响下，这一部分学生更加向往的是对金钱的渴望，对物质盲目的攀比，从而缺乏正确的三观和积极向上健康的心态。

事实上，通过对一线老师和部分学生进行调查访问得出的结果可以更加肯定，部分学生在人文素养这一块有着较大的缺失。从老师方面获取的情况是，学生对于语文课本当中许多篇目所诠释出来的情感并不能很好地感知，并且不能真切地去体会，很多学生只是单纯地配合老师完成一篇课文的学习，从情感态度价值观的角度来说，并没有真正地去理解作者想要表达的情感。从学生反馈的信息来说，一部分学生认为老师所分享的、所传达的情感，他们没有办法体会，能够获取的情感体验非常有限，另一部分学生最大的感触就是体会不了，不知道从哪个角度去理解和感知。因此，人文素养存在最大的现状就是学生在语文教学中并没有得到很好的培养，个人意识并没有得到最大限度的强化。

# 第二节　导致该现状存在之因素

## 一、教师方面

### （一）文化底蕴的缺乏，导致人文精神的传递不到位

对于部分语文教师而言，自身的文化底蕴较为缺乏，想将人文精神很好地传递到位，那是不太现实的，出现这样的情况，可能是诸多原因导致的。首先，老师的语文功底不够扎实，拿到一篇文章，只能从文章的浅层进行简单的处理，最普遍的就是解决文章生字词、介绍作者生平、介绍创作背景、划分文章段落大意、总结文章主旨，等等。要想透过表层的内容进一步剖析文章所蕴含的人生哲理，解读文章所富有的人文情怀是很难做到的，从而只能满足语文课程的工具性，不能体现语文课程的人文性。其次，部分语文教师的知识储备不够丰富，不能多角度地去解读文章，只能一味地通过教学参考书进行教学设计，从而进行满堂灌"填鸭式"的教学，教参上的教学模式和结构框架都是前人的思想，老师只是单纯地照搬教参，

没有自己的思想和见解，只不过是将他人的创作成果"念"给学生听、督促学生记，从而失去了语文课程的生命力，这样做并未真正地传递语文教学的价值，只不过是照本宣科罢了。第三，老师业余时间学习力度不够也是导致问题存在的原因之一。很多老师习惯性"吃老本"，不跟随时代的进步而提升自己的个人能力，从而只做好课上 45 分钟的工作就算完成任务，事实上，一位合格的老师，应该在不断夯实自己专业知识的基础上，不断学习、不断提升自己各个方面的业务水平。从老师的专业素养这个角度来说，课后的教学反思是一名专业老师的必要环节，然而很多老师的工作只停留在课前照搬教参书、课上照念语文书，如此一来，根本就不可能做到通过课外的充电学习来提升自己，更别提能在自己的思想层面上对课文有更深层次的体会。既然老师自身的文化底蕴都是相当缺乏的，如何能够将人文精神很好地传递给学生呢？

## （二）思想意识的局限，未能真正做到"以人为本"

对于部分中学语文教师来说，对人文精神、人文情怀的认知及认同感是非常匮乏的，很多语文教师存在比较狭隘和片面的思想，最为明显的特征就是教学的目的只看重学生的成绩，只在乎学生的分数，只关注学生的排名，对于学生的内心世界、精神需求、人文素养的关注度却非常低，甚至直接忽略掉了。在国家大力倡导"现代社会要求公民具备良好的人文素养和科学素养"的今天，老师在更多时候却依然坚持"以学为本"，对于"以人为本"的教育理念仅仅停留在喊口号的层面。老师一边打着"以老师为主导、学生为主体"的幌子，一边紧盯着学生死记硬背，亲手将学生葬送在题海战术里。出现这样的情况，主要缘于老师思想意识较为守旧，并且十分局限，纵然国家对语文教学已提出新的教育理念，要站在学生的角度，但绝大部分老师依旧把学生的分数成绩放在教学第一位，导致对于教学的定位出现很大的偏差。只要学生成绩好、分数高，学生的感受就不必顾及，学生学习的过程是否快乐并不重要，老师最终的目的只是整个班级的年级排名、全校排名甚至是联考排名。因为在老师根深蒂固的思想观念里，只有学生的分数上去了，只有班级的排名靠前了，老师才能获得学校的认可、才能获得社会的认同、才能赢得家长的尊重，事实上，这些认可也好、认同也罢，都是建立在老师对学生学习过程中实施的"高压政策"基础上所换取的。然而，学生真的快乐吗，老师真的有从学生的角度出发去解读一篇课文吗？想必，这个答案是昭然若揭的。如果老师不能真正地做到"以人为本"，不能真正地从学生的角度去思考问题，那么老师永远不能真正地体会学生内心的真实感受，那么也就谈不上所谓的人文关怀，老师无法走进学生的内心世界，就不能真正地了解学生的真实想法，如果老师都不能真正地了解自己的授课对象，那么"备学生"这一点就根本无从谈起。连"备学生"这一点都做不到，那么无论讲授什么篇目，完成什么教学内容，都是不完整的，因为"教学"的根本就是"老师的教"和"学生的学"，既然自己的学生都不了解，那就等同于教"空头书"。

### （三）定位不准确，未能获知学生的真实水平

在国家大力宣扬"以老师为主导、学生为主体"的局势下，部分老师并未真正响应国家的号召，只在面临上级检查的时候请学生配合演好这场"角色互换"的戏即可。还有部分老师依然在传统教学的模式下，在课堂上尽情地唱着自己的"独角戏"，最被众人所熟知的就是"满堂灌"这种教学模式，老师一味地将知识灌输给学生，学生一味地听，对于很多老师来说，甚至连学生举手回答问题这个最基本的师生互动环节都直接省略了，老师照本宣科，不需要学生回答，也不用与学生互动，只要把自己"抄"好的教案念完就算完事。而学生呢？只是一味地配合老师的节奏，不去思

考问题，做好笔记、下课背诵就是好学生。长此以往，学生只是老师用一个模子雕刻出来的成品，学生的感受、学生上课所获得的知识以及学生所产生的思想情感，老师永远都无从得知。老师在定位上就出现了很大的偏差，教学的主体、教学的对象是学生，不是老师，老师的服务对象是学生，老师的备课方案也是为学生而准备的，因此，倾听学生的感受，了解学生的心得体会是老师的根本任务，换位思考，多听取学生的意见，获悉学生的所感所想才能真正地达到教学目标。

## 二、学生方面

根据调查发现，部分中学生的"生命意义感"较低，所谓"生命意义感"就是指，"个体理解，感受到的自己生命意义的程度，以及觉察到的自己人生目的、使命和重要目标的程度。"[①]学生无法从日常生活中、学校教育中很好地感知生命、正确树立自己的人生目标将影响学生未来的个人发展。国家强调应培养学生具有良好的政治素质、道德品质和健全的人格，并且要引导学生形成正确的人生观、世界观和价值观，然而从现目前学生的个人发展情况来说，部分学生的人文素养和三观都正受到巨大的考验。"现在有些学生不懂得什么叫作感恩，觉得别人为他们做什么都是理所应当的""有些学生，只把心思放在读书上，其他事都依赖父母""有些学生不懂得什么叫爱国、爱家、爱社会，只知道明星、网红、看直播"，越来越多类似于上述对学生的评价出现在了大众的视野，人文素养的缺失也是多方面原因导致的。首先，互联网的快速发展，新媒体的应运而生，网络媒体的日新月异等因素助推了学生对外界的认识和了解，新鲜事物带来的冲击促使越来越多的学生对学习的专注度大大降低，更多的是关注网络世

---

① 魏灵真. 中学生生命意义感的发展特点及其与心理健康的关系 [J]. 中小学心理健康教育，2020：22

界带来的纷繁复杂的各类信息，如此一来，学生的学习态度也会随之改变。其次，兴趣点的偏移。现如今的学生在享受科学技术带来的便利的同时，感兴趣的事物也越来越多，从而，对学习的兴趣及专注力大不如从前。学生本应以学习为主，课外的兴趣爱好为辅，但在时代发展的今天，部分学生的学习和其他业余爱好以同等的分量占据了他们全部的精力，这样一来，有些学生没有办法将全部精力都集中在学习和自我提升上，反之出现的情况则是学习效果一般，其他感兴趣的事比比皆是，并且对学习没有多大的帮助，反而对学生产生了诸多不利影响。第三，价值观的扭曲。价值观的扭曲已成为严重影响当代部分青少年健康发展的不利因素之一，存在这样的情况源于越来越多的"捷径"迷惑了学生的心智，上文中已提出，部分学生向往那种不用努力学习，只需改变自己的外貌和形象从而获得大众的好感来轻松换取金钱的方式，明星、网红、直播、娱乐圈等对部分学生产生了不良影响，有些学生将更多的时间和精力浪费在追星和网络直播上，并且个人的价值观在潜移默化的影响中已经发生了明显的变化，据对一线老师和学生的访问可知，通过观察发现，受网络媒体的影响，还有部分学生向往诸多明星的拜金生活，对这部分学生来说，这样的现象已经与国家和社会所提倡的"应培育学生的社会主义核心价值观、培育学生高尚的审美情趣"相差甚远。与多年前学生的理想——当科学家、医生、老师、军人这些高尚的职业相比，这部分的学生更热衷于当明星、网红、做直播。并且，他们所积极热心的事情不再是努力学习，考名牌大学，而是如何出道做明星、如何更轻松地赚钱。长此以往，学生的目标和志向将发生巨大变化，这一变化将对整个社会乃至国家都产生非常恶劣的影响。因为，过度关注娱乐就会严重地影响学生的心理健康，并且，价值观的扭曲所带来的危害不仅仅是影响学生自己还会影响整个社会和国家。

### 三、考试机制

自 1977 年我国恢复高考以来，每年高考人数都在不断递增，高考逐渐成为越来越多的学生实现人生理想的唯一途径。正因为小升初、中考、高考能够帮助学生获得更好的学习资源、体现自身的人生价值，考试也被学生、家长、社会乃至国家都视为极其重要的必经环节。因此，站在老师的角度，分数是老师最为关注的点，在更多的时候，只要分数高、成绩好就是部分老师所想达到的理想状态；对于学生而言，只要排名靠前、成绩优异就是父母眼中的好孩子，就是老师眼中的好学生，就是别人家孩子学习的好榜样。然而，过度地关注分数和成绩也会导致诸多问题的产生。就拿语文学科来说，大部分过度看重分数的语文教师更多地侧重于"死记硬背"，背作者、背作文、背创作背景、背段落大意，只要能背出高分就算完成教学任务；从学生的角度来说，是否理解课文的主旨内涵并不是最重要的，最重要的是能把老师布置的任务背完就算"学会"，因为只有背会才能考试，文章所传递的人文精神并不是学生所关注的，久而久之，学生的潜意识里就会片面地认为，"会考"就等同于"学会"，而这样的"学会"不过是对知识的囫囵吞枣，并没有掌握其中的要点。在这样的情况下，老师给学生所灌输的也是"只要考试分数高就是成绩好"的观念，长此以往，学生只在乎分数，不在乎学习过程中到底收获了哪些知识点，更别提每一篇文章所传递出来的人文价值以及丰富的思想情感。事实上，在国家推行考试制度的今天，也在积极地提倡素质教育对学生的重要性。从语文学科的课程标准就能看出，纵然考试始终是唯一的考核标准，也要坚持立德树人，增强文化自信，并且应该不断推进语文课程深层次的改革，不能只以考试的分数作为衡量学生唯一的标准，还应该加强实践性，促进学生语文学习方式的转变，注重时代性，构建开放、多样、有序的语文课程。从这点出发，老师应改变传统的思维模式，重新建构新型的语文课程，摒除"成绩是衡量学生唯一标准"的思想观念，形成"考霸就是学霸"这样一个怪圈。站在学生的角度思考应该怎样实施教学，才能让学生更好地吸收每一篇语文篇目当中的知识点以及精神主旨，不再单纯地要求学生死记硬背。从学生的角度来说，老师应帮助学生不只是关注考试所产生的影响，而是更纯粹地投入到学习当中，掌握每一篇课文所蕴含的价值、富有的人文情怀、传递的精神意义。让学生懂得考试的确是学习生涯中的重要环节，但是，不能仅仅以考试作为唯一的奋斗目标，不能将考试这样一个行为进行过度地解读，并偏离了它原本的作用与价值。学生应该明白，考试只不过是一种检测他们学习成果是否合格、是否达标的形式，绝不能只成为学生一味关注的焦点，从而忽略了语文课程的价值和意义。

## 四、教学侧重点的倾斜

教学侧重点的倾斜导致部分老师将语文课程的侧重点更多地倾向于语文课程的工具性这一特点。多数一线老师将学生能够运用语文的各项功能视为学习语文的主要目标，而对学生在语文学习中所获得的直接经验和内心感受常常忽略不计，在这样的情况下，就导致了老师只关注教学对象是否能够正确地掌握运用语言文字的能力，能否把握语言文字的特点和运用规律，而学生应具备的良好的人文素养就随之被忽略掉了。从一线老师所反馈的信息中可以看出，大部分语文教师在学生听说读写、记忆背诵方面下足了功夫，而对文章所要表达的思想情感、作者的人文情怀常常一笔带过。在语文教材编写当中要求采用"人文主题"与"语文要素"双线结合的教学结构，二者缺一不可，学生除了掌握基本的语文知识、必需的语文能力、适当的学习策略和学习习惯等，还应该促进学生形成正确的价值观、人生观。因此，老师在教学的过程中，应保持双线结合的教学结构，不能过分倾向于"语文要素"这条主线，否则就会出现教学失衡的现象。

# 第三节 相关策略的提出

## 一、教师人格素养的提升

在《中学语文课程标准》中反复强调人文素养对培养学生发展的重要性，除语文教材应体现人文性外，在教学方法上还需注重人文精神对学生的熏陶感染，想要真正地做到语文教学中人文素养的价值体现，就需从"源头"根本上发挥其关键作用，而语文教师的个人修养、人格魅力、人文情怀就是这个"源头"。在《新课程语文教学论》中就提道："一位语文教师，具备深厚的人文素养和博大的人文情怀，是语文教学成功的基本条件。有了深厚的人文素养——丰厚、广博之文化修养，仁爱、宽厚之道德修养，才能有充沛、丰盈的人文情怀。而语文教师的人文情怀主要表现为对学生言语人格和个性的尊重、理解、养护。有了人文素养和人文情怀，语文教学就有了浓郁的文化氛围，语文教师就有了人格魅力。"可以看出，语文教师的人文素养和人文情怀是从事语文教学的思想和情意基础，语文教师自身的人文精神对于语文教学来说起着举足轻重的作用。[①] 从另一个角度来说，语文教师对语文这门学科的热爱、对学生的热爱、老师自身的人文精神以及情感、情怀将成为语文教学的核心和关键。从老师作为教学主导者这个角度来说，老师在教学中扮演什么样的角色、如何扮演好这个角色成了至关重要的环节。因此，语文教师人格素养的提升将帮助老师更成功地实现语文教学的完成。主要从以下几个方面得以体现。

### （一）基于"爱"的语言

在语文教学中，学生作为教学的主体，老师的言语表达、与学生沟通时的话术以及老师与学生交流时的情绪、释放出来的情感都对学生有着重要的影响，在潜移默化中让学生对老师已经产生了一个固有印象。在与学生相处的过程中，做到充分地尊重学生是师生友好相处的基础条件，无论是课堂上教学方面的沟通交流还是课后师生之间的畅所欲言，老师都应以"相互尊重"作为师生间相处的前提条件。事实上，师生之间的关系，应该是平等和谐共处的关系，因此，"平等对话"这样的状态应该在老师与学生之间逐渐建立起来，尤其是老师对学生的话语表达方面。然而，部分老师始终以高人一等的姿态与学生相处，与学生交流时不经意间就流露出盛气凌人的气势，长此以往，老师在学生心中就成了不可靠近，难以接触的陌生人。还有部分老师除了在日常交流中存在语言方面不尊重学生的现象，还存在对学生进行人身攻击和辱骂嘲讽的现象。如一位语文教师在教授学生记忆"蠢"字时说道："大家如果记不住这个'蠢'字，就想想班上有两位同学名字里含有'春'字，这两个'春'都是蠢人，组合在一起正好是这个'蠢'字。"老师话音刚落引得全部哄堂大笑，在接下来三年的读书生涯里，"蠢人"就成了这两位学生的代名词，而这两名学生也因此

---

[①] 潘新和. 新课程语文教学论 [M]. 北京：人民教育出版社，2005：28

感到非常自卑。类似于这样的情况，在一线教学中还有许多，如对学生进行性别方面的侮辱，在课堂上对学生进行嘲讽，借用课文内容对学生进行人身攻击。例如，学生出现厌学的现象，对老师有欺瞒行为，语文教师在教授蒲松龄《狼》一文时，就直言不讳地点评学生的偷奸耍滑不过如文中狼一般"禽兽之变诈几何哉？止增笑耳。"将学生喻为狼一般的"禽兽"，学生自尊心受到巨大的打击，接着出现厌倦语文课并畏惧语文教师的情况，自此以后语文成绩也随之一落千丈。

事实上，学生作为语文教学的主体，这一主体是具有丰富情感的人，老师应该在与学生相处的过程中，在言语表达时尽可能做到尊重对方，以令人暖心的语言植入人心，以让人如沐春风的语言打动学生、温暖学生。在交流时，尽可能关注学生的情绪，挖掘学生内心深处的真情实感，让学生感受到老师的关爱，只有以友好的一面示人，才能让学生从心底去接受老师，才能拉近彼此的距离，才有助于语文教学的展开，才有利于师生之间关系更进一步的发展。常言道："良言一句三冬暖，恶语伤人六月寒。"人与人之间的相处都应注意沟通交流时的话术及语气，更何况是教学的双方——老师与学生。语言也是一门艺术，学好这门艺术将有助于个人人格魅力的提升，更有助于拉近人与人之间的关系。作为一名合格的老师，尤其是像语文这样一门语言学科类的老师，更应该注重自己的语言表达，注意与学生沟通交流时情感的传递。在学生成绩落后时应多予以鼓励，在学生表现优异时应多予以赞美，在学生学习进步时应给予充分的肯定和赞扬，让学生从老师的话语中感受到老师的爱与关怀。

### （二）语文教师角色的多样化

语文教师想要在语文教学中从根本上提升学生的人文素养就必须先提升个人修养和人文情怀。一名优秀的语文教师一定有着丰富的情感世界，并有着博爱的精神和广阔的胸襟。从语文教师的学科特殊性来看，语文教师不应该仅仅只是一名老师，还应该是一位优秀的作家、一位热爱教育的学者、一位能点燃学生激情的魔法师，一位富有创意的思想家。只有掌握的技能越多，知识越丰富，能带给学生的感受越真切，就越能彰显老师的个人魅力，获得更多学生的喜爱，从而才能帮助学生收获更好、更优质的教学体验。

　　首先，语文教师应该是一名饱读诗书的学者。"学者"有两层含义：一是做学问的人、求学的人；二是在学术上有一定造诣的人。在《论语·宪问》中提道："古之学者为己，今之学者为人。"事实上，无论古今，学者这个角色确实是既为自己提高学识，也助他人增长知识。换言之，优秀的语文教师一定是饱读诗书的学者，除了有着丰富的教学经验，在谈吐之间还能让人发现他不一样的闪光点。出口成章、风趣幽默、举止大方、仪态端庄这一系列的词都可以形容一位优秀的语文教师。然而，这些优点都需要知识的武装并且有着丰富的阅历，一个人只有脑子里装满了大量的书籍才能做到殚见洽闻，只有在某一个领域足够优秀才有足够的自信能够做到举止大方、仪态端庄。一位让学生崇拜的老师就应该口若悬河、谈吐不凡，而饱读诗书是最基本的条件。作为一名语文教师，这里的"饱读诗书"除了指在日常生活中应该做到博览群书，不断地提升自己的阅读能力，能够达到一定的阅读量，还包括了在自己的学科专业方面应该不断学习、有所建树。因为，俗话说得好："要给学生一杯水，老师要有一桶水。"想要更好地浇灌自己的学生，就必须做一名合格的园丁，保证学生在老师的细心呵护下能够茁壮成长。事实上，一位好老师的标准也就是：脑子里有知识、肚子里有墨水、张开嘴有内容，让学生爱上老师，爱上老师的课堂就是成功的。如果学生对老师的课一直期待着，就说明这位老师是优秀的。语文教师之所以要饱读诗书是因为语文这门学科的价值意义与特殊性。众所周知，文史不分家，只有语文学好了，与之相关的历史、政治、道德教育等文科课程才能学得更好，对于理科课程也同样重要，因为学生必须识字、必须审题。如果学生的语文学不好就意味着学生的听说读写能力很一般、理解能力很一般、思考能力也很一般，如果以上能力都很一般就会导致其他学科的成绩会平平无奇，因为识字困难、理解困难、审题困难，想要提高成绩也就很难。所以，只有好老师才能教出好学生，如果一位语文教师是博览群书、举止不凡的，是在自己的语文学科上有所建树、有所造诣的，那么所教授出的学生就不会是平平无奇的。

其次，语文教师应该是一名优秀的读者，会品读文章。这里的"品读文章"是指除了平时闲暇时间能够静下心来多读好书，提高自己的阅读量、知识量以外，再者就是拿到语文教材当中的语文篇目能够抛开教参书，站在自己的角度去解读和赏析，构建自己的阅读观，形成自己独到的见解。从而能够保证自己的语文教学不依赖教参、不依附于教参。因为，太多语文教师备课的第一个流程就是打开教参，将老师参考书上的内容稍作改动就直接搬进课堂，甚至有部分老师连改动这环节都省去了，直接照本宣科。事实上，学生的感知能力是非常强的，一位老师是否认真备课，是否对文章有自己的见解，一堂课下来就昭然若揭了。因此，语文教师一定要是一名优秀的读者，拿到一篇课文应当先在没有任何参考工具的前提下独立完成阅读，整理出自己的思绪、设计好每一个教学环节，从而保证每一堂语文课都是"新鲜的"，而不是别人的"回锅菜"。

第三，语文教师应该是一名优秀的作家。在上一个部分提到，语文教师应该是一名优秀的读者，事实上，真正会读的人就会写、会创作，因为二者是相辅相成的。在《语文课程标准》中提出，学生应该通过阅读与鉴赏来提高自身的语文能力。只有提高学生的阅读与鉴赏能力，才能提高写作的水平。阅读与写作是相辅相成的关系，只有学会阅读、懂得鉴赏，脑子里有内容，笔下才会有文章。既然要求学生会写，那么首先就得保证老师能写。一名优秀的语文教师应该是一名作家，将自己的作品作为范例对学生进行展示，从而帮助学生认识写作、理解写作。从学生的心理角度来说，老师是知识的传递者，只有老师足够优秀、知识储备量足够丰富才能让学生足以信服。语文写作是大部分学生的头号难题，因为没有内容、没有构思、没有框架、没有逻辑，导致写出来的东西一团糟，甚至无从下手。语文教师除了要会读还要会写，只有自己知道如何写、怎么写，才能真正地帮助学生下笔成章。并且，语文教师的好文笔会让学生由衷地佩服老师，因为脑袋里有知识、肚子里有墨水才能将心中的想法跃然纸上。榜样的力量是无穷大的，学生会因为老师的文采、风度、博学多才从心底真正地爱上这位老师。中学生正处于心理情绪波动较大的年龄段，大部分学生会因为喜欢一位老师而喜欢一门学科，也会因为厌恶一位老师导致偏科。所以说，老师的知识素养、个人魅力对于语文教学来说起着至关重要的作用，学生有多热爱一位老师就会有多热爱一门学科。

再者，语文教师应该是一名优秀的书法家。从师范类专业学生的教学技能这一角度来说，根据教学发展的需要，"三笔字"（钢笔、粉笔、毛笔）是老师的基础技能，尤其是语文教师。因为学生的识字写字能力是语文教师的培养目标之一，引导学生写一手好字是语文教师的基本任务。学生的写字能力主要包含：笔画、偏旁部首、结构的书写方法；保证字迹清晰、笔画顺序的正确，等等，再上升一个层次就是写一手漂亮的好字。俗话说：字如其人，字是一个人的敲门砖。写一手漂亮的好字能够给老师在学生心目中多加分，给学生留下不一样的好印象。并且，老师作为学生的模仿对象，老师的字将对学生产生重要的影响。如果老师在板书和批改作业的过程中字迹过于凌乱，学生就会刻意去模仿，从而导致学生会产生"老师的字都不过如此，我也不用写得太好"的想法，并走进"写字不好都可以当老师，那写字好不好并不重要"的误区。试想，一名语文教师在讲台上挥笔如游云惊龙一般，无论是文人墨客的唐诗宋词，还是古今中外的优秀名著，都如同增添了绚丽的色彩，让学生赏心悦目。从学生的内心深处来说，一手好字能够让学生对老师的好感又平添了几分。总而言之，写一手好字也是一种人文情怀，因为从字里行间能够看出一位语文教师的个人修养，能够洞察出一位语文教师对待学生认真的态度，能够渗透出一位语文教师对语文教学这份事业的热爱。

最后，语文教师还应该是一名优秀的心理咨询师。学生的心理健康已成为当今社会乃至整个国家越来越关注的焦点，学生心理健康的重要性已经与学生生理健康的重要性画上了等号。导致该情况的出现主要有以下几个方面的原因，第一，是因为时代的发展、社会的进步，在科技迅速发达的今天，学生所接收到的讯息已经远远超过了 20 世纪的学生所接收到的讯息，这些讯息在没有进行筛选的情况下就直接进入到了学生的生活当中。各种有利、有弊的资讯肆意地充斥着学生的大脑，鉴于中学生还处于需要正确引导的年龄阶段，在辨别能力相对较弱的情况下无法正确地区分其中信息的对与错，导致部分不良信息被学生大量吸收，从而引发了学生心理健康出现问题的状况。第二，从 20 世纪 80 年代国家推行计划生育的政策以来，越来越多的父母响应了国家"优生优育"的号召，大部分家庭都存在只有一个孩子、最多两个孩子的现状，正因为"物以稀为贵"，现在的孩子格外受到重视，许多父母对孩子的态度都是"含在嘴里怕化了，捧在手里怕飞了"，担心自己的孩子受到半点伤害，对自己的孩子呵护备至。正因为如此，许多孩子娇生惯养、过于以自我为中心，任何事情如果在第一时间没有得到满足，脾气就容易暴躁，不懂得与人分享，遇事不懂得包容和退让，在很多情况下，不会考虑别人的感受，因此，导致在学校与老师同学相处的过程中出现了很多的矛盾。一旦出现人际关系处理不好的情况，就会衍生出一系列的问题。例如：小团体的产生、被同学排挤、不受同学的欢迎，等等，从而导致过于自卑、心理不平衡、厌学、害怕与人相处、不愿意参加集体活动等情况的发生。出现这样的情况，老师将发挥比家长更直接有效的作用，因为学生与学生之间的相处出现问题，老师将获得第一手的信息，并且老师长期与学生共同相处，更能了解每一个学生的性格特点以及学生在校内的日常情况。因此，越是这种特殊的情况，老师越要发挥好调解的作用，扮演好调解人的角色，做好学生的心理安抚工作。在开导学生、做学生思想工作这个环节，语文教师有着比其他学科老师更大更好的优势，最显著的优势就是在语文教学中，语文教师可以利用内容丰富、体裁广泛的语文教材中的语文篇目对学生进行心理教育。例如，学习史铁生《秋天的怀念》，帮助学生认识到母爱的伟大和重要性，理解父母的不易，尤其不应该以最糟糕的一面对待身边最爱的人；再如，学习郑振铎的《猫》，应教会学生无论对人还是对事都不能以个人的主观情绪去进行判断，不以自己的喜好判定尚未定论的事，要持客观的态度，在调查了解清楚实际情况后再做定论。除了借用语文教材外，语文教师的语言表达、演讲口才也应该是更胜一筹的，因为能说会写应该是语文教师在汉语言文学专业素养中最基本的素养。因此，了解学生的心理情况、掌握学生的内心需求，可以在学生的学习和生活方面更好地开导学生。

## 二、学生人文情怀的培养

在中学语文教学中包含了丰富多样的与人文精神相关的内容，在这当中，不仅展现了正确的人生观、价值观，还丰富了语文教学的人文价值。然而，学生的人文精神、人文情怀并没有因此得到体现，出现这样的情况源于在语文教学中，人文精神并没有得到很好的渗透。因此，学生人文情怀的培养迫在眉睫，老师可以从以下几个方面着手展开。

首先，帮助学生构建健全人格，培养学生的人文素养。

陶本一在《学科教育学》中提道："首先，每个个人的人格，作为他（她）的完整而独特的自我，体现着他（她）的完整而独特的自我，体现着他（她）的整体形象，是其存在的根本表征，一个人的全部成长与发展历程，最终归结和整合为人格的完善历程。其次，一个人的人格，是其一切品质和一切活动的基础，决定着一个人的行为倾向性和行为的独特模式。"除此之外，人格的重要性从古代起就已成为教育活动的核心目标，孔子的教育活动是以培养仁、智、勇统一的君子为核心目标；孟子的教育理想则是要培养具有"浩然之气"的理想人格；古希腊雅典的教育是要培养体现真善美价值的和谐的人格。[①] 可以看出，健全的人格对一个人的自身发展有着极其重要的作用，并且，健全的人格对学生人文素养的培养及熏陶也至关重要。只有不断完善学生的人格才能帮助学生拥有积极进取的人生价值观、养成良好的意志品质、形成健康向上的自我观以及合乎情理的世界观，等等。从大的角度来说，这一系列优秀的品质能够帮助学生从健康的角度正确看待这个社会、这个国家乃至整个世界瞬息万变的发展。从小的方面来讲，只有当学生不断完善自己的人格品质才能在语文教学中理解不同篇目所要阐述的思想主旨、人文情怀。事实上，健全的人格所囊括的内容无外乎就是良好的意志品质、积极进取的人生观、健康向上的自我观、合乎情理的世界观。"意志品质"是指构成人意志诸因素的总和，主要包含了一个人的独立性、自觉性、果断性、自制性和坚持性。因此，良好的意志品质可以帮助一个学生养成独立自主的品质，在学习当中养成自觉性，在遇事需做决定时具有果断性，在容易受到影响时具有高度的克制力，在立下目标时具有持久的坚持性。这样的精神品质，在语文教学中就有相关的教学篇目可以作为案例帮助学生理解和学习，如八年级上册的《愚公移山》，这篇课文能够帮助学生学习到愚公坚持不懈的精神；再如七年级上册的《走一步，再走一步》，学生能够学到文中主人公通过父亲的帮助，在关键时刻独立自主地克服困难、不惧艰险。诸如此类的文章在中学语文教材中还有很多，语文教师应该正确利用语文篇目当中的精神主旨帮助学生更好地体悟其中内涵。

① 陶本一. 学科教育学 [M]. 北京: 人民教育出版社, 2001: 69

其次，课外内容的拓展，帮助学生选择课外书籍。

从学生可以识字起，学生的阅读量就不能仅限于语文教材上的那几十篇语文篇目，应该根据学生的年龄段适当地增加相关的阅读书目，从而帮助学生更好地提高他们的阅读能力。从提升学生人文素养这个角度来说，课外阅读将起到至关重要的作用。并且，老师在帮助学生选择阅读书目时一定要基于学生能够接受的度，以及抓住学生的兴趣点，从多角度出发，更全面、更广泛地帮助学生构建起人文素养的基本框架。从初中生的年龄特点出发，可以发现，适合初中生的课外阅读书籍很多。例如，《苏菲的世界》教会学生如何思考问题，了解万事万物的变化发展是哲学基本的规律；在初中生学习过诸葛亮的《诫子书》后，《傅雷家书》是一本很不错的可以拓展延伸的作品，在学习了《诫子书》的基础上，通过《傅雷家书》的阅读，学生可以参照对比两封家书的共同点和不同点，以及家书中父母对孩子寄托的希望，还有父母对孩子那份深深的情感，引发学生更深层次的思考；学习了海伦·凯勒的《再塑生命的人》，《我的生活：海伦·凯勒》这本自传再适合学生不过了，其中作者海伦·凯勒那份蔑视苦难、永不低头、发奋图强、坚韧不拔的精神非常值得学生学习，特别是在生活和学习当中遇到困难时，要做到永不言弃，要像海伦·凯勒一样敢于迎难而上；《自立》一书教会学生，学习的过程就是追求自我独立、自我觉醒的过程，并且，在成长的过程中，自我独立也是学生必须拥有的一种精神和品质；《城南旧事》是一部自传体小说，作者以第一人称的视角向读者讲述了在自己成长的过程中，一个个不断送别的小故事，每个人的人生经历都惊人地相似，其中那些感人的场景和画面定能够引起学生的共鸣。除此之外，还有许多被众人所熟知的名著值得学生阅读和学习，学生在阅读的过程中可以领悟人生的真谛，感知其中的人文情怀。

第三，结合生活实际，引导学生体悟人文情怀。

从学生的生活实际出发，结合学生的成长经历、情感体验，并与教材、语文篇目有效地结合在一起，从而引导学生更好地体悟当中的人文情怀，知晓其中的情感价值。从当前部分学生的情况可以看出，大部分学生无法从现实生活中获取真实的情感价值，语文教师在教学中应该尽可能地帮助学生认知和体会，当中比较可行的办法之一就是以语文篇目作为突破口，大部分的语文篇目都能从多角度出发帮助学生获得生命意义感。如学习莫怀戚的《散步》，散步这个日常生活中非常普遍的生活习惯，几乎所有学生都与自己的家人共同经历过，但是对于大多数学生来说，从来没有像作者一样站在情感的制高点去思考与家人散步时所蕴藏的那份难能可贵的亲情，甚至大部分学生宁可抱着手机沉浸在自己的世界中也不愿多花一点点时间与亲人共处，因此，语文教师在教授《散步》这篇课文时，可以在课外拓展环节，以散步这样一件小事作为突破口，引导学生思考与父母、与长辈、与家人的相处模式，以及在日常生活中点点滴滴所积累起来的真情实感，从而帮助学生认识到家庭的重要性。如学习郑振铎的《猫》，这是一篇关于人性、关于生命、关于人与动物和谐相处的文章，语文教师可以结合很多学生家里都有饲养小动物这个点与学生展开讨论，自己与小动物是怎么相处的，人与动物、人与自然界应该如何相处，与此同时，还应教会学生在遇事没有得到确切结果时，不妄下定论、不冤枉他人、不欺负弱小，应理智、冷静地对待和处理。再如，学习余光中的《乡愁》，与学生探讨何为"故乡"，故乡对于每个人来说意味着什么，尤其是对家乡的那份爱恋和植入内心深处根深蒂固的故乡情，探讨后可以请学生以"故乡情"为题，拟写与故乡有关的作文，培养学生爱祖国、爱家乡的情怀。因此，从学生角度出发，将学生日常生活中的点点滴滴与语文教学有效地结合起来，更能帮助学生感知和领悟，从而填补学生的情感缺口。

第四，换位思考，洞察学生的情感缺口。

老师与学生的关系在多数时候都是一种引导和被引导的关系，从大部分语文课程教学实施的过程来看，语文教师在多数情况下主要关注的是当下国家所提倡的教育理念，实际上并没有很好地去执行，与此同时，还很关注教材的内容，重视学校下达的教学任务，然而，学生的个人情况，尤其是学生的感受、内心世界、内心需求往往是被忽略的，部分语文教师只站在个人角度看问题、设计课程、完成教学任务，等等，到底学生的情感世界是怎样的一个状态就不得而知了。因此，老师应该做到换位思考，从学生的视角看问题，洞察学生内心深处情感的缺口。根据从一线老师与学生处所搜集到的信息，针对学生的人文素养、人文关怀、内心情感的缺失等问题，从学生的家庭情况、个人动机、个人喜好、日常行为习惯等方面得出如下总结，如表2.1所示。

表2.1关于初中生与高中生同父母相处、个人喜好及课堂教学的调查情况

|  | 与父母相处情况 | 个人喜好 | 课堂情况 |
|---|---|---|---|
| 初中生 | 父母的责骂多于关心，耐心不够，承诺的好好沟通无法兑现，一言不合就上纲上线。不喜欢与父母过多交流 | 对国家、社会、时事不感兴趣，更多的比较关心明星、网红、玩游戏、沉迷于网络，不喜欢课外阅读，认为读书很痛苦 | 老师在上课期间根据课文内容所传达的精神主旨无法理解，尤其是距今较远的年代的作品所宣扬的文化主旨、精神品质更不能理解透彻。老师在完成教学内容后也没有更好地拓展延伸，没有更进一步地了解学生的真实感受 |
| 高中生 | 父母过分关注成绩，不太在意内心感受，一味地关心考大学的事情，其他事情不在乎，尤其是学生的内心需求。认为父母帮不上什么忙，只会啰唆，因此沟通甚少 | 高中阶段管控较严，更多时间只能花在学习和复习上，稍有空闲就喜欢玩手机、刷微博、看网页。没时间课外阅读，也不喜欢课外阅读 | 老师上课期间传达的思想内容能够理解，但是无法感同身受，感触不是很深 |

从以上情况可以看出，大部分中学生在与家长相处过程中就存在诸多问题，如家长对学生耐心不够，没有很好地关心学生的真实想法，只关心学生成绩，不关心学生的内心需求；从个人喜好这个角度来说，受网络媒体的冲击，越来越多的学生不爱读书，无法从书本中获取丰富的精神食粮，内心过度空虚，导致很多没有营养、内容低下的综艺娱乐节目以及游戏占据了学生内心世界；从课堂教学这个角度来说，很多学生只为配合老师上课时的过程，没有用心去体会和感受，并且由于年龄、接受程度、个人能力等关系，在教学的过程中无法感知当中的人文关怀，更不要提如何提升学生的人文素养。因此，作为老师来说，应该换位思考，认真想想学生为什么会出现这一系列的问题。首先，学生与父母之间存在的问题，初中生较叛逆、高中生高考压力较大，需要老师跟父母进行交流，应帮助学生解开心结，因为原生家庭对一个孩子的影响决定了这个孩子在学习以及未来工作中的发展方向，乃至对这个孩子性格特点、与人交往时如何处理人际关系都起着至关重要的作用，换位思考，如果我们是这个年龄段的孩子，我们希望父母用什么样的方式与我们相处，不以高高在上的父母角色面对孩子，亲子关系自然更近一步。因此，父母对孩子的改变、对孩子的关心是解决该问题的第一步。其次，有关当今社会大部分学生的个人喜好。网络媒体带来的冲击是不言而喻的，以前学生的兴趣爱好是读书、写字、运动，现在部分学生的兴趣爱好已经变成追星、网红、刷微博，虽然大部分高中不允许学生使用手机，但是并不影响他们对网络的热爱，老师应该思考一下为什么现在的学生感兴趣的点有如此之大的变化，并且，更多的是要思考如何帮助学生改变现目前的状态，采取一些措施改变学生的兴趣点。最后，也是语文教师最应该认真反思的点，学生在课堂教学当中不能很好地感知和体会文章的情感价值观，出现该情况的原因也是多方面的，老师应该从学生的角度出发思考如何更好地帮助学生体会文章的情感，是学生理解存在问题还是老师在讲解过程中存在的问题，听取学生的心声，作出相关的调整。将学生的内心需求和真实想法放在第一位，做到真正地关心学生，让学生体会到人文关怀，学生的人文素养自然而然地也就得到了提升。

## 三、语文教学中人文精神的渗透

### （一）古诗词赏析是关键

古诗词作为中国传统文化的重要组成部分，古诗词是弘扬民族精神的重要载体，在中华民族优秀文化的历史长河中起着举足轻重的作用，古诗词中所富含的文化底蕴、价值观念、道德风尚等都是值得每一个中国人学习的。在语文教学中，古诗词有着丰富多样的内容体裁，表达爱国情怀的、人生抱负的、思乡的、亲情的、友情的、爱情的，等等，正因为内容的丰富多样，赏析古诗词就如同在古人的带领下领略那个时代的精神风貌，更是对古人情感的解读、内心世界的探究，通过解读他人的世界，从而丰富自己的内心世界。古诗词的赏析能够改变学生的思维模式，提升学生的审美观念，培养学生的爱国情怀，丰富学生的情感世界。事实上，对于大部分学生来说，古诗词的赏析和学习最大的优势就是读起来比较朗朗上口，当中文字的含义以及情感的表达对于很多学生来说理解起来都是非常困难的。如果连达到工具性的基础理解都很困难，那么更深层次的赏析就无从谈起了。因此，老师应该采取相应的措施解决该难题，从而更进一步地帮助学生理解古诗词当中的丰富内涵。

古诗词的独有魅力是众所周知的，在历史的长河中，诗词歌赋不仅从侧面记录了历史的演变，还在字里行间向后人展现出了不同的时代背景所赋予人民的精神内涵。关于时代背景的阐述主要包含了两个大的方面，第一，是宏大的历史背景。从小学到中学，语文课当中的古诗词向学生形象生动地展现出了从春秋时期到近现代的创作，诗经—楚辞—汉赋—魏晋南北朝民歌—汉魏元朝文人诗歌—唐诗—宋词—元曲—现代诗，随着历史的向前推进，中国古诗词深厚的底蕴向世人呈现出了我国历史的源远流长以及优秀文化的博大精深。第二，即每一位文人墨客背后的时代背景。[①] 从每一首古诗词中可以看出，作者在大背景下所生活的真实情况以及人民的生活状况，只有从作者的笔下才可获知距我们无比遥远的那些年代，人们到底过着怎样的生活。因此，我们从屈原的笔下了解到战国时期是中国长期封建社会发展演进的一个"转型期"；从贾谊的笔下了解了西汉的政权交错、动荡不安；从南北朝民歌中读出了当时中国的南方和北方的分裂状态；从李白的笔下目睹了唐朝的繁荣，从杜甫的笔下叹息着唐朝的衰落；从李清照的笔下见证了宋朝从国泰民安到国破家亡。历史的巨变就在一位又一位文人墨客的笔下为后人一一呈现。除此之外，每一位作者的个人情怀、丰富的人生阅历、内心的情感变化也在字里行间向我们娓娓道来。后人从屈原的"长太息以掩涕兮，哀民生之多艰"中读出了他对百姓苦难生活的同情；从"日月之行，若出其中；星汉灿烂，若出其里"中体会到了曹操广阔的胸襟、博大的胸怀；从"天苍苍，野茫茫，风吹草低见牛羊"中感受到了生活在草原的人们其乐融融的生活景象；从"君不见，黄河之水天上来，奔流到海不复回。君不见，高堂明镜悲白发，朝如青丝暮成雪"中品出了李白的豪迈以及他的无奈；从"会当凌绝顶，一览众山小"中领悟到了杜甫对祖国大好河山的热爱，又兼济天下的豪情壮志；从"十年生死两茫茫，不思量，自难忘"中聆听到了苏轼对亡妻的怀念与不舍。太多优秀的诗词作品出现在了语文课本当中，通过对古诗词的赏析，学生能够增强对祖国悠久历史的认识、对灿烂文化的学习，增强学生的民族自豪感，

---

① 李喜艳. 完善语文教学策略助力初中生古诗词鉴赏能力提高 [J]. 教材教法，2020：60

树立学生的自信心；通过对古诗词的赏析，学生还能够增强对古代杰出人物和劳动人民自强不息、不畏强暴、坚决维护国家独立尊严的光荣传统的认识；除此之外，学生在古诗词赏析的过程中，还能增强他们对祖国广袤、大好河山的热爱之情。[①]

可以看出，我国古诗词所蕴含的丰富内容可以作为提升学生人文素养最直接且有效的素材，通过对古诗词的赏析，能够更好地陶冶学生的情操，帮助学生树立更远大的志向和人生目标，更为重要的是，学生赏析了不同年代的优秀作品能够清楚地认识到中华民族走到今天所经受的磨难和沧桑，培养学生的爱国情怀。

### （二）诵读经典是重点

国学经典作为我国传统文化的瑰宝，汲取了我国几千年来的知识精华，它是以先秦经典及诸子百家学说为根基，涵盖了两汉经学、魏晋玄学、隋唐道学、宋明理学、明清实学以及同时期的先秦诗赋、汉赋、六朝骈文、唐宋诗词、元曲、明清小说，等等，学生通过不断的学习和诵读能够从中获取更多的感悟和人生的真谛。在《国家"十一五"时期文化发展规划纲要》中就提出要适当增加传统经典文化的比重。"经典"一词在《辞海》中的解释为："最重要的、有指导作用的权威著作。"从先秦诸子百花齐放、百家争鸣的文化盛宴就可看出国学经典是我国民族文化的象征，标榜着我国祖先伟大的精神财富。而"诵读"主要是指"口诵心惟"，在读的过程中通过声音、音调、节奏所传送至大脑的同时，思考并理解其中所蕴含的情感及哲理，通过反复朗读达到自然成诵的效果，可以有效地培养学生的语感，把握当中的情感基调，提高学生的文学素养，以此获得语文核心素养的提升。[②]

---

[①] 倪桂贤. 古诗词教学对培养中学生人文素养的重要性 [J]. 语文教学与研究，2016: 32
[②] 王愉萍. 经典诵读在语文教学中的传承创新 [J]. 高考·教学方法，2021: 35

国学经典丰富的内容有助于学生知识储备的提升。从广义上来说，国学的内容主要包括了中国古代的历史、思想、哲学、地理、政治、经济、书画、建筑、音乐、易学、星相，等等，范围甚广。从语文工具性这一角度来说，学生通过对经典内容的学习以及长期的诵读，可以积累语言素材、形成文字的语感、提高记忆力、提升审美能力、增强语言的表达能力，等等；从语文人文性这个角度来说，国学经典对于学生的价值观、情感认知、综合素质、人文素养等多方面都有着强有力的助推作用。因此，经典的诵读将我国古今诗赋、地方文化资源以及优秀的地方文化作品很好地输送给了学生，为中华民族的生存和发展提供了支撑动力。[①]

### （三）充分挖掘教材中的人文元素

语文教材作为语文教学的媒介和枢纽，它是国家主流价值观的一面旗帜，当中的内容反映了国家所提倡的社会主义核心价值观。[②] 朱绍禹在《中学语文课程与教学论》中提出："语文教材是学生获得各种知识信息，特别是语文知识信息的基本源泉；是培养学生语文能力的基本依据；是启迪学生思考、发展智慧的早期渠道；是学生接受价值观和情感教育的重要媒体；还是学生培养自学能力和进行自我教育的工具；又是学生未来发展的铺路基石。"[③] 因此，利用语文教材中独特的宝贵价值，挖掘当中富有情怀的人文元素，会促发学生对于文章中人文价值的探索，以此实现语文素养与人文素养的相互迁移、相互补充。

纵观中学语文教材当中每个单元的语文篇目，每个单元给出的单元提示就可以看出编者所要传递的主题信息以及对学生提出的要求。语文篇目

---

① 张安娜.经典诵读中地方文化资源的融入——以大同古今诗赋为例 [J].山西大同大学学报，2020：100

② 黄伟.略谈语文教材价值与语文教学价值 [J].中小学课堂教学研究，2021：1

③ 朱绍禹.中学语文课程与教学论 [M].北京：高等教育出版社，2005：94

即文本，文本作为客观阅读对象为读者提供的信息价值是它的原生价值。一旦选入教材成为学生学习的课文，便由它的原生价值衍生出一定的教学价值，这需要我们老师去开发与生成[①]。如七年级第二单元的单元提示："亲情，是人世间最普遍、最美好的情感之一。本单元的课文，从不同角度书写了亲人之间真挚动人的感情。阅读这些课文，可以加深我们对亲情的感受和理解，丰富自己的情感体验。"除此之外，该单元文章的主旨又不仅限于亲情，还包含了其他丰富的内涵。如《秋天的怀念》不仅仅表达了那份深沉的母爱，还有作为儿子不能理解母亲的那份悔恨和愧疚之情，以及母亲离世后对人生的思考；在《散步》这篇课文中可以读出生命的轮回、血脉的延续、亲情的浓郁；《〈世说新语〉二则》讲述一家人在下雪天赏雪、咏雪、品雪其乐融融的美好氛围，也能让人感受魏晋世族家庭的文化修养和情趣。再如，在高二语文下册第四单元的单元提示中说道："这个单元学习古代人物传记。所选作品，均为《史记》《汉书》等正史中的人物传记。这些传记中的主人公，或以政绩、或以品德、或以才干名垂青史，令后人景仰、追慕。学习这些篇目应结合时代背景，把握人物身上的闪光点。"当中，蔺相如的机智聪慧，张衡的"善属文""善机巧""善理政"，苏武的"富贵不能淫，威武不能屈"令世世代代后人称赞。

通过对语文教材的了解，其导向价值、文化价值、人文价值都在潜意识里顺应了时代的潮流，语文教材要能激发学生爱祖国、爱社会、爱家乡、爱家庭、爱自己的思想感情，指引学生形成正确的世界观、人生观和价值观，从教材当中的篇目寻求深入内心的契合点，从而使情感得以升华。

### （四）多媒体辅助语文教学，氛围营造很重要

随着科技的不断进步，网络媒体的快速发展，多媒体辅助教学的技术

---

① 陈仕新 . 从《台阶》谈文本教学价值的开发与利用 [J]. 语文教学与研究，2018: 157

在日新月异中呈现出越来越多的形式和内容，为传统教学的简单枯燥提供了新鲜的血液，也使学生在学习的过程中获取了更多更优质的教学资源。现如今能够运用到课堂教学中的多媒体形式已经非常丰富了，从简单的PPT、图片展示、配乐、各种视频、音频再到微视频、微电影的制作乃至国内外丰富的教学资源的引用，等等，给课堂教学带来了诸多便利。就拿当下比较流行的线上教学来说，可以不受时间、地点的限制，老师和学生能够随时展开教学。再如许多一线老师所采用的翻转课堂教学模式，同样起到了与传统课堂教学不一样的作用和效果。以翻转课堂教学中利用多媒体来完成学生展示环节进行举例说明，翻转课堂主要是将课堂上需要由老师完成的那部分内容置于课前，请学生自行完成，而课堂上主要交给学生尽情地发挥，老师起到点拨和总结的作用。就周敦颐的《爱莲说》一文来详细解说。老师于课前将本文教学的总体结构分为"文体知识、时代背景、文中人物介绍、注音字词、文中注释、花之寓意"六个部分，并将全班同学分为六个小组，每个小组的同学就当中的一个主题进行课文的预习、材料的搜集、内容的整合、PPT的制作，并由一名同学于课堂上进行汇报展示本组课前预习情况，老师将学生PPT汇报的情况进行记录并点评。由此可以看出，不仅老师应该跟上时代的步伐利用多媒体技术，学生也不能落后。

从氛围营造这个角度来说，语文课本当中的许多篇目都可以在多媒体的辅助下催生出更加浓烈的情感，使得课堂氛围也更有益于教学的展开。首先，配乐的作用效果。音乐当中情感的表达既生动且富有内涵，在很多篇目的教学设计中都可以使用音乐衬托出文章的主旨内涵及作者的思想感情，尤其是古诗词和现代诗歌的课堂教学，在诵读环节非常需要配乐达到情感的升华，更能有助于学生情感的熏陶和酝酿。如《沁园春·长沙》可以选择《少年中国说》，此曲节奏层次清晰，时而高亢激昂、时而低沉浑厚、时而婉转悠扬，很符合该词中抒写革命青年对国家命运的关怀及以天下为己任的豪情壮志；再如《再别康桥》《雨巷》这样的现代诗歌就可以选择类似于《雪之梦》《Kiss The Rain》这样悠扬婉转的歌曲，才能体现出《再别康桥》《雨巷》的轻盈柔和。其次，微视频的直观效果。对于部分语文篇目来说，可以制作与之相关的微视频向学生进行展示，尤其是年代距今较远的部分课文，语文教师应该寻找相关的素材和内容，向学生介绍当时的场景。如《奥斯维辛没有什么新闻》这篇课文，可以将当时的纪录片进行剪辑，以微视频的形式播放给学生观看，了解当时奥斯维辛集中营对一个个鲜活的生命是如何进行残杀的，因为二战时期距今已经八十多年过去了，学生对当时的时代背景以及人们的生活现状并没有很好的感知，只有通过多媒体的帮助，才能更直观、更形象地了解当时的情况，也只有通过与战乱时期进行对比，学生才能更加清楚地认识到生活在当今这样一个和平的年代是多么的幸运。除此之外，在学习《人民解放军百万大军横渡长江》这篇新闻时，语文教师可以将课文当中有关整个战争过程的纪录片剪辑成一个简短的微视频，一来可以帮助学生更清楚地了解当时三个战役以及战场的走向和时间，二来，屏幕当中一个个鲜活的形象能够让人民解放军那份不畏艰难和英勇善战的精神更深入人心，这样一来，学生才能意识到作为一个中国人能过上如此安定幸福的生活是多么地来之不易，更能激发学生的爱国情怀和民族自豪感。

　　因此，在语文课堂教学中合理地利用多媒体技术能够将课文中的情感价值观更加透彻地传递给学生，能够在学生的个人意识和主观情感中构建得更加完善，以此达到提升学生人文素养的目的。

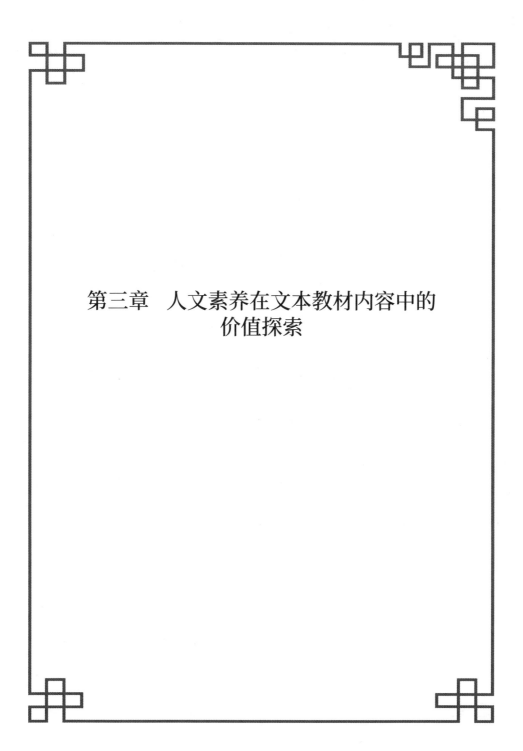

第三章　人文素养在文本教材内容中的
价值探索

# 第一节　在散文教学内容中的价值探索

散文是一种抒发作者真情实感的记叙类文学体裁，散文最主要的特点是形散神聚、意境深邃、语言优美。首先来说一下"形散神聚"，所谓的"形散神聚"就是大家经常提到的"形散而神不散"。"形散"就是指散文取材的范围很广，不受时间、空间的限制，写作手法多样；而"神聚"是指精神主旨非常集中，有贯穿全文的线索和中心思想。从以往学习的语文篇目来说可以总结出散文最大的特点就是：写人写事是表象，情感抒发是重点。如朱自清的《春》，表面看就是对春景的描写，实则主要是对春天自然万物生命力的赞扬和热爱，课文的中心意义是春天激发了生命的活力，突出了对万物复苏、新生命的敬仰。而"意境深远"主要强调的是作者的感受、情感的真挚，抒情性很强，"融情于景""借景抒情""情景交融""直抒胸臆"等表现手法就主要出现在散文当中，将本无生命的一系列事物、景物注入情感和生命，实现物我统一，使读者更易理解和感受。最后来谈一谈"语言优美"，散文的最高境界莫过于读者将文字尽收眼底的瞬间，笔下的景物能立刻出现在眼前，无须过多的想象，也无须冗杂的文字，这就要求散文的语言富有音乐美、绘画美、形体美，既能生动形象地展现优美的景色，又能透过表象凸显深层次的情感。事实上，学习散文的过程也是一个审美的过程，审美过程中有了文化的参与，散文的美就又往前迈进了一步，这是审美的深化，往纵深的方向和宽阔的方向延伸，就能发现审美对象更有层次的美和更多样化的美。在这个过程中，老师要创设多样化情境，引发学生的联想和想象，这里的联想和想象既是个性化的，又是文化共性的。历史的纵深和现实的丰富多彩使得审美具有了更生动的情趣和更深刻的意蕴；而个性化的参与，又让审美具有了独特性和不可替代性。需要注意的是，在这个过程中，老师只是一个制造由头的角色，不是审美行为的主体；学生联想到什么，怎么联想都是学生自己的事，老师的任务只是"点燃"，"熊熊燃烧"只能由学生自己来完成。①

　　从散文的分类来说，主要有叙事散文，以叙述人物的特性以及事件发生的经过为主，如鲁迅的《从百草园到三味书屋》就是一篇偏记事的散文，从人文情感的角度来说，该文以"百草园"和"三味书屋"构成了鲁迅童年生命里的两个空间，鲁迅先生童年的快乐以及惶恐、憧憬在该文里都有所体现，就此可以引导学生回忆自己的童年趣事以及儿时令自己印象深刻的画面；《藤野先生》是写人的散文，在这篇文章中主要赞扬了作者的老师辛勤治学、诲人不倦的品格以及做事严谨的态度，由此可以引导学生搜索身边类似的人物，这样让人值得称赞的人带给自己的影响。其次，就是抒情散文，在语文篇目中，抒情散文的代表作有很多，例如，茅盾的《白杨

---

① 饶满林.审美视角下的散文阅读教学——以《荷塘月色》为例 [J].语文教学通讯·高中，2020：51-52

礼赞》、朱自清的《荷塘月色》等。最后就是哲理散文，例如尼采的《我的灵魂》。这些篇目在一定程度上都给学生的情感价值观带来了诸多影响。

从散文的鉴赏技巧方面来说有几点需要注意，首先是文章的"文眼"。学习一篇散文一定要明确文章的"文眼"，对于不同的文章来说，文眼有所不同，有的文章的文眼是一个字，有的文章是一句话，有的文章是一处景，有的文章只是一个小小的细节。语文教师应该抛开教参自己去挖掘和寻找，绝不能随波逐流。然后，掌握文章当中的表现手法。散文最大的特点就是托物言志，读者必须在理解表层含义的基础上体会文章的丰富内涵，不能只停留在文字表面，由浅入深、由形见神。其次，品味文章的语言美。散文的文字特点鲜明，用心品味是关键，如鲁迅的《纪念刘和珍君》文字犀利如剑；孙犁的《荷花淀》语言质朴动人；朱自清的《荷塘月色》文字清新隽永。最后，就是注意展开想象和联想，把握文章的内涵。作者的文字只是一种表达方式，读者应该结合自己的想象去体会当中的情感，把握文章的内涵，才能够站在作者的角度体悟作者的人文情怀。

接下来，将通过语文篇目中的部分代表性散文篇目进行详细的分析和品读。

## 一、《白杨礼赞》之案例研究

《白杨礼赞》是部编版八年级上册的一篇托物言志的散文，作者通过对西北高原上一排排傲然耸立的白杨树的描写，借白杨树的"不平凡"、倔强挺立以及对抗西北风那种不折不挠的精神来赞扬崭新的中国，赞扬新中国北方农民的质朴、严肃和坚强不屈，赞扬傲然挺立守卫家乡的哨兵，赞扬华北平原上纵横决荡用鲜血抒写的新中国，讴歌了广大军民团结抗战的伟大精神和意志。

　　首先，从文字的角度进行阐述。《白杨礼赞》这篇课文篇幅不长，却用简短的文字向学生展现出了一种值得人们学习的高贵品质。文章的第二自然段，映入读者眼帘的是整个大的场景，"一望无际的高原""绿油油的麦田""宛若并肩远山的连峰"，画面感极强，让读者仿佛置身其中。当中比喻、拟人等修辞手法的运用将作者的情感逐步推向高潮，"雄壮""伟大"等形容词的运用将下一个场景逐渐带进读者的视角，这样的场景是形象且壮观的，学生在阅读的过程中，脑海中已经开始逐渐构建出一个清晰且完整的画面。对白杨树的描述，文中用了大量的笔墨："笔直的干""笔直的枝""像加以人工似的""绝无旁枝""绝不旁逸斜出"，等等，白杨树高大挺拔的形象瞬间跃然纸上。全篇的文眼即"白杨树绝不是平凡的树"，文章出现过两次，分别是第四自然段的"那就是白杨树，西北极普通的一种树，然而实在不是平凡的一种树"和第六自然段的"这就是白杨树，西北极普通的一种树，然而绝不是平凡的树"。当中的"不平凡"可以用文中对白杨树的描写进行一一论述，如"它伟岸、正直、朴质、严肃，也不缺乏温和，更不用提它的坚强不屈与挺拔，它是树中的伟丈夫！"除此之外，文中第七自然段的四个反问句层层递进，将作者心中对白杨树那份赞美表达得淋漓尽致，"当你在积雪初融的高原上走过，看见平坦的大地上傲然挺立这么一株或一排白杨树，难道你就觉得它只是树？难道你就不想到它的朴质，严肃，坚强不屈，至少也象征了北方的农民？难道你竟一点也不联想到，在敌后的广大土地上，到处有坚强不屈，就像这白杨树一样傲然挺立的守卫他们家乡的哨兵？难道你又不更远一点想到，这样枝枝叶叶靠紧团结，力求上进的白杨树，宛然象征了今天在华北平原纵横决荡，用血写出新中国历史的那种精神和意志？"四个"难道"式的提问直击人心，震撼了人的心灵。以白杨树的"不平凡"展示出新中国的"不平凡"、中国人民的"不平凡"、中华民族的"不平凡"，从而引导学生深刻体会作者想要表达的那份真情实感。

　　然后，从写作手法和写作技巧上进行分析。全文以"白杨树实在不是平凡的，我赞美白杨树！"点明了文章的主旨，开门见山，直抒胸臆，同时也给学生埋下伏笔，为何作者会觉得白杨树这样一种植物是不平凡的，甚至是值得作者赞美的，到底要赞扬白杨树什么呢？以"我要高声赞扬白杨树！"结尾，首尾呼应，情感再次达到一个制高点。并且，文中总共四处赞美白杨树，以"白杨树是一种不平凡的树"作为文章线索贯穿全文，使整篇文章对白杨的礼赞之情荡气回肠，有余音绕梁之感。在整体描写高原壮丽景象的基础上，作者由"扬"转"抑"，写道："然而同时你的眼睛也许觉得有点倦怠，你对当前的'雄壮'或'伟大'闭了眼，而另一种的味儿在你心头潜滋暗长了——'单调'。可不是？单调，有一点儿吧？"读到这里，读者心中自然会有疑问，既然描写了壮丽的高原之景，是为后文做了铺垫，为何却说是"单调"的呢？其实，此处的"抑"是为后文"猛抬眼"看到白杨树时，一瞬间情感的奔涌而出做铺垫。[①] 四次对白杨树直抒胸臆的赞扬，形成了情感更深层次的递进。

　　最后，从美学的角度进行阐述。《白杨礼赞》这篇课文无论是从写作手法还是情感态度价值观方面都展现出了它独特的魅力，给人以一种美的享受。散文最妙的点就是能高度展现文学之美，而《白杨礼赞》可以称为"散文中的散文，美文中的美文"，当中尽情地展示了其背景之美、形象之美、内涵之美、结构之美，文章内容已美入人心。文章开篇就向大家展示了一幅"麦浪图"，那是令人心旷神怡的"绿波油墨画"，当中运用了比喻的修辞手法将整个场景惟妙惟肖地展现了出来，尤其是那"黄绿错综的大毯子"，给人的画面感十足，当中，黄色的"土"，绿色的"麦田"以及黄土高原"无边无垠，坦荡如砥"的整体特征，展现了黄土高原的"不平凡"，

---

① 殷雪.《白杨礼赞》：礼赞之情荡气回肠 [J]. 阅读广场 / 文本精读，2020：26

鲜明地展现了白杨树生长环境的"雄壮"和"伟大"，为白杨树的出现进行铺垫[①]。接着就是雄伟壮观的"白杨礼赞图"，对白杨树外貌描写的是在第五自然段："那是力争上游的一种树，笔直的干，笔直的枝。它的干通常是丈把高，像是加过人工似的，一丈以内绝无旁枝。它所有的丫枝一律向上，而且紧紧靠拢，也像是加以人工似的，成为一束，绝不旁逸斜出；它的宽大的叶子也是片片向上，几乎没有斜生的，更不用说倒垂了；它的皮光滑而有银色的晕圈，微微泛出淡青色。这是虽在北方的风雪的压迫下却保持着倔强挺立的一种树。哪怕只有碗那样粗细，它却努力向上发展，高到丈许，两丈，参天耸立，不折不挠，对抗着西北风。"当中有几处将白杨树的特征很鲜明地展现给了读者，首先是白杨树超凡脱俗的形象美，它的线条和曲线似乎像加过人工似的，紧紧地靠拢且非常笔直，整个画面就如画家下笔时非常明确地知道白杨树其笔直、参天耸立的特征。其次就是白杨树清新质朴的色彩美，它的皮肤是光滑的且有银色的晕圈，还微微地泛出淡青色，仿佛画家在调色板上很用心地调制出其特有的颜色，由此勾勒出白杨树伟岸的轮廓以及它清新脱俗的色调。

因此，从文章的写作手法、背景渲染、情感烘托等方面的优势，作者向大家塑造了白杨树鲜明、坚强、富有灵魂的高大形象，老师在引导学生学习白杨树般"质朴、严肃、坚强不屈"的精神的同时，还应帮助学生从文章的描写当中获取艺术的美感。

## 二、《荷塘月色》之案例研究

《荷塘月色》是人教版高一上册第七单元的课文，这个单元主要都是写景抒情的名篇，编者提出的单元要求是"体会民族审美心理，提升文学

①黄金.精湛的写作技艺，独特的审美价值——浅析茅盾《白杨礼赞》的美学特征 [J].中学语文参考，2020：6-7

欣赏品味，培养对自然的热爱之情。并且要关注作品中的自然景物描写和对人生的思考，体会作者观察、欣赏和表现自然景物的角度，分析情景交融、情理结合的手法；还要反复诵读咀嚼，感受作品的文辞之美"。就这个单元提示来说，可以看出本单元的课文有着散文非常突出的特征，无论是创作的手法还是文章的美感，都具有其独特的艺术价值。

朱自清最大的语言特色就是朴素自然，给人以亲切感，并且文章富有节奏感，纵然再平凡的事物只要经他之手都会立刻活起来，极具生命感。"风华从朴素中来，腴厚从平淡中来"就是对他语言风格最精确的概括。众多文人学者都对朱自清散文的特点作出过评价，如李广田说过："他的作品一开始就建立了一种纯正朴实的新鲜作风"；郁达夫说道："朱自清的散文仍能够满贮着那一种诗意……以江北人的坚忍的头脑，能写出江南风景似的秀丽……"；余光中认为："朱文心境温厚，节奏舒缓，文字清爽，绝少瑰丽、炽热、悲壮、奇拔的境界，所以咀嚼之余，总有一点中年人的味道。"而《荷塘月色》这篇课文作为现代抒情散文的名篇被广为人知，主要描写了荷塘的夜晚，月色朦胧的美丽景象，将荷塘里的景物与月色巧妙地结合在一起，描绘了一幅"荷塘月色图"。全文表达了作者对荷塘月色的欣赏与赞美之情，又寄托了作者向往美好未来的思乡情怀。①

从对学生进行艺术熏陶的角度来说，本文是一篇极具美感的课文，学生通过阅读赏析，将有效地提升学生的审美能力。文章的四、五、六自然段是文章的精华部分，从第三自然段开始，对荷塘与月色的景致进行了详细的描写，其中运用了比喻、排比、拟人、通感等修辞手法，将荷叶、荷花、荷塘、月光、荷香等景物活灵活现地展现了出来。如果将本文看作一幅作品来欣赏，首先映入眼帘的就是那满塘的荷叶，"曲曲折折的荷塘上面，弥望的是田田的叶子。叶子出水很高，像亭亭的舞女的裙。"其中，"亭

---

① 李静. 月下听音赏画 探寻荷塘之美 [J]. 中学语文参考，2020: 32

亭"二字将荷叶拟人化了，写出了荷叶的风姿秀丽，而"舞女的裙"形象地写出了荷叶临风摇曳的身姿。接着，就是对荷叶中间点缀着的白花的描写，"有袅娜地开着的，有羞涩地打着朵儿的；正如一粒粒的明珠，又如碧天里的星星，又如刚出浴的美人。""袅娜""羞涩"形象地将朵朵白花写得更具人的气息和神态，给人以一种独特的美感。接下来就是本文中那独特的具有清香味儿的歌声，"微风过处，送来缕缕清香，仿佛远处高楼上渺茫的歌声似的。"该句运用了通感的修辞手法，作者以歌声设比，用时断时续若有若无的远处的歌声将听觉和嗅觉结合在一起，这种极其独特的写作手法不得不使读者眼前一亮，那"缕缕清香"沁人心脾，通过这样的神来之笔，使读者很真切地感受到了那迷人的花香。除此之外，那"叶子与花的颤动""凝碧的波痕""脉脉的流水"的描写都极为细腻，使人对"更见风致"有置身其中之感。在这四、五、六自然段中，学生还可根据"零星""点缀""缕缕""薄薄""淡淡""参差""稀疏"等词概括出那晚的景色具有"素淡"之美。[①] 具体来说，就是朱自清先生从视觉、听觉、嗅觉等角度对荷塘月色进行了描摹，对月色下的荷塘中的各种景物的形状、大小、色彩、数量、声音等进行了生动的展现，使文章内容具有流动的质感，给人身临其境的真实感。作者将画面与声音、情景与诗意有效地融合在一起，使文章呈现出婉转悠扬、抑扬顿挫的音乐之美。纵观全文，能够使人产生静由心生的感受。[②] 在这当中，整个画面的色彩搭配也是非常和谐的，月光是淡淡的，云也是淡淡的，青雾是薄薄的，如笼着轻纱似的梦，零星的小花儿是白色的，脉脉的流水下的叶子虽遮住了，不见一些颜色，但却更见风致了，高出丛生的灌木，落下的黑影是斑驳的，杨柳的倩影是稀疏的，塘中的月色也是不均匀的，最后，作者说道："但光与影有着和谐的旋

① 饶满林.审美视角下的散文阅读教学——以《荷塘月色》为例[J].语文教学通讯·高中，2020：51

② 李静.月下听音赏画 探寻荷塘之美[J].中学语文参考，2020：32-33

律，如梵婀玲上奏着的名曲。"如此极致美丽的画卷不是随随便便一位画家就能描摹的，必须是眼中有景、心上有画、手下有笔、脑海里有框架、身体中有热情的大家才能创作出来的，畅游在书中，使人流连忘返，久久无法忘怀。

文章中所运用的写作手法也极具散文的特点。首先，融情于景，情景交融。作者将眼前之景与内心之情巧妙地结合在了一起，既生动形象地描绘出了眼前的美景，又抒发了内心真实的感受；其次，动静结合，虚实结合。运用一系列的修辞手法将原本静谧的荷塘写得活灵活现，既有静态之唯美，又有动态之神韵。并通过想象和联想将内心主观的虚幻的事物写实了。文中还引用了《西洲曲》中的诗句，其中那句"莲子清如水"极具艺术美，温婉而含蓄，学生在这篇现代散文中还体验到了与之相关的传统诗词带来的意境美。

除此之外，在《荷塘月色》这篇课文中，许多学生学习后会认为文中景物的美是本篇文章的文眼，事实上这篇文章的文眼应该是文章一开头的那句"这几天心里颇不宁静"，这句话也是全文的主要线索，因为作者心绪的烦杂，游历于荷塘的过程使作者暂且忘却了内心的烦恼，获得了心灵深处的宁静，内心的情感也得到了彻底的释放，从侧面更加突出了当晚景色别样的美，升华了本文的主题。关于作者当时的心境，王荣生在他的《语文课程与教学内容》中根据"散文体现着文学的特性"这一特点阐述了散文中谈论的所思，散文中表达的所感，是"这一位"作者依其独特的境遇所生发的极具个人色彩的感触、思量。他指出："《荷塘月色》中的荷塘，是朱自清眼中的荷塘，是朱自清心灵独有的镜像，它是世界上任何人从未见过，也是平日的朱自清所未尝见过的荷塘。"[①] 由此可以看出，一切心境皆缘于当时的情绪，作者的所见所闻皆来自内心的所思所想。

① 王荣生 . 语文课程与教学内容 [M]. 北京：教育科学出版社，2015：268

这篇散文最大的特色就是以独特的视角创作出了独特的美。学生在这样一篇美文的熏陶下除了应该掌握文中修辞手法的运用、句式的排布，还应把握作者的情感基调，文中作者的笔触给学生内心折射出的主旋律应该是宁静、是美、是夜晚独自漫步的惬意以及内心复杂的情愫。

语文教师在教授学生写作手法、提升学生的审美能力的同时，还可从侧面告知学生这样一个道理：正如世人玩笑道，只有满腹经纶才能凸显一个人的气质，否则当你饮酒赏月只会感叹月亮真圆、酒真香时，诗人李白就能写下"举杯邀明月，对影成三人"这样的佳句。于是乎，如他人置身于这荷塘之中、月光之下，可能只会感叹"今晚的月色真美啊，荷花真漂亮"，而朱自清先生却写下了《荷塘月色》这样脍炙人口的名篇，所以，妙笔生花用来形容像朱自清这样肚子里装满墨水的有才华的文人墨客再适合不过了。老师的正确引导才能让学生清楚地知道自己应该成为只会感叹"今晚的月色真美啊，荷花真漂亮"这样的泛泛之辈呢，还是应该成为妙笔生花的有才之人。所以，希望语文教师既能教会学生如何作文、做人，还能引导学生做一个有志之士、有才之人。

### 三、《故都的秋》之案例研究

《故都的秋》与上一篇课文《荷塘月色》均是高一年级上册第七单元的课文，在上文中已经提到，散文既是散文也是美文，相对于《荷塘月色》的淡雅之美，《故都的秋》是另一种颓废的美、凄清的美，两篇文章都将散文的特性表达得淋漓尽致。郁达夫这一篇《故都的秋》将秋天悲伤的基调发挥到了极致，文章的内容表现出了他的主观情感、审美的取向、文学的气质以及那极具人生态度的"秋"。学生通过这篇课文的学习，能深刻体会文人墨客"自古逢秋悲寂寥"的愁楚，更加透彻地感悟传统的悲秋气息，还能感知作者对秋天和祖国真挚深厚的热爱之情。

如是要学生从审美和情感体悟的角度来学习这篇悲秋之作，语文教师必须从本文最为突出的"清""静""悲凉"出发帮助学生寻找那悲秋之美。老师可以从文章开头作者提出的"想饱尝一尝这秋的滋味"入手，带领学生在郁达夫先生的笔下来一场"品秋之旅"。想要这场旅行更加丰富完整就必须先来了解一下作者。作者郁达夫早年留学日本东京帝国大学，深受日本文学中的"物哀美学"影响，其文字之笔触应该是在"物哀美学"统摄下的再创造。物哀中的"哀"最初表示人们因感动、感叹而发出的声音"啊"和"哟"，而"物哀"是一种外物触发的感动，且为瞬时之间、刹那之间的触物动情，感物兴叹。这种"物哀美学"其精髓是扎根于中华民族的传统审美意识中的。在《故都的秋》一文中可不仅仅是"感物"而已，其对物哀美学的借鉴，延伸出三种审美情趣：自然主义统摄下的生命无常观——意象选用的"无常性"；极细微处发力发功的细腻精髓——言语形式的"细腻性"；注重真情实感流露的真实取向——情志表达的"真实性"。首先，是物象的选择具有"无常性"。这里的"无常"指的是生命的无常与易逝，文中选取的许多景物、每一处意象都符合这一特性，并融入了作者特有的情感。如文中提到的"北国的槐树"，作者将槐树的落叶联想成铺得满地的落蕊，从感官的角度来说，脚踏在这满是落叶的土地上，没有声音，也没有气味，但是脚底触碰到的那份极其细微的柔软给人的感觉是非常直接而且很是深刻的。世人皆晓"一叶知秋"象征着秋天的悲凉、生命的陨落，而在这篇文章当中，这些落叶被一扫而空后留下的丝纹与痕迹更显得落寞且深沉，可见作者的内心是非常细腻的，也折射出他对生命易逝的哀叹的悲凉基调。自然万物皆有生命的轮回和生长的规律，当新的生命来到这个世上必然是可喜的，但经历了生命的繁华万千就更凸显出生命在逝去之时的悲伤和无可奈何。作者笔下的"落蕊""秋蝉""秋雨"这些意象都具备"消亡"或"即将消亡"的特点，而作者在此种转瞬即逝、稍纵即逝的美中，感伤生命的脆弱与青春的短暂。其次，文章言语形式的表达具有"细腻性"。物哀就是用细腻的语言贴近日常生活，突显情思的细致微妙处，彰显强烈的生命意识。[①] 文中对物象的描写细腻之处比比皆是，如文中牵牛花的颜色，作者说出了自己的看法："蓝色或白色为佳，紫黑色次之，淡红色最下。"仿佛各式的牵牛花都出现在了眼前；还有那"灰土上留下来的一条条扫帚的丝纹"感觉那清晰的纹路像是刚被扫出来的一样；那秋蝉清脆的悲鸣把人一下子带入了作者笔下的场景，好似声声入耳；还有那秋雨，那"北方的秋雨比南方下得奇，下得有味，下得更像样。"这里的秋雨，作者留下了些许的悬念，到底"奇"在哪里，有什么样的"味道"、又是怎样的"模样"。不难看出，当中渗透着浓浓的秋味，更有悲秋的模样。最后，就是情志表达的"真实性"。所谓真实，即艺术要真实地反映人情世相，抒情言志必有感而发，强调作者立著唯"诚"，发掘现实生活中自然的美，不提倡浮丽虚妄的风格，是一种艺术上的写实主义。[②] 郁达夫在《故都的秋》一文中的真实性主要表现在他毫不掩饰地传递自己对悲秋的主张，虽有刘禹锡笔下的"我言秋日胜春朝"，但作者依然坚持自己的"悲秋思想"。在他眼中，秋不是色彩斑斓的，但他也并非在叹息秋天有多么的令人不堪，而是在尽情地赞美秋，赞美秋天的悲凉，表达了他对故都的秋、对秋天万物深情的热爱。在他看来，秋天确实让他感觉到了"清""静""悲凉"。索性，他就将这份"清"、这份"静"、这份"悲凉"贯彻到底，让笔下这"故都的秋"悲伤到极致即"我写即我想"。文中"槐树下遗漏的阳光""稀稀落落细长的秋草""扫帚划过留下的条条丝纹""屋

---

① 上官文金."物哀美学"在《故都的秋》中实现的三重内涵 [J].语文教学与研究，2020：47-48

② 尤忠民.日本文学中的传统美学理念——物哀 [J].天津外国语学院学报，2004（06）：48-51.

外衰弱的阵阵蝉鸣"都真实得令人仿佛置身其中，将秋天的色彩、秋天的声音、秋天的姿态、秋天的味道表现得淋漓尽致。

这就是作者笔下的秋，似乎每一位读者都嗅到了文中秋天浓烈的气息，看到了那一幕一幕的场景。从皇城的破屋到北国的槐树、从衰弱的蝉鸣到别样的风雨，都表达了作者对故都的秋的眷念之情。文中以"清""静""悲凉"贯穿了全文。文中的"清"主要表现为清澈、清寂、清凉、清甜；当中"碧绿的天空是清澈的""青天下驯鸽的飞声是清澈的""雨后斜桥下的影子是清澈的"。作者以极为简单的笔触回忆着那些冷清寂静的场景，"陶然亭的芦花""钓鱼台的柳影""西山的虫唱""玉泉的夜月"还有"潭柘寺的钟声"，每一个场景都深深地刻画在作者的脑海里无法散去。文中的第二个自然段作者提出南方由于空气湿润"能感受到一点点清凉"，而在后面的内容中就写出"北方的秋天只需一阵秋雨后就能感到别样的清凉"。除此之外，作者认为北国真正能够体现"清秋的佳日"的当属秋果，清秋之感一定要有秋果才算完美。在关于秋果的描述中，作者并没有举某一种具体的果实的滋味，而是从果实类型的丰富多样和果实品质的优质两个方面让读者去想象果实的清醇和甘甜。[①]而文中的"静"则是一种人生境界中的"安静"和"静谧"。文中第三自然段写道，如能在皇城中租住一椽破屋，每天喝喝茶、在院子中一闲坐，看看碧绿的天空，听听驯鸽的飞声，细数着漏下的阳光，静对着牵牛花，也就能品味到秋天的气息了。这正是作者向往的生活方式和人生追求，与现如今许多年轻人追求的灯红酒绿、纸醉金迷的生活相比，这样的生活更显舒缓悠闲，同时也带有一丝丝落寞与寂寥。最后，就是作者心中的那份"悲凉"。在郁达夫的世界里，"悲凉"体现了他对自然生命的陨落和衰亡的独特感触，在第二自然段中，作者提到，江南也有秋天，但

---

① 唐福玖，李贞. 怎一个"悲凉"了得——古都"秋味"的多重意蕴探析 [J]. 名作欣赏，2020：152-153

是"草木凋得慢"，这是被很多读者忽略的一句关键，因为所传递的信息意在表明自然生命的凋陨才是秋天的本色，秋天之所以是悲凉的，是因为秋天的到来就意味着很多自然生命的结束。并且，文中多处以"生命的逐渐消逝"为笔调进行了描写和渲染。如槐树的落叶被扫一空后留下的只剩淡漠的痕迹，如同人离开这世上一般，除了仅存的回忆，什么都留不下，什么也都带不走。除此之外，还有那残余的秋蝉，秋蝉的生命本就极为短暂，其一生也就是那短短的夏天，仿若生如夏花，是何等悲凉。

从作者的个人角度来说，鉴于当时时代背景极其复杂，社会极为黑暗，作者眼中的中国处处残破不堪，没有一丝生机和希望，于是，个人悲凉的人生遭遇与时代破败、文化衰微的悲凉现状交融在一起。整篇课文作者在品味故都秋天自然美景的同时，也在感受其走向衰亡的生命的悲凉本质，由秋草疏落开始，到秋果殆尽，郁达夫对自然生命的悲凉体悟也越来越强烈。学生想要体会这样一种浓烈而复杂的情感，必须在语文教师的正确引导下才能完成，因此，老师在进行教学设计时，一定要从学生的实际情况出发考虑课程的安排与设计。

## 四、《说和做——记闻一多先生言行片段》

《说和做——记闻一多先生言行片段》是七年级下册第一单元的课文，这个单元的文章需要学生结合人物生平及所处时代，把握人物特征，理解人物的思想感情。《说和做——记闻一多先生言行片段》与前面介绍的几篇散文有一定的区别，没有景物的描写，也没有过多的抒情，属于散文回忆录里的传记类作品，这篇课文是我国著名的"农民诗人"臧克家对闻一多先生崇高品行的高度赞扬。学习这篇课文，学生能够收获的除了文章独特的语体风格、构思布局的严谨、语言的凝练外，最令人为之动容的就是闻一多先生高尚的爱国情怀和英勇无畏的英雄气概。

编者在课文提示当中已经提出："闻一多既是充满爱国热情的诗人、学者，又是伟大的民主战士，毛泽东同志评价他'拍案而起，横眉怒对国民党的手枪，宁可倒下去，不愿屈服'。"既然要帮助学生更好地了解编者的这段提示，就必须结合当时的时代背景以及闻一多先生的生平事迹来展开。闻一多先生于 1925 年 5 月从美国芝加哥学习回国后，历任青岛大学、清华大学的老师，也正是当时，臧克家在山东大学学习，成为闻一多先生的学生，与闻一多先生结下了深厚的师生情。1923 年，闻一多先生出版了第一部诗集《红烛》，当中就表达了他反帝爱国的热情，1925 年出版了第二部诗集《死水》，表现出了他深沉的爱国主义激情。直到 1943 年，因目睹了蒋介石反动政府的腐败，闻一多先生不再沉默，积极参加反对独裁、争取民主的斗争。1946 年 7 月 11 日，著名的爱国主义战士李公朴先生在昆明遇害，闻一多先生在其追悼会上对国民党特务分子的过分举动忍无可忍，愤然拍案而起，发表了义正词严的讲演，可在会后的返家途中，特务分子暗下毒手，闻一多先生英勇就义。就是这样的一位爱国志士，臧克家于 1946 年 8 月撰写了《我的先生闻一多》以示悼念，介绍了闻一多先生作为诗人、革命家的光荣事迹。

本文的主要内容可以从几个方面来阐述，从而激发学生的爱国情怀以及做人做事应持有的正确目标。本文开篇对闻一多先生做人做事最好的总结的两句话，也是贯穿全文的两句话，也是值得学生学习并学以致用的两句话——"人家说了再做，我是做了再说。""人家说了也不一定做，我是做了也不一定说。"首先，从文中闻一多先生的"说"和"做"这个角度来聊一聊，可以从两部分展开。第一部分是闻一多先生做学问的精神和态度，文中相关词语的使用体现出了其难能可贵的精神品质，"仰之弥高""钻之弥坚"两个成语都出自《论语·子罕》，皆是颜回赞颂自己的老师孔子的话，意思就是越仰望越显得高远，越钻研它越显得坚固，这也是臧克家对自己的老师闻一多先生对研究学问的那份精神的赞扬和肯定。接着，"锲而不舍"在文中主要指的是闻一多先生在古代典籍钻探过程中的那份恒心和毅力，"兀兀穷年""沥尽心血"更形象地写出了先生一年到头足不下楼，用心劳苦地整理自己的研究材料，以至于先生头发凌乱了无暇顾及、书桌零乱了心不在焉，只在乎内心的精神食粮，与书本和纸张秉烛夜谈，索性"漂白了四壁"。于是，在他不动不响、无声无闻中完成了《唐诗杂论》这部著作。接下来的时间里，他依旧坚持自己一贯"做了不说"的做事风格，潜心关注、心会神凝地完成了《校补》，并完成了对于《周易》《诗经》《庄子》《楚辞》的研究，汇集成了《古典新义》一书。这就是闻一多先生对待做学问、学知识的态度，心无旁骛认真地做，也是他最为显著的特点："做"了再"说"与"做"了不"说"。第二部分主要记述了闻一多先生作为无产阶级革命家所具有的"说"了就"做"的特点。为了革命，闻一多先生选择了"说"了就"做"，与做学问的"做了再说"或者"做了也不一定说"截然不同。先生作为争取民主的战士，青年运动的领导人，起初，他的声音只有昆明的青年听到了，后来，他"反对独裁、争取民主"的呐喊声在全中国的土地上激荡。他确实"做"了，他用自己的生命和鲜血响应了他"爱国救国"的口号，实证了他的"言"和"行"，也体现了闻一多先生的爱国情和使命感。

　　法国作家雨果在其《克伦威尔序言》一文中提出了著名的"美丑对照原则"。美与丑相对比，可以使美者更美、丑者更丑。在这篇课文中，作者运用了对比的写作手法，首先是将闻一多先生做学问时的"说"和"做"与作为一名革命家的"说"和"做"进行了对比，前者是"做了再说""做了也不一定说"，后者是"说了一定要做"；其次，是可以拓展延伸的部分，也是老师应该引导学生思考的部分，很多人在做事时半途而废的态度正好与闻一多先生坚持不懈的态度形成鲜明的对比，闻一多先生是"做了再说""做了也不一定说""说了一定要做"，而现如今的大部分人都是把话先说在前面，至于做不做就不一定了，并且，很多人信誓旦旦地立下短期目标、长期目标、宏伟目标，皆不实现，尤其是学生在做事学习方面，老师更应引导学生学习闻一多先生这种"说了一定要做"的精神和品质，学习的过程道阻且长，一定要向闻一多先生一样持之以恒、坚定不移，不能半途而废，说到就一定要做到，真正地做到言行合一。通过这篇课文的学习，老师还可以引领学生找到闻一多先生与别人的不同之处，体会其崇高、伟大、谦逊、低调、胸怀大志、无私忘我的特点。①

---

① 刘莉.在比较中走进厚重《说和做——记闻一多先生言行片段》教法探微 [J].中学语文教学参考·初中，2019：91

## 第二节　在小说教学内容中的价值探索

　　小说是主要以刻画人物形象为中心，通过完整的故事情境和具体的环境描写，广泛地、多方面地反映社会生活的一种文学体裁，叙事性是小说最基本的美学特征。小说主要由主人公、主人公的行为完成的事件、故事发生的背景三个要素构成，因此，人物形象的分析在小说解读中具有重要意义。[①] 在中学语文教材的篇目中，众多小说体裁里的人物形象都具有其鲜明的特点，如《祝福》当中的祥林嫂，中国旧社会典型的农村妇女形象；《边城》中的翠翠，单纯、善良、天真、美好；《阿Q正传》中的阿Q，"精神胜利法"的典型代表；《荷花淀》中的水生嫂，勤劳、朴实、识大体、顾大局。通过这一系列性格突出、有血有肉的人物形象，学生能够从他们身上以及由他们而引发的故事当中获得更多、更直接的感触和思想情感。除

---

① 潘新和.新课程语文教学论 [M].北京：人民教育出版社，2005：362

此之外，在小说当中带给读者的还有其他更为丰富的内容，从历史时间的视角追溯社会的成因；从文化的视角加强类文的延伸；从人类学的视角探寻文明的发展；从心理学的角度理解人物形象；从民俗学的角度赏析作者创作的风格。首先，从历史的视角来说，结合社会历史角度解析小说作品，是一种基础的解读方法，由于小说本身就是作者围绕自己所生活时代的产物，只有结合作品的时代背景，围绕小说历史的视角展开解读，学生才能够更好地追溯作者的创作意图，与作者产生心灵上的对话，进而掌握作品的内涵。然后，相对于历史的视角，文化的视角将有助于学生更深刻地品味作品中所蕴藏的文化素养。在小说教学中，可以对比相同类型的文章，进行延伸阅读，从而有助于学生更好地从文化的角度入手去感悟。人类学的视角是小说解读的一个重要角度，对于学生来说，小说的构成也是人类整体社会的一部分，尝试从人类社会发展的角度进行解读，了解小说呈现了怎样的社会意义，在这样的解读中，学生探究了社会文明的发展，从而对作品主题的认识也就更加深刻。从心理学的视角来说，探究小说中主人公的内心世界，了解人物的心理变化，探究人物的内心活动可以深入地掌握人物的性格特点，从而有助于学生感知人物或喜或悲的人生境遇，以及人物心理变化的过程。最后，从民俗学的角度能够赏析作者的创作风格。在许多小说作品中，通过对地域特色，大环境、大背景的侧面描写，学生能够从中感受到浓浓的乡土气息以及当中的民风民俗，老师可以从民俗学的角度入手，从而教会学生品读作品中极具特色的民俗文化，与此同时，老师还可提供同作者的作品给学生对比，总结该作者的创作特色与创作风格。[①] 从小说审美的功效来说，学生在学习过程中，还需提升学生对人物性格美的感知，培养学生对故事美的欣赏以及激发学生对内容整体美的灵感。因为，人物性格的分析、故事情节的发展、内容整体性的剖析都是诠

① 段正龙. 多维度解读小说内涵，深化语文思维能 [J]. 语文教学与研究，2020: 91-92

释小说内容的重要步骤，也是彰显小说内涵的关键。因此，正确看待小说中的人物形象、学会欣赏人物的性格美，落实学生的综合文学素养，可以为学生营造良好的创作空间，落实学生审美综合创造的能力，切实促进中学生语文素养的提升。[①]

从对小说的价值探究这个角度来说，在语文教材中之所以出现小说这样一种体裁，其作用和目的主要是为了丰富学生的人生体验，小说教学的根本价值是："小说教学不是为读小说而教小说，不是为了教小说而教小说，更不是为了考试而教小说，应当是为了通过小说的阅读丰富学生的人生体验和提升他们的人生境界。"[②] 由此可以看出，能够做到丰富学生的人生体验也就达到了小说作为语文教材中的重要板块的初衷。除此之外，学生在关注小说艺术效果的同时还应该关注艺术效果的达成度，如学习了一篇小说，给学生带来的最直接的体验是什么，引发了学生怎样的共鸣，学生最大的收获是什么？是学会了人物性格描写的方法还是故事情节的安排与设定，再或者说是内心深处情感的迸发、灵感的衍生。老师在进行小说教学时，应更关注学生在这个过程中生成的直接体验。

## 一、《林黛玉进贾府》之案例研究

《林黛玉进贾府》是高二年级的课文，该片段节选于四大名著《红楼梦》第三回，《红楼梦》作为中国古典四大名著小说之首，是一部具有世界影响力的人情小说，从人物的刻画、场景的布置、故事情节的安排、心理活动的揣摩、人物语言的描写等方面都彰显出了《红楼梦》这部史诗性巨著的艺术魅力。选择《林黛玉进贾府》这个片段进驻语文课本，让初识《红楼梦》的高中生深刻地体会到了该作品精湛、高超的创作艺术。《林黛玉

---

① 郭简. 初中语文小说教学中的审美教育策略 [J]. 老师教育，2020：123-125
② 王荣生. 小说教学教什么 [M]. 上海：华东师范大学出版社，2016：07

进贾府》这一片段具有较强的故事性，情节曲折，人物形象刻画生动细致，并且在整部小说当中具有非常重要的地位和作用，能够很好地体现和展示《红楼梦》的魅力。①

老师在讲解这篇课文时可以从林黛玉的视角来展开，小说从一个未曾到过贾府的少女的眼光来展现贾府的人物与环境，主要借助少女黛玉的"看"来展开情节。在"看"的过程中，包含有《红楼梦》独特且新颖的视角、精细且宏阔的场景、人物群像的精心构建以及对林黛玉的形象刻画。在《林黛玉进贾府》中，体现了作者独特且深邃的见识以及匠心独具的表现技巧，通过赏析这一回，能让学生感受《红楼梦》的魅力，同时通过鉴赏每个环节的描写，能丰富学生的文学知识与语言表现技巧②。在这篇课文当中，老师可以扮演林黛玉的角色，带领学生走进贾府，认识当中的每一个重要人物，欣赏这个家庭里的陈设布置，感受贾府的雍容华贵和极度奢靡。在教学设计的板块也可以从以下几个方面展开。

首先，人物群像的精心塑造。小说的创作主要围绕人物形象的塑造和故事情节的推动而展开。在《林黛玉进贾府》中，红楼梦中错综复杂的人物关系以及主仆之间的贵贱尊卑从林黛玉走进贾府那一刻起逐渐呈现在读者面前。跟随黛玉的视角，文中人物逐一亮相，从黛玉眼中这些人物的言行举止象征着他们在贾府的身份和地位，描写每个人物笔墨的多少也决定了后面每个人物的内容设定。想要帮助学生很好地理解《林黛玉进贾府》这篇课文，老师就要从文中人物的外貌描写、语言描写、动作描写、心理描写等方面逐一展开。在这篇课文中，包括林黛玉在内的众多人物形象的刻画成了本篇课文的焦点，详略有序。详写的有林黛玉、王熙凤及贾宝玉；而贾母、邢夫人、王夫人、李纨、迎春、惜春、探春等人则一笔带过。这

① 吴平波. 从小说常识层面切入赏析《林黛玉进贾府》[J]. 中学语文教学参考, 2019: 25

② 常瑞娜. 匠心独具——《林黛玉进贾府》构思艺术赏析 [J]. 散文百家, 2020: 22

些人物的语言都各具特色，与其身份地位高度匹配，老师在引导学生展开
人物语言鉴赏时，需要让学生筛选经典对话片段，从婉言多微辞角度展开
思考分析，让学生结合人物身份、地位、性格、思想等因素展开对应性思
考，自然能够理解人物语言运用之精妙[①]。当中最有特色的当属对王熙凤的
介绍，主要采用了正面描写的写作手法，对王熙凤的出场有着极其独特的
方式：未见其人，先闻其声。黛玉初遇王熙凤是通过闻其爽朗的笑声，见
到此人后才察觉与他人的不一般，当中对王熙凤最突出的外貌描写就是
"一双丹凤三角眼，两弯柳叶吊梢眉，身量苗条，体格风骚，粉面含春威
不露，丹唇未启笑先闻"，从这段对王熙凤的正面描写中可以想象出王熙
凤异于常人的体态和美。而从黛玉的内心活动——"这些人个个皆敛声屏
气，恭肃严整如此，这来者系谁，这样放诞无礼？"就可以从侧面看出王
熙凤的性格泼辣直爽。并且，在这一大屋子人"皆敛声屏气，恭肃严整"
的气氛下，忽听得后院一声笑语："我来迟了，不曾迎接远客！"这是在层
层铺垫和衬托之后，掀起了小说情节和人物出场的一个高潮，那就是王熙
凤的闪亮登场。这种未见其人先闻其声的出场方式，暗示了王熙凤当家人
的身份地位。王熙凤是贾府中举足轻重的人物，曹雪芹不安排她与众人同
时出场，是因为要描写贾母和林黛玉相见时悲喜交加的场面，腾不出场面
展开对她的刻画，也难于充分表现她的个性特征。足以看出作者这样设计
的良苦用心。[②] 除此之外，就是对王熙凤的衣着和打扮衬托出贾府里主子
们过着锦衣玉食的生活，"彩绣辉煌，恍若神妃仙子；头戴金丝八宝攒珠髻，
绾着朝阳五凤挂珠钗；项上带着赤金盘螭璎珞圈；裙边系着豆绿宫绦，双
衡比目玫瑰佩；身上穿着缕金百蝶穿花大红洋缎窄裉袄，外罩五彩刻丝石
青银鼠褂。"王熙凤这一身行头更加印证了林黛玉母亲说过的"外祖母家

---

① 洪菲 . 婉言多微辞 收放皆自然——《林黛玉进贾府》人物语言鉴赏 [J]. 中学语文
教学参考，2019：28

② 高俊晶 . 品鉴《林黛玉进贾府》中的人物描写 [J]. 教育现代化，2020：191

与别家不同"。在本篇课文中，关于林黛玉的描写主要从外貌描写和心理描写两个方面展开的。黛玉的外貌描写主要是通过旁人眼里而得知，王熙凤的"细细打量"笑道："天下真有如此标致的人物"；除此之外，黛玉的形象主要源于贾宝玉的眼中："两弯似蹙非蹙罥烟眉，一双似泣非泣含露目。态生两靥之愁，娇袭一身之病。泪光点点，娇喘微微。娴静时如姣花照水，行动处似弱柳扶风。心较比干多一窍，病如西子胜三分。"在宝玉眼中，黛玉异于他身边所有的姐妹丫鬟，黛玉是那种美到极致、美到骨子里的美。结合王熙凤的描述、贾宝玉的痴看以及旁人的赞叹乃至《红楼梦》中后面的章节对黛玉的描写，可以总结出黛玉的形象即容貌清丽、腹有诗书、富有灵气、稀世俊美且体弱多病，还体现出了黛玉多愁善感的个性与诗人般忧郁的气质。除此之外，通过对林黛玉形象刻画的赏析，能从贾府众人角度了解林黛玉慧敏、敏感、谨慎的一面，虽描写较少但无法令人忽视，可见作者的文笔之功以及描写能力。[①] 而黛玉的心理描写则是从她进入贾府起，所见所闻之事之人带给她最直接的感受，她的"步步留心，时时在意"、她的"见机行事，大方得体"都可以看出黛玉初入贾府时小心谨慎的性格。

其次，场景展现的精细壮阔。在《林黛玉进贾府》这篇课文中，黛玉初进贾府算是将大观园的初貌展现给了读者，作者将这个大家庭的内外环境进行了简单又细致的描写，从黛玉的视角，读者见识到了贾府的奢靡、繁华以及有别于人家的不同寻常。老师可以从中找出相关描写帮助学生更好地理解。从大门口蹲着的"两个大石狮子、三间兽头大门"、正门之上题有"敕造宁国府"的牌匾，走进府里，穿堂中放置的"紫檀架子大理石的大插屏"、游廊厢房中挂着的"各色鹦鹉、画眉等鸟雀"，从这些极为醒目的雕刻和装饰可以看出贾府的富丽堂皇。接着黛玉进到荣府，王夫人房

---

① 常瑞娜 . 匠心独具——《林黛玉进贾府》构思艺术赏析 [J]. 教育百家，2020：22

间里的陈设、物件、家具等都能让读者嗅到这个大家庭的富贵气息，如"临窗大炕上铺着猩红洋罽，正面设着大红金钱蟒靠背，石青金钱蟒引枕，秋香色金钱蟒大条褥。两边设一对梅花式洋漆小几。左边几上文王鼎匙箸香盒；右边几上汝窑美人觚——觚内插着时鲜花卉，并茗碗痰盒等物。地下面西一溜四张椅上，都搭着银红撒花椅搭，底下四副脚踏。椅之两边，也有一对高几，几上茗碗瓶花俱备"。每一样物件都极为独特且昂贵，作者不惜笔墨地将这些细节尽可能地展现出来，就是为了让读者看出贾府中的这些人衣着用度极尽奢华，非寻常人家可比。①

最后，豪门家族尽显礼数烦杂。学习《林黛玉进贾府》这篇课文，学生除了能够学习到在小说题材中如何刻画丰富的人物形象，还可以见识到在当时那样一个封建社会，这样的权贵之家的封建礼数和家规家教。贾家作为一个家族关系极其庞大的豪门世家，也是封建礼教极为森严的大家族，特别奉行长幼有序、尊卑有别。从文中黛玉的视角就能有特别直观的感受。首先，是鉴于黛玉的女眷身份且并不显贵，因此只能走角门，"正门却不开，只有东西两角门有人出入，却不进正门，只进了西边角门。"进入角门之后，"那轿夫抬进去，走了一射之地，将转弯时，便歇下退出去了。后面的婆子们已都下了轿，赶上前来。另换了三四个衣帽周全十七八岁的小厮上来，复抬起轿子。众婆子步下围随至一垂花门前落下。众小厮退出，众婆子上来打起轿帘，扶黛玉下轿。"从以上内容可以看出，贾府是一个极其讲究尊卑礼制的地方，什么样的人进什么样的门、走什么样的路、由什么样的人伺候都十分讲究，不能出半点差错。再来看看王熙凤的出场，"只见一群媳妇丫鬟围拥着一个人从后房门进来。"由此就证明了王熙凤与众人的不一般，也彰显了她在贾府当家作主的身份地位。最后，就是黛玉在贾母处用膳的场景，从在场每个人的座序排位，到餐具碗筷的摆放再到布菜添

① 张春霞.借黛玉之眼看贾府——谈谈《林黛玉进贾府》中封建大家庭的特点[J].语数外学习，2019：16

汤，都充分体现出封建大家庭内部的一种秩序，而这种秩序是任何人都无法打破的，即使是林黛玉这样一个初来乍到的贵客也不能由着自己的性子来。在用膳的过程当中，屋子里站满了人，却连一声咳嗽都没有，这说明贾府中的人都受过十分严格的调教，礼制森严。①

从《林黛玉进贾府》中人物形象的刻画、宏观微观场景的描写等方面可以看出《红楼梦》这部名著的创作实为令人惊叹和佩服，通过学习和了解，老师应让学生感知、体悟当中的人物特征，从而更好地品析《红楼梦》这部巨著所传达出来的精神品质。

## 二、《荷花淀》之案例研究

从小说本身就具有审美能力的优势来说，学生学习小说的过程也是培养学生审美能力的过程，因此，在语文教学的过程中，并非所有小说类体裁的作品都需要重点分析人物的性格特征、故事的情节发展，在很多时候也可以带领学生品析富含诗情画意的语言艺术，赏析为丰富故事情节而营造的优美意境。高二年级下册第二单元的《荷花淀》就是这样一篇课文，这篇课文充满诗意，被大家称为"诗体小说"。因此，老师在对这篇课文进行教学设计时，就可以根据《荷花淀》"美不胜收"的诗性特点从"人物的真善美""环境的静谧美""生活的和谐美"三个方面展开，引导学生体会文中人物的率真洒脱、善良淳朴，环境的静谧优美。

首先，是有关人物的真善美。"发掘人物身上'美好'和'善良'的本性，一直是孙犁小说创作中孜孜不倦的追求。"在进行人物美教学时，老师首先要让学生理清小说的主要人物；然后从内外两个方面对人物进行全面分析；还要结合作者所运用的人物描写方法来表现人物品质，进而反

---

① 张春霞. 借黛玉之眼看贾府 —— 谈谈《林黛玉进贾府》中封建大家庭的特点 [J]. 语数外学习，2019：16

映人物美①。文中的主要人物是以"水生"和"水生嫂"为代表的一群为了保卫家乡冲在战场第一线的青年以及为支持自己丈夫这份伟大事业的农村妇女。老师可以将"水生"和"水生嫂"两个主要人物作为本文人物塑造的典型形象向学生介绍作者的创作意图及特色。"水生"作为本文的男主人公，作为"村里的游击队长"带领大家参加抗日活动，事实上是众多抗日同胞中的一个代表和缩影，从文中对"水生"这个人物形象的描写，"淀里的斗争形势变了。会上决定成立一个地区队。我第一个举手报了名的。""千斤的担子你先担吧，打走了鬼子，我回来谢你。""不要叫敌人汉奸捉活的。捉住了要和他拼命。"由此可以看出"水生"是一个为了抗日，可以不顾个人生死，愿意献出生命的人，话语间还能透露出他乐观开朗、积极向上的性格。而"水生嫂"是一个典型的农村妇女的形象，文中对她的描写用了比其他人都多的笔墨，"水生嫂"这个人物形象的塑造是非常真实的，在丈夫的眼中，水生嫂没有太多文化，担心她的思想意识跟不上，所以对她提出了要努力学习的要求，"我走了，你要不断进步，识字，生产。"而对于丈夫的选择，她内心有不舍、担忧，同时非常纠结害怕，但是她展现出温柔体贴善良的一面。从她对丈夫的话中可以看出，她并不希望自己的丈夫担任这个游击队长，但是却依然以大局为重，支持丈夫的决定，解决了丈夫的后顾之忧。她对水生说："你走，我不拦你，家里怎么办？""你明白家里的难处就好了。""你有什么话嘱咐我吧！"明知道丈夫随时会牺牲自己，却还是流着眼泪目送了丈夫。以"水生嫂"为代表，文中其他的农村妇女同样有着和"水生嫂"般的"真善美"，都为抗日战争献出了自己的力量，明知丈夫们有可能有去无回，却牺牲小我成全了大我，虽然都没有知识文化，但是在紧要关头，却能够理智地抛开儿女情长，以国家利益为重，实属难能可贵。

①苏宁宁.《荷花淀》中三要素之美的教学研究[J].语文教学之友，2020：28

　　然后，是水乡环境的静谧美。环境描写的准确拿捏是保证小说创作能够达到其艺术效果的重要环节，孙犁有着在水乡出生和成长的经历，为他的"荷花淀系列"小说提供了创作的灵感和源泉。在孙犁的人生历程中，这段水乡情一直默默地伴随着他，水乡特有的人文地貌、生存状况等特征，不但丰富了孙犁的创作素材，还成为了构成特定历史环境的重要因素。通过对其描写，可以使作品具有鲜明的地方色彩和浓郁的生活气息，从而为渲染气氛、交代故事发生背景以及展示人物心理、刻画人物性格等提供了一个相对真实的环境。当中，水生嫂编着席的片段，"这女人编着席。不久在她的身子下面，就编成了一大片。她像坐在一片洁白的雪地上，也像坐在一片洁白的云彩上。她有时望望淀里，淀里也是一片银白世界。水面笼起一层薄薄透明的雾，风吹过来，带着新鲜的荷叶荷花香。"这个片段描写出了白洋淀女性月夜里辛勤劳作的画面，同时也交代了后文将要描写的以水生嫂为代表的白洋淀女性群体质朴、善良的形象。与此同时，作者用皓白的月光、静谧的淀水、温顺的苇眉、清芬的荷花等构成的意境，衬托出水生嫂的纯洁、娴静、温柔和美丽[①]。除此之外，文中对白洋淀景物的描写主要是水生嫂和其他几位农村妇女想要探望自己丈夫时偶遇敌人的画面，"她们奔着那不知道有几亩大小的荷花淀去，那一望无边际的密密层层的大荷叶，迎着阳光舒展开，就像铜墙铁壁一样。粉色荷花箭高高地挺出来，是监视白洋淀的哨兵吧！"这段文字中将"密密层层的大荷叶"比作抵御外来入侵者的"铜墙铁壁"，将"高高的粉色荷花"喻为"监视白洋淀的哨兵"。从正面描绘出了荷花淀诗情画意的意境氛围，当中也饱含了作者对这片土地深沉的热爱之情，也为后文惊心动魄的故事情节的发展起到了助推作用。并且，作者将一场激烈的伏击战安排在香飘四溢的荷花淀里，将战争的残酷与这样一个如此宁静、美不胜收的环境形成了鲜明的

---

① 刘仲文. 孙犁小说的亲水情节 [J]. 中学语文教学参考·下旬，2020：68

对比，向读者表达了对祖国、对家乡更直观、更强烈的热爱之情。

最后，就是对幸福生活向往的和谐美。这篇课文以小见大地表达出广大人民群众对幸福生活、和谐社会的向往。从文中内容可以看出，荷花淀里淳朴、善良的人民群众为了能够守护家乡的和平，为了能够将敌人彻底消灭，不惜抛下自己的家人，做好随时牺牲自己生命的准备，这样一种英勇无畏的行为只为能够在抗战胜利后换来安详、宁静的幸福生活。对和平安宁的美好生活的永远向往，是小说超越时代的特质。关注人、人心及人的情感，在孙犁的文学世界里，读者能够感受到人与人之间纯粹的情感，由此重新认识了我们的日常生活。①

因此，在《荷花淀》这篇课文的课堂教学中，老师应该以引导者的身份带领学生欣赏作品中环境的意境美、人物的真善美以及体会当时的人们所向往的现如今我们拥有的和谐社会，从而激发学生的爱国热情，要让学生懂得，没有所谓的"岁月静好"，只不过是几十年前成千上万的革命烈士用生命为我们换来了今天的和谐与安宁，因此要珍惜当下的幸福生活。

## 三、《台阶》之案例研究

在解读小说创作的过程中，人物形象的刻画是作者想要重点阐述的部分，一个人物形象的塑造在作者的笔下往往蕴含了丰富的人生故事和人生哲理，读者更应该通过人物的形象以及所传达出来的人文精神去理解和感知。七年级下册第三单元的《台阶》就属于这样一篇课文。《台阶》是一篇十分感人的小说，文中没有过多华丽的辞藻，作者用极为简单淳朴的语言向大家展示了一个十分鲜活的人物形象。这是一篇有关亲情主题的文章，在中学语文教材的篇目中不乏有关亲情的课文，编者所选择的每一篇亲情主题的文章都让学生从中获得了不一样的情感，也让广大师生为之感动，

---

① 黄昕瑗．平常的生活，不平常的情怀——读《荷花淀》[J].初中生写作，2020: 23

《台阶》带给人的感触也同样如此。在《台阶》这篇课文中，作者为大家塑造了一个伟大"父亲"的形象，这位"父亲"吃苦耐劳、忠厚老实、勤恳踏实、默默奉献。通过对文中"父亲"的描写也引发了一个简单却令人深思的故事，当中渗透着极具深意的人生哲理，想要学生弄懂其中的道理，老师必须带领学生以独特的视角去探究和思索，以此培养学生正确的人生观和价值观。老师可以将"父亲的形象"与"故事的讲述"分别作为两条主线来展开讲解，在刻画父亲形象的同时把故事的主要内容带入进去，从而帮助学生更好地了解。

首先，是故事引发人的思考。文章开篇直接点题"父亲总觉得我们家的台阶低"。这样的一个开头对于大部分学生来说可能是没有办法深入理解的，台阶低又能引发怎样的深思和故事呢？文中的父亲一直耿耿于怀"我家的台阶低"作为主线索贯穿了全文，只有安排学生通读全文后才能明白当中的道理。原来，在那个年代，在作者的家乡，台阶的高低象征着地位的不同，因此，父亲总是嫌弃自己家台阶过低，感觉抬不起头。于是父亲奋斗了大半辈子，终于在新屋前搭建起了九层台阶，然而在父亲真正实现了这件他梦寐以求的愿望过后，却没有想象中那样快乐和满足，反而自言自语地说了一句"这人怎么了？"显得有些失落和不知所措。事实上，这个出乎意料的结果恰巧是现实生活的真实写照。

然而，在大部分学生了解了台阶所赋予父亲真实的含义过后，引发了不一样的思考。在引发学生思考的同时，父亲的形象被放在了两种截然不同的位置上。一部分学生认为，父亲身上具有中国农民吃苦耐劳、勤恳踏实、执着坚韧的美好品质，从侧面也表现出了父亲坚持理想信念而始终不知疲倦的坚韧精神，反映中国农民为了人生而奋斗的精神[①]。这部分学生对于父亲的形象是持积极、肯定的态度。并且很多学生在《台阶》中这位父

---

① 徐沛.《台阶》教学中对学生人生观培养的分析 [J]. 新课程研究，2019：31

亲的身上看到了自己父亲的影子，体会到父亲身上都有一股坚持内心决定和信念的劲儿，不达目的不罢休，从而也给学生传递了做事要坚持不懈的精神和品质。然而另一部分学生就不赞同文中父亲修葺台阶的做法。在他们看来，文中的这位父亲持有封建等级观念的迷信态度，台阶的数量并不能决定一个人的身份地位，也不应该跟他人盲目攀比，并且认为这是一种虚荣心在作祟。这种虚浮的追求、错位的人生目标和农民自身的局限性最终导致了父亲的黯然失落、若有所失。[①] 但无论是哪种观念，都不能抹杀这位父亲真挚淳朴、吃苦耐劳的高尚品质，父亲陈旧的思想观念是那个时代和乡村地域的局限性所导致的，事实上，文中对于农村的风俗礼教也进行了描述，"农村里有这么个风俗，大庭广众之下，夫妇俩从不合坐一条板凳"，可以看出农村里面人们思想的落后和封闭。作者只不过用最真实的笔触为读者刻画了一个最接地气的父亲，一个有血有肉、人物形象极其鲜活的父亲。作者李森祥先生真正地将一个家庭的脊梁——父亲，刻画得入骨三分。在读《台阶》的时候，我们似乎可以从台阶中找到自己父亲的影子，我们似乎也可以看到老一辈人为下一代的无私奉献。正因为如此，这才是文中"父亲"感动亿万读者的真正原因所在，李森祥描写的是一位活着的父亲，一位令人为之动容的父亲。

　　其次，是对父亲形象的刻画。文中对于父亲形象的塑造是非常深刻的，通过对父亲的外貌、肖像、语言乃至心理等一系列的正面描写，可以看出父亲的老实厚道，以及父亲执着而坚韧、朴实的中国农民的形象。尤其是文中对父亲的一些细节描写展现出了父亲的憨厚淳朴，如文中描写父亲和"我"放鞭炮的片段，"许多纸筒落在父亲肩膀上，父亲的两手没处放似的，抄着不是，贴在胯骨上也不是。他仿佛觉得有许多目光在望他，就尽力把胸挺得高些，无奈，他的背驼惯了，胸无法挺得高。因而，父亲明明该高

---

① 陈龙. 关联理论视域下《台阶》的解读及其教学建议 [D]. 上海：上海师范大学，2020：10-11

兴，却露出了尴尬的笑。"父亲明明非常高兴而自豪的事在此刻却显得有些无所适从。李森祥先生认为，"在中国乡村，一个父亲的使命也就那么多，或造一间屋，或为子女成家立业，然后他就迅速地衰老，并且再也不被人关注，我只是为他们的最终命运而惋惜，这几乎是中国乡村农民最真实的结尾"。正是因为看到这一点，李森祥先生才会创作出这样的一篇文章。他想要为读者塑造的，实在是一个普通得不能再普通的农村父亲的形象，这个父亲，是数千年来存活在中国大地上的父亲，而且他现在依旧活在中国农村，活在社会的最底层，无论时代怎么改变，父亲永远活在世上。数千年来，父亲为自己的家庭做了最简单也是最伟大的事情。而等他们逐渐老去，等到他们力不从心，他们便开始若有所失。这就是李森祥给父亲设计的命运，而这恰恰是现实中父亲们的命运，是他们最真实的命运[①]。老师在介绍文中父亲这一角色时，一定要结合文中与之相关的内容进行分析，才能帮助学生更好地掌握父亲这个人物形象。

最后，是关于《台阶》主题的诠释。学生通过对本篇课文的学习，把握文中作者想要诠释的主题，《台阶》这篇文章的主题是需要学生探究的一个重要内容，关系着学生对文章的正确解读，能引发学生对人生的思考。老师可以结合文章内容以拓展延伸的形式帮助学生展开探究与思索，两个主题的总结就可以得到很好的诠释。第一个主题是关于对亲情的感悟。文中父亲的形象也就是中国典型的父母形象——为了孩子，致力于奉献自己的一生。从文章整体出发，能够清楚地看到父亲为了家庭和孩子的未来所付出的一生，在前面的内容中已经提到过，文中的父亲对自己一生的使命有着非常明确的目标，或许就是为孩子多建几间房、为孩子成家立业多出一份力、为了让旁人觉得自己以及自己的子女是有地位的而拼尽全力也要盖上新房修建九级台阶，除此之外，再也没有更远大而宏伟的目标。但是，

---

① 石杰.《台阶》文本解读与教学内容述评 [J]. 语文教学与研究，2019：100

于文中的"我"而言已经深知，就是这些在很多人看来不算什么的目标，对父亲来说，已是父亲倾尽全力一生的奉献。因此，老师应该以此为话题引导学生懂得感恩，感恩自己的父母，父母给予自己的不仅仅是宝贵的生命，还有为了自己能过上更好的生活而付出的辛劳与汗水。并且，老师一定要让学生明白一个道理：任何人对你的付出和帮助都不是应该的，哪怕是自己至亲至爱的父母，不能认为父母为了孩子做任何事都是理所应当的，世上没有理所应当。第二个主题就是父亲那份值得大家称赞并且学习的难能可贵的精神。这份精神贯穿着全文，突出表现父亲坚持理想信念而始终不知疲倦的坚韧精神，反映中国农民为了人生而奋斗的精神[①]；虽然在部分人的眼中，父亲的精神都用在了对台阶的矢志不渝上，只能象征封建要强的农民形象，然而父亲却花费了自己大半辈子的时间用自己的坚韧完成了自己的梦想，这样的精神是值得肯定和学习的。

事实上，这篇课文的聚焦点就在于文本主题的把握、人物形象的揣摩、内心情感的升华。从作者的角度来说，文中父亲形象的塑造，就是想唤醒读者对亲情的珍惜和重视，父母都会渐渐老去，为了孩子付出一生，从青丝到白发，用自己的年华诠释了什么叫作"爱"。

---

① 徐沛.《台阶》教学中对学生人生观培养的分析 [J]. 新课程研究，2019：31

# 第三节　在诗歌教学内容中的价值探索

　　本章节主要分析语文教材中现代诗歌对于学生的价值探究。现代诗歌在形式、韵律、格式等方面有别于古体诗，在情感表达、审美形式上都有新颖、独特的艺术氛围。潘新和在他的《新课程语文教学论》中对诗歌的情感韵味就提出过自己的看法，他认为："诗歌是最富于情感的文体，对诗歌的解读，最重要的不是写了什么景，说了什么事，而应感受、领悟作者透过景与事抒发了怎样的情感。把握诗歌的情感特征和情感变化，是阅读诗歌、理解诗歌的重点。"[①] 由此可以看出，如果将诗歌逐字逐句地解释给学生听那将是对诗歌灾难性的毁灭。现代诗歌教学实际上是一种艺术的呈现，诗歌教学的最高境界就应该是一种艺术的体现。通过艺术的审美，变传统的唯智的课堂教学活动为知、情、意互动的求真、立善、创美的全面

---

① 潘新和. 新课程语文教学论 [M]. 北京：人民教育出版社，2005：357

教育活动①。每首诗歌都有属于它自己的情感体现，读者在品读赏析的时候或许会注入自己的理解和体会，但是并不影响诗歌带给大家美的享受。因为诗歌所特有的韵味、意境往往给人意想不到的愉悦及精神体验。在语文教学中，能否体现诗歌的价值往往取决于老师如何带领学生对诗歌进行赏析，如何引导学生在赏析的过程中收获情感上的体悟。众所周知，现代诗歌在文学作品中以美著称，在语文教学中，往往以美文的形式呈现给学生，因此，老师在教学指导中要把握诗歌的节奏、韵味、情感、意境，从而将诗歌的音韵美、节奏美、形式美、意境美更好地传递给学生。现代诗歌从表现内容上可以分为抒情诗和叙事诗。抒情诗主要是创作者个人主观情感的表达和意境的创设，在诗歌中，所谓的意境就是由许多意象群组成的，何为意象？意象是融入了主观情意的客观物象，或者是借助客观物象表现出来的主观情意②。朱光潜先生认为："诗抑或诗的境界体现在情景相生而且契合无间，情恰能称景，景也恰能传情，每首诗的境界都必有'情趣'和'意象'两个要素。"③因此，作者在进行诗歌创作时，情感与意境都已融入其中，老师在指导学生品读的过程中需着重强调这两个点的关键性。在语文篇目中，抒情诗的代表篇目有徐志摩的《再别康桥》、戴望舒的《雨巷》、余光中的《乡愁》，等等。而叙事诗是以第一人称叙述者的口吻和身份刻画人物的形象、对事件予以叙述。相比抒情诗，叙事诗有故事的叙述、人物形象的塑造，并且人物性格较为突出且有典型性，生活场面层次清晰。代表作有卞之琳的《断章》、艾青的《大堰河——我的保姆》。

老师在进行现代诗歌的教学时有两个点需要重视，第一就是从美育

---

① 林静.在艺术的氛围中品诗——高中现代诗歌教学价值及途径探索 [J].中学语文·大语文论坛，2007：23

② 袁行霈.中国诗歌艺术研究 [M].北京：北京大学出版社，2009

③ 朱光潜.诗论 [M].北京：人民出版社，2010

的角度出发赏析诗歌，其次就是关注诗歌当中的艺术体现。首先，来说一下如何引导学生从美育的角度赏析诗歌。"语文美育要以文本中的审美因素来进行，而语文教材选择了丰富的文质兼美的文学经典，最具审美本质。"① 经典的诗歌在某方面来说就是美好事物的浓缩，语文教师在诗歌教学中如果能够帮助学生细细品味当中的美，就能更好地提高学生的文学素养，并且提升学生的审美能力。工具性与人文性的统一是语文课程的基本特点，可以说在诗歌教学中，语文课程的人文性将得到最大限度的体现，通过课堂当中氛围的渲染、情感的升华，学生将获得一场美的盛宴。20 世纪 20 年代，新月派的代表诗人闻一多先生提出了"三美"的新诗主张即音乐美、绘画美和建筑美，他认为，音乐美是最为重要的，因为音乐美对新诗的创作提出了节奏便是格律，音节和韵脚的和谐，读起来必须押韵且朗朗上口等要求，于是富有音乐美成了新诗创作的基本功，也掀起了新诗创作的热潮。而绘画美则要求文字的优美并富有色彩，还讲究视觉效果和形象的直观。从古人诗词的创作就可以看出，诗画不分家，诗中有画、画中有诗体现的就是诗词的一种美妙境界。因此，艳丽的色彩往往出现在诗歌中，将诗画艺术推至更高的层面。

最后就是建筑美，所谓的"建筑美"就是从诗的整体和外形来看，匀称、整齐、干净是基本要求，节与节之间、行与行之间最好能够实现对称、均匀，就算不能完全对应起来，也不能存在太大的差距。如徐志摩的《再别康桥》就是新月派的代表诗歌，将新诗的"三美"体现得淋漓尽致。当然，在现代诗歌当中，并非所有的作品都按照"三美"的要求来执行，但是意境氛围的营造、情感的表达是必须要有的。其次，就是诗歌当中的艺术体现。为了探寻诗歌教学中的艺术价值，就必须重构现代诗歌的教学理念和教学设想。每一首诗歌的创作都是诗人真挚情感

---

① 付煜. 文学类文本的美学审视 [J]. 语文建设，2016：02

的表达和宣泄，熔铸了诗人感人至深的情感，或深沉、或激越，或平静、或浓烈，形成了极强的艺术魅力。因此，语文教师必须是一个感情丰富并学会"煽情"的人。他能够敏感地体会到教材的艺术特征，并在教材与学生之间架设一座桥梁，使学生在强烈的艺术氛围中，受到感染、熏陶和激励，使他们在高昂的情绪中，产生想象和顿悟，从而产生和谐共振的"增力效应"，取得最佳的教学效果。①

　　对于诗歌教学来说，笔者认为，读是非常重要的。如果将诗歌这样一种浸润着诗人浓郁气息的文学经典逐字逐句地"翻译"给学生听，那么这样的教学注定是失败的。学生应该通过诵读去汲取诗歌当中的营养成分，感受诗歌的艺术魅力。学生在没有参考书辅助的前提下，应敞开心扉，用心聆听自己的声音，获取诗人通过诗歌想要传递的讯息和情感，激起内心深处的共鸣，在读的过程中，放松心情寻找诗歌中别样的美丽。

## 一、《黄河颂》之案例研究

　　课文《黄河颂》选自组诗《黄河大合唱》第二部《黄河颂》，它以丰富的艺术形象、壮阔的历史场景和磅礴的气势，表现了黄河儿女的英雄气概。②在语文教材中，爱国情怀一直以来是对学生进行人文教育倡导的主旋律，光未然先生的《黄河颂》正好以对祖国大好河山的热爱之情诠释了自己的爱国之情。《黄河颂》是七年级下册第二单元的课文，编者认为："家国情怀，是人类共有的一种朴素情感，它意味着热爱祖国的大好河山，热爱家乡的土地人民，愿意为保家卫国奉献自己的一切……它是国家和民族的精神凝

①林静. 在艺术的氛围中品诗——高中现代诗歌教学价值及途径探索 [J]. 中学语文·大语文论坛，2007：23
②孙鸿飞. 吟诵黄河，诗意课堂 [J]. 语文教学通讯·初中，2018：7-8

聚力。"① 因此，在这个单元中，所选的课文都是表现家国情怀的作品，在老师的引导下能激发学生的爱国主义情感。编者要求在学生学习的过程中应注重涵泳品味，尽量把自己"浸泡"在作品的氛围中，把握课文的抒情方式，体会作品的情境，感受作者的情怀。

想要学生真正地品析《黄河颂》一诗的情感，必须从作品的创作背景及所"颂"之情、所感所悟出发。在之前对于诗歌品析的价值和意义中提到，诗歌是对作者内心情感的概括和浓缩，学生在品读之时应站在作者的角度去思索问题，从而准确把握作品的情感基调。"爱国主义情怀"作为本诗最直白、最真挚的情感主旋律，作者将内心的情感用最激情澎湃的呐喊声响彻中华大地。1937 年抗日战争全面爆发，国民党反动派拒绝应战，采取了可耻的不抵抗政策，在中国共产党的英明领导下，中华儿女团结一心英勇作战，最终赢得了这场为期 14 年的抗日战争。对于学生来说，学习《黄河颂》不是简简单单地认识一首诗歌，而是要铭记这段历史、要缅怀无数为了我们新中国而牺牲生命的革命先烈。

在教学设计中，老师可通过介绍黄河来进行导入："黄河流域是中华民族文明的发源地，它孕育了五千年的中国文化，哺育了中华儿女。黄河惊涛澎湃，具有恢宏的气势，而且它源远流长、九曲连环，象征着中华民族曾经有过的荣辱兴衰。每一个看到它的人都会为之感动。在抗日战争期间，我国一位诗人就来到了黄河岸边，看到这一奇景，感慨不已，于是写下了这首歌颂黄河母亲的豪迈颂歌《黄河颂》。今天，我们将一起学习这首诗歌，不但要像诗人一样热情地歌颂我们伟大的母亲——黄河！还要培养一种爱国热情和民族自豪感！"② 整首诗歌的开端，老师可

---

① 教育部审定 2016 义务教育教科书，语文七年级下册 [M]. 北京：人民教育出版社 .2016：27
② 梅永兵 . 在语文教学中渗透社会主义核心价值观—— 以《黄河颂》教学为例 [J]. 云南教育，2014：28-29

以从题目入手，以"颂"为源头寻找作者想要赞颂、称颂之情。老师在讲解这首诗歌时，可以引导学生从"朗诵词"和"歌词"两个部分进行赏析。首先就是从字面意思来解读，作者是在赞颂黄河，从内容上来解读，作者通过赞扬黄河表达了对祖国深深的热爱。实际上，作者将我们的母亲河作为本诗的意象，点出黄河是中华民族精神的象征，在诗中第一节的朗诵词以黄河"英雄的气魄"象征"中华民族的精神"是"伟大而又坚强的"，让世人做好倾听的准备，倾听作者如何唱出对黄河的赞歌。接下来就是歌词中对黄河的称颂，诗中三次出现"啊！黄河！"三次感叹营造出一种回环往复的韵律美。第一次对黄河的赞叹，作者站在高山之巅怀揣敬畏之心"望"着滚滚黄河惊涛澎湃、万丈狂澜，将黄河最为直观的形象呈现在世人眼前，极具画面感，在"望黄河"部分，"掀起""结成""奔向""劈成"等动词都运用了拟人的修辞手法，这些词语不仅使得文章在读的时候富有气势，而且也体现了黄河的生动形象，给诗歌的语言增添了粗犷的美感，可以说是一举两得。接下来的赞叹，作者直抒胸臆开始颂扬黄河，将黄河喻为"中华民族的摇篮"孕育着"五千年的古国文化"，将黄河视作"伟大坚强的巨人"用自己英雄的体魄"筑起民族的屏障"。在"颂黄河"部分，作者用"摇篮""巨人""臂膀"来比喻黄河，歌颂黄河伟大有力的特点，体现了黄河捍卫中华民族的精神。最后，再一次出现"啊！黄河！"，语气铿锵有力、庄严豪迈，将感情再次升华，激发广大中华儿女的爱国情怀。[①]在《黄河颂》中，作者以直抒胸臆的方式对黄河的伟大展开了赞扬，无须委婉，直截了当地表达了内心的情感。因为黄河的气势磅礴、气壮山河正符合我们千千万万的革命志士为了实现人民能过上幸福生活这一宏伟蓝图而抛头颅、洒热血的悲壮情怀。

---

① 谭新. 谈《黄河颂》的爱国主义精神 [J]. 问答与导学，2019：15

在之前的内容中已经提到，诵读是赏析诗歌的精髓，对于《黄河颂》这样一篇激情澎湃的诗歌，如果品析诗句时将每一句都精细地"翻译到位"，那整首诗歌的韵味和情感将荡然无存。如品析"奔向东南"一句，解释给学生为"黄河的水往东南方向奔去"，强调的是方向和地理位置，而不是以黄河之水象征祖国河山的浩然壮阔，那将是对这首诗歌行尸走肉般地解剖。事实上，拿到这样一首诗歌，首先应该做的是诵读。在请学生诵读之前，老师自己应该要会读，这里的"会读"主要指的是心领神会地读，读出自己的见解、读出作者的情绪、读出诗中的情感，将自己的见解先暂放一边，请学生解读自己的想法过后，在总结的环节再融入自己的所感所想，而不是一开始就插手学生的思路。并且，老师要求学生诵读的前提是老师应该进行诵读示范，要有足够的激情带动学生的情绪。注意当中部分词语所诠释出来的情感，如当中的"伟大而坚强""掀起万丈狂澜""你一泄万丈，浩浩荡荡"等词语所表达出来的强烈情感。再如，诗中出现的三次"啊！黄河！"的情感一定要一次比一次激昂，最后就是结尾部分"我们祖国的英雄儿女，将要学习你的榜样，像你一样的伟大坚强！像你一样的伟大坚强！"必须铿锵有力，庄严豪迈。尤其是最后两句"像你一样的伟大坚强！像你一样的伟大坚强！"作者之所以重复同样的内容就是在强调"伟大坚强"的重要性，同时也是在向每一个祖国的英雄儿女发出歇斯底里的呐喊"只有每一个中华儿女都足够坚强，祖国才会有新生的力量和希望"。老师在引导学生诵读时除了要注意词语情感的拿捏，还可以准备比较有气势的音乐，让学生的情感得到最大限度的释放。关于《黄河颂》这首诗歌，老师可以准备《红旗颂》《东方红》《义勇军进行曲》等节奏豪迈的歌曲，从而让学生能够身临其境般感受到黄河之水波涛汹涌地涌进大家的心中，以此唤醒学生的爱国情怀。除此之外，老师可以在拓展延伸部分选取与之相关的歌曲或者作品进行补充，让学生有更多的收获。如选用

《长江之歌》来进行比较阅读，播放歌曲之前，老师可以先向学生展示《长江之歌》的歌词，以此进行对比，引导学生进行分组讨论，畅谈彼此的感受，在这个过程中，将更加增强学生增强的民族自豪感和自信心。如果在时间允许的情况下，老师还可以将《黄河大合唱第七乐章》——《保卫黄河》播放给学生听，让学生在激情澎湃的旋律中感受在当时那个年代，中国人民团结一致保家卫国的爱国情怀。

最后，在学生对整首诗歌的情感得到足够认知的情况下，再次请学生进行自主探究和思考，老师最后做出总结和点拨。全诗的主旨：歌颂黄河就是在歌颂祖国的伟大、歌颂中华儿女的英勇无畏，一个"颂"字就形象地体现出了对祖国的爱国情怀。诗中的"黄河精神"就是中华民族不畏强权、不惧列强侵犯而主动抗击的爱国精神，这份精神不能只存在于那个年代，而是应该一直渗透在世世代代华夏儿女的心中，永远不能忘怀。只有这样，中国这个伟大的祖国才能永远屹立在世界的东方。作为一名语文教师，需永远记住："爱国主义教育必须植根于语文教学始终"，因为，爱国主义是中华民族精神核心，精神基因，是凝心聚力的兴国之魂、强国之魄。语文教学应该让爱国主义在青少年心中牢牢扎根，培养他们的爱国之情、砥砺强国之志、实践报国之行。[①]

## 二、《假如生活欺骗了你》之案例研究

《假如生活欺骗了你》是一首脍炙人口的作品，从选材角度来说，编者之所以选择普希金的《假如生活欺骗了你》作为初中的语文篇目，就是为了从该作品对人心灵进行启发和引导的角度来帮助学生更理智地看待生活中的挫折和困难。《假如生活欺骗了你》是初二年级下册第五单元的课

---

① 邵富国. 爱国主义教育必须植根于语文教学始终 [J]. 中小学文化课程分析，2017：124

文，该单元的课文或借景抒情，或托物言志，学生在字里行间能够收获更多的启迪，编者希望在学习的过程中，学生能够寄寓自己的情思，抒发对社会人生的感悟。从艺术的角度来说，教学的过程也是艺术彰显的过程，老师在教学的过程中应该更多地关注学生的内心需求、情感认知，尤其是诗歌教学，应避免逐字逐句解析诗歌的情况出现。

《假如生活欺骗了你》是一首极为简短的小诗，内容通俗易懂，没有过于冗杂的思想感情，老师可以请学生先自行诵读，将初读体会记录下来，然后在诗歌教学最为重要的环节——"诵读"中获得更多的心得体会。像这样一首简短的诗歌，学生在课堂上理解体会过后就无须再花更多时间去背诵，那么，老师的引导极为重要。在本首诗中，有多个关键词——"假如""生活""欺骗"，可以提问的方式作为导入引发学生思考，如，如何看待"生活欺骗了你"这样一个话题，生活都以什么方式欺骗过大家？学生在诵读过后，老师得到的答案可能会有很多，如"自己努力学习了，却没有一个好成绩""很认真地去完成了一件事，却没有得到别人的认可""坚持了很久的一件事最终没有结果"，等等。在学生发表了自己的观点过后，老师就可以根据诗歌的内容更进一步地提出问题。整首诗的品析都可以围绕"欺骗"一词来展开，与此同时还要紧扣"假如"这个假定的情况，才能更好地启迪学生的心灵。在传统的教学当中，许多老师会一开始就介绍作者的情况和创作背景，这样的操作方式就会让整首诗失去它的韵味和情感，关于作者创作这首诗歌的缘由可以置于教学过程的最后一个步骤，当学生对整首诗有了自己的解读过后，再来了解作者是在怎样一个情况下创作出这首诗的，就会引发学生更多的深思。

首先，诗歌的第一节的第一句直接点题"假如生活欺骗了你"，请学生试着分析假如被生活所欺骗，作者的态度是什么？没错，不是抱怨，也不是向生活低头，而是"不要悲伤，不要心急"，应该坚信"快乐的日子将会来临"。再请学生回忆，当自己遭遇生活中的挫折时，自己又是以怎样的态度去应对的，大部分学生可能是"气馁""一蹶不振"，通过对比，从而将作者积极乐观的人生态度传递给学生。在第二节中让后人所赞赏的作者的精神态度就是那句"一切都是瞬息，一切都将会过去"，学生在赏析这句诗歌时应品析其中的人生真谛，无论遇到多大的困难都要坚信"一切都将会过去"，老师要针对这句诗歌向学生提出更深层次的问题，曾经遇到挫折时是怎样应对的，在以后的生活中如果再出现类似的情况是否应该调整心态，重新振作起来迎难而上。对于最后一句"而那过去了的，就会成为亲切的怀恋"，这句诗对于很多初中生来说可能会存在一定的疑惑和争议，因为大部分学生不太能理解既然被生活所欺骗的日子是忧郁的、悲伤的，为何却会成为以后"亲切的怀恋"。在这种情况下，老师的引导作用至关重要，因为初中生所经历的人和事都太少，对于时间、生命、岁月的理解也相对片面，他们还无法理解"你现在所厌恶的是别人已经失去的且回不去的"这样一个道理，无论这段时光多么艰难，在许多年后都是值得回忆的，所以作者最后提到"而那过去了的，就会成为亲切的怀恋"，当遇到这种具有哲学性的问题时，老师需要站在一个更高的角度帮助学生去理解，而不是对作品进行简单的解读即可。

　　然后，是有关这首诗歌的拓展延伸。为了帮助学生获得积极向上的乐观心态，老师可以搜集与之相关的案例进行分享，并了解学生的心得体会，及时掌握学生的心理变化，从而更好地树立正确的人生观、价值观。如电影《当幸福来敲门》中的父亲是如何刻苦耐劳地善尽单亲责任，奋发向上成为股市交易员，最后成为知名的金融投资家的励志故事，在这个过程中，这位单亲爸爸一边尽可能地解决孩子的温饱问题，一方面一次又一次地向困难发起挑战，最终战胜了自己，迎来了幸福的曙光。老师可以将电影进行剪辑，在课堂当中请学生观看，还可以与父母沟通，让学生在周末与父母共同观看，请学生写下观后感，然后与老师同学一起分享。无论是观看的过程还是分享的过程，老师都应要求学生写下内心最真实的感受，最为触动的点有哪些，最值得学习的精神是什么。事实上，一个孩子良好的学习氛围除了学校应该提供相应的条件，家庭教育起着同样重要的作用。之所以请父母和孩子共同观看《当幸福来敲门》这部电影，除了影片较长，更适合在家中观看这个因素以外，在与父母观看的过程中，父母的态度和情感倾向更有助于学生情感态度价值观的建构，在很多时候，父母的言行以及观点在孩子看待问题时往往有着不可替代的作用，所以，如果条件允许的情况下，父母陪同孩子一起参与进来会有意想不到的收获和效果。除此之外，老师还可以在课堂上给学生讲解一些励志的故事，对学生的心灵进行洗涤。让学生懂得——生活给你一次重击不是为了将你打倒，而是让你越挫越勇，更加坚强。

最后，在请学生对这首诗歌进行诵读和品析过后，老师需要让学生明白作者是在什么样的情况下创作出这样一首脍炙人口的诗歌，那就是对创作背景和作者简介进行简单的介绍。诗人普希金是一位俄国诗人，于1825年流放至南俄敖德萨同当地总督发生冲突后，被押送到其父亲的领地米哈伊洛夫斯科耶村幽禁期间所作。当时的俄国革命正在如火如荼地进行，诗人被迫与世隔绝。处于如此艰难的处境下，诗人并没有丧失希望与斗志，依然相信光明必来，正义必胜，有着极其坚定的信念，于是创作出这首《假如生活欺骗了你》。尤其是这首诗歌的第一节"假如生活欺骗了你，不要悲伤，不要心急！忧郁的日子里须要镇静：相信吧，快乐的日子将会来临"成了许多人的座右铭，时刻激励自己在人生的道路中，困难、挫折会不期而至，一定要坚定信念，勇往直前。

通过这首诗歌的学习，学生应该收获的也就是这种不畏艰难、乐观向上的精神态度。

### 三、《沁园春·长沙》之案例研究

《沁园春·长沙》作为伟大领袖毛主席的代表作，它体现出了一代伟人博大的胸襟和非凡的气魄。编者将其安排在高一的语文课本中，主要是希望学生通过这首词的学习，能够体会作者的伟大抱负和远大志向，并学习这样一种难能可贵的精神品质。

这首词的学习可以从其语言的构建、审美的视角、情感的抒发等多个角度展开赏析。如果以马斯洛需求的五个层次等级来等量代换这首词的学习需求，那么理解词作所要表达的含义是学生学习这首词的基础要求，如同马斯洛需求当中的"生理需求"，学生只有在理解了这首词的基础含义后才能有更深层次的学习，如"风华正茂"是"风采才华正盛"的意思，"峥嵘岁月"指"不寻常的日子"；其次，就是在对基础字词有了了解和认识后能够将整首词连贯地进行解读，如同马斯洛需求中的"安全需求"；在对整首词已经有了表层的认识过后，接下来将是对创作背景的学习，如同马斯洛需求中的"归属与爱的需求"，即毛泽东同志是在什么样的背景环境下创作的这首作品；下一步，将是对这首词中所传递的情感进行赏析和品读，如同马斯洛需求当中的"尊重的需求"，即作者通过回忆青年时代对国家命运的感慨和以天下为己任的情怀；最后一个环节，也是最高层次的达成，即引导学生进行反思，作为一名二十一世纪的新青年，应该怎样学习并践行毛泽东同志这样一种爱国情怀；怎样做到将国家事视为自己的事，不畏艰难去实现国家的繁荣富强。每一个环节都需要老师正确的引导，并逐层递进，从而点燃学生内心深处的斗志。

以"青春"为主旋律，奏响时代的凯歌。对于学生而言，遥远的时代背景，无法能够感同身受，老师应将这首词中作者所回忆到的青春年华、意气风发，那种情绪、那份情怀正确地传递给学生。对于一群正值青春年华的学生来说，每个人心中都有自己的梦想和向往，都在为之努力拼搏奋斗着。回顾当年的毛泽东同志年龄正好同现在的高中生相仿，他的目标和志向是拯救当时那个破败不堪、民不聊生的国家，而对于这群学生来说，他们的目标又是什么呢？老师应在教学的过程当中乘胜追击，引导学生确立自己现在乃至将来的目标，努力拼搏，不负时光。

赏"秋景"，抒"胸意"。在《沁园春·长沙》这首词作中，景物的描写是一大亮点，学生在学习的过程中应通过文字想象那个场景、那幅画面，从而在字里行间领略这幅波澜壮阔的"湘江秋景图"。词的上阕，湘江、橘子子洲头、被秋天染红的万千山峰、清澈的江水、乘风破浪的大船、翱翔在天空中的雄鹰、畅游在水波里的鱼儿尽收作者眼底，作者心中不禁感慨万千，面对这无边无际的宇宙，到底由谁来主宰这苍茫大地。随着视角的变化，整个场景中有动景与静景的结合，还有远景和近景的交替，由大自然的盛衰枯荣引发出"谁主沉浮"的呐喊，画面中的色彩斑斓、生机勃发给人一种催人奋进的力量美。作者笔下的这片土地饱经苦难与屈辱，可谓勃焉兴焉，载浮载沉。就他所处的时代而言，彼时中国正处在军阀割据时期，这令诗人心中升起无边惆怅。那惆怅，非关秋色，只为苍生。上阕以一声叩问收束："怅寥廓，问苍茫大地，谁主沉浮？"因为这一声叩问，开篇那个"独立"的诗人形象至此已是顶天立地，他已汇入了历史的长河。[①]这样的一幅秋景图，悲凉之余更多的是壮阔。作者用秋日的意象营造出活泼、美好的意境，彰显自己改造旧中国的豪情。"曾记否，到中流击水，浪遏飞舟？"采用了象征的手法，把一代革命青年的凌云壮志，以天下为己任，以及新时代下乘风破浪、振兴中华的豪气，淋漓尽致地表达出来了。[②]因此，老师在进行教学讲解时，激发学生的想象思维尤为重要，只有在脑

① 黄耀红. 苍茫大地上的青春叩问——以"青春"视角解读《沁园春·长沙》[J]. 湖南教育（B版），2020：38

② 吕莉春. 浅谈高中诗词教学中四大语文核心素养的运用——以毛泽东《沁园春·长沙》为例 [J]. 科教文汇，2020：147

海中呈现出相应的画面，才能引发学生进一步的审美意识。整首词的美感主要体现在上文中所提到的一个个形象生动的意象当中，由此构建出一个画面感极强的意象群，从而彰显出它的意象美。在这首词中，寓情于景、情景交融的写作手法是一大亮点，作者将眼前的景致和内心的情感融合在一起，给读者一种"寄蜉蝣于天地"之感，想象作者当时临江观景，思绪万千。

以情感为主线，词的下阕，作者回忆往昔曾与同学结伴到此地游玩，当时的大家正值青春年少，风华正茂，意气奔放，批判军阀官僚如同粪土。那样的时光是作者怀念的，也使读者窥视到了那样一群有志青年忧国忧民的高尚情怀，愿为改变旧中国做出努力的豪情壮志，作者借景抒情，借用热情奔放的自然之景来抒发作者想在不自由的环境下追求自由的崇高之美。这里的"崇高美"是一种冲突之美，是人的本质力量与客体之间处于尖锐对立与严峻冲突时，主客体之间所呈现出来的冲突的美①。从作者本身的角度来说，就具有一种令人敬畏和崇拜的崇高精神，为了新国家的成立、为了民族的复兴、为了千千万万的百姓再也不用饱受列强战乱的摧残，毛泽东同志付出毕生的心血和努力带领中国人民过上了和平的新生活。这一点是非常值得老师在课堂当中向学生传递的，学生应该知晓如今的幸福生活是怎么来的，作为中国的未来，每一位青年学子都应该铭记历史，缅怀先烈，要向作者以及作品中的青年们学习，学习那份凌云壮志，学习那份爱国情怀，学习为了梦想和目标去努力、去奋斗的崇高精神。老师需要一边解读当时的时代背景，一边对作品背后的深刻内涵进行挖掘和探索，尤其是那句"万类霜天竞自由"表达出的作者内心对革命的热情，对争取革命胜利和迎来新世界的期盼。②

① 许华丽. 赏析《沁园春·长沙》"崇高"之美 [J]. 家庭生活指南，2019：24
② 蒲珺珠. 抓住重点词语，切入独特视角——以《沁园春·长沙》赏析举隅 [J]. 语文天地，2020：05

在情感氛围渲染到一定程度后，老师应在课堂当中围绕"作者与自己的对话"为主题进行拓宽思维的延伸。请学生将学习后的审美体验以及对作者的情感用想象的方式表达出来，"想象自己此刻正站在橘子子洲头，眺望着远方的湘江，你想对作者说些什么？你又能听到作者对你有什么样的叮嘱和寄托，用自己的语言记录下来，然后跟老师同学一起分享。"这样的教学环节能够引导学生更深入地思考自己在这首作品中的所获所感，能够训练学生多角度思考，让学生转换思维方式，培养学生的创造性及批判性思考能力，对提升学生的整体思维水平有积极的作用，学生能够丰富自己对现实生活和文学形象的感受与理解。[①]

这首词彰显出了毛泽东同志的文学才华，老师在讲解的过程中不仅要突出他的博大胸襟和理想抱负，还要在读这个环节尽可能地把握当中的韵律美，引导学生读出气势、读出情感，切记不可只为背诵而毫无情感地去"念"，否则将磨灭了它的意义及作者的情怀。

## 四、《大堰河——我的保姆》之案例研究

《大堰河——我的保姆》是诗人艾青第一次用该笔名发表的一首长篇现代诗，这首诗也算是艾青的代表作，享誉文坛，因此被选入人教版高中语文课本中。老师在教授这首诗歌时，需让学生体会这首诗的情感主旨，这首诗是作者通过追忆自己的乳母，抒发了对这位贫苦农夫大堰河的怀念、感激以及赞美之情，与此同时，也是对中国旧社会广大劳动妇女悲惨命运的同情。

在《大堰河——我的保姆》这首诗歌中，作者以第一人称"我"叙述了对自己的乳母大堰河的深切怀念。从作品创作的角度来说，在同一篇作

---

① 吕莉春.浅谈高中诗词教学中四大语文核心素养的运用——以毛泽东《沁园春·长沙》为例 [J].科教文汇，2020：147

品中，一般只采用一个人称，然而在这首诗歌中，作者在多种人称中自由转换，更加形象地向读者诠释了自己对乳母的情感，深化了主题，突出了重点。

# 第四节　在新闻教学内容中的价值探索

　　新闻作品的教学作为语文教学活动的重要组成部分，是提高语文能力、培养语文学科核心素养的重要途径。作为实现"立德树人"目标的重要因素，高中新闻教学对于语文学科核心素养的培养具有重要的现实意义①。新闻作品之所以选入到语文教材当中，主要基于它独有的特性能够带给学生的实用价值，新闻的学习对于学生来说能够更真实地了解社会，形成正确的人生观、价值观。潘新和对于新闻教学的方法提出："新闻的素材直接源于社会生活，学生进行新闻写作的基础，除了具有社会责任心外，就是对社会的深入理解和对社会问题的敏锐观察与快捷反应，除了潜移默化地培养学生的社会责任感之外，还要有意识、有计划、有策略地培养学生搜集

---

① 张雪鹏．基于语文学科核心素养的新闻教学研究——以人教版高中语文教材为例 [D]．上海：上海师范大学，2019：01

资料、筛选资料、提炼资料、整合资料的能力。"① 因此，新闻在某种程度上不但能培养学生在资料搜集整理方面的专业能力，还能引导学生关注社会、关注身边的大事小事，在事情的认知和对待方面有正确的观点及正确的处理态度。王荣生认为："新闻阅读就是要培养学生关注社会的意识，引领学生关怀国计民生。"除此之外，新闻报道追求"直达读者"，崇尚简练质朴，一般情况下没有微言大义，因而也无须揣摩当中的深层含义。② 由此看来，新闻作品的真实性、时效性、准确性能够帮助学生更好地树立正确的观点。从语文课本中所选入的新闻作品中就可以看出，编者从多方面做出了考虑，如学生的年龄特点、学生的接受程度、社会的影响力、给学生带来的影响和产生的效应，等等。如《奥斯维辛没有什么新闻》就从字里行间向学生展示了二战时期奥斯维辛集中营的残暴和当时的真实情况；《消息二则》中向学生展示了人民解放军的所向披靡。可以看出，学习新闻类作品，除了应该培养学生的新闻意识，还要帮助学生养成日常关注新闻、阅读新闻的习惯，如此一来，既能拓宽学生的视野，还能增长学生的见识，从而有助于学生阅读水平的整体提升。

## 一、《奥斯维辛没有什么新闻》之案例研究

《奥斯维辛没有什么新闻》被誉为"美国新闻写作中不朽的名篇"，被选入中学语文教材当中，是因为这篇新闻跳出了新闻"不添加主观情感、客观报道"特性的禁锢，改变了新闻"零度写作"的固有模式。以一名在场参观者的角度有力地抨击了法西斯的残暴手段，引发了人们对生命的敬畏以及对和平生活的珍惜。

学生学习这篇有异于传统新闻的新闻类文章，应当从其独特的视角出

① 潘新和. 新课程语文教学论 [M]. 北京：人民教育出版社，2005，367
② 王荣生. 语文教学内容重构 [M]. 上海：上海教育出版社，2007：353-355

发去审视它的意义和价值。之前在教材的编写中有提到过，任何一篇文章在成为语文课文之前都有它独特的存在价值，也就是文本的原生价值，对于这篇课文的原生价值可以从它是一篇"有温度""有情感"的文章来探讨。尤其是对文章标题的解读"奥斯维辛没有什么新闻"，既然是新闻报道，为什么作者说"没有什么新闻"。原因是在奥斯维辛早已没有什么新鲜的事可供报道，然而鉴于作者的特殊身份，既然访问了这里，如果不将当年奥斯维辛的具体情况报道出去，那么内心的不安将无处安放。文章一开头就直接提出，"在布热金卡，最可怕的事情是在这里居然阳光明媚温暖……在布热金卡，本来不应该有阳光照耀，不该有光亮，不该有碧绿的草地，不该有孩子们的嬉笑。布热金卡应当是个永远没有阳光、百花凋零的地方，因为这里曾经是人间地狱。"从这段文字足以令人深思，没有哪个人不向往阳光明媚，也没有哪个人不渴望温暖和谐的生活，而这样的地方、这样的生活在作者笔下却指出"不该有"，那究竟曾经的这里经历了什么，作为任何一个享受着和平生活的人来说都应该知晓。从它作为语文课文的角度来说，学生除了掌握新闻的基本要素外，学习这篇课文，更多的是了解这个地方背后的故事。新闻与文学有本质的区别，新闻只能实事求是地报道，道出真实，而文学作品则可以添加各种元素，无论是作者的主观情感还是客观的实际情况，允许作者天马行空地去创作，而新闻则只能将真实情况进行客观地阐述。那么，老师在讲解这篇课文时，引导学生去了解当时奥斯维辛集中营对生命的残害、去反思生命对于每个人的特殊意义、去珍惜现如今的和平生活比简单地掌握新闻的特性更为重要。从教学的价值来说，老师可以从文本中的多条线索出发，带领学生共同探索奥斯维辛集中营令世人震惊的秘密。在文章的第二自然中提到"每天都有人从世界各地来到布热金卡——这里也许是世间最可怕的旅游中心"，老师可以扮演成导游的角色，带领学生走进这个"世间最可怕的旅游中心"，目睹这个旅游景点的不同寻常。文中写出了多个令人闻风丧胆的地方：毒气室、牢房、地下室、鞭刑柱、焚尸炉、"长条盒子"、照片墙，整个集中营对于"任何心智健全的人来说都是无法想象的"。从人性的角度来说，每个人都有拥有生命的权利，然而，对于惨死在奥斯维辛集中营的这些人来说，他们只不过是被法西斯主义列强玩弄于手掌的猎物，因此，课堂中的"导游"有必要让"游客"对奥斯维辛集中营中的一幕幕如同文中的参观者般终生难忘，只有将历史铭记于心，才能珍惜当下。

　　老师还可以从"走进奥斯维辛"和"走出奥斯维辛"两个角度进行对比，帮助学生理解作者的创作意图。在带领学生"观赏"奥斯维辛的过程中，一定要注意细节的描写，如刚走进奥斯维辛，参观者将牢房、毒气室、地下室和鞭刑柱等地方联系在一起，不由得使人感觉到这个如此安静的环境曾经充斥着受害者撕心裂肺的惨叫，越是安静的环境下越是不难想象当时受害者无助而痛苦的情绪。再如，"毒气室和焚尸炉废墟上怒放的雏菊"，这是一个非常鲜明的对比，"毒气室和焚尸炉的废墟"是对生命残害的象征，而"怒放的雏菊"却是新生命的一种象征，作者将二者放在一起，暗示着生命的生生不息，寓意正义终将战胜邪恶，彰显出文章丰富的内涵。文章最后，走出奥斯维辛集中营，"天气晴朗，绿树成荫，门前还有儿童在嬉戏、打闹"，如此和谐的场景与曾经的惨绝人寰显得异常的格格不入，作者最后对此进行了专门的强调，用意颇深。文中有一处，老师应尽可能地发散学生的思维空间，帮助学生想象，就是照片墙上那位"二十多岁的姑娘"，面对死亡，她却温和地笑着，在学习完整篇课文过后，可以对这位姑娘的微笑大胆地猜想一下，作者说到，"似乎是为着一个美好而又隐秘的梦想而微笑"，如果真是如此，那么这是一个什么样的梦想，可以请学生大胆地猜测和想象，当时那位姑娘究竟在想着什么，面对死亡为什么还能露出微笑。有部分学生认为，是因为不用再遭受苦难，所以微笑；也有学生认为，可能是在即将死亡之际，姑娘看到了另外一个美好的世界，在那里，没有战争，没有伤害，只有幸福与和平。除此之外，老师还可以请学生想象一下自己是当中的一员，在那样的场景和环境下会有怎样的心情。这样一来，不但能够培养学生的想象能力，还能提升学生的口语表达能力，最重要的一点是能够让学生置身于其中去感受、去体会，由此明白和平的重要性以及现如今幸福生活的来之不易。

这篇课文曾经有老师在导入环节选择了相关纪录片的播放，当中的画面非常真实，其中有几个场景让学生记忆深刻。被送进毒气室的受害者每人可以领取一张毛巾和一块肥皂，当时的他们刚被送进集中营，并不知道这个地方究竟是什么样的真实情况，部分受害者在未知的情况下还庆幸一进来就能够洗个热水澡，殊不知，当所有人挤进那个狭小的房间，紧接着就开始释放毒气，每个人都露出了狰狞的表情，并用指甲在墙壁上抠写出最终的遗言。还有一个个人皮灯笼，用头发编织成的地毯，堆积如山的尸体，二十四小时不间断工作的焚尸炉，等等，触目惊心，甚至有学生流下了悲痛的眼泪。这个纪录片在导入环节让学生一下子进入到课堂当中，迫不及待地想要跟随老师走进文章一探究竟，文中的内容是否同纪录片当中一样惨不忍睹。因此，学生在学习过程中更能引起他们的共鸣。叶芝说："教育不是注满一桶水，而是点燃一把火。"对于《奥斯维辛没有什么新闻》这样的文章，就是要点燃学生心中对丧失人性的憎恨，对和平美好的珍惜，对善良人性的向往。厌恶丑恶和欣赏美好都是丰富的审美体验。个体生命要发展，就必须要有丰富的体验。体验的过程不仅仅是学习的过程，还是一种生命成长的历程。语文课堂教学的过程同样也是由认知走向审美的过程。[①] 在课程结束的同时，为了加深学生的印象，可以选用两张图片将奥斯维辛集中营进行今昔对比，让学生更加明白和平的重要性。

① 高文蓉. 课堂从认知走向审美浅见——以《奥斯维辛没有什么新闻》为例 [J]. 中学教学参考，2018：22

## 二、《消息二则》之案例研究

《消息二则》是八年级上册第一单元的第一篇课文，当中包含了毛泽东同志的两篇新闻《我三十万大军胜利南渡长江》和《人民解放军百万大军横渡长江》。这个单元的主要任务是"活动·探究"，在编者给出的活动任务单中提出："新闻是我们了解世界的窗口。每天都有各种各样的新闻，通过报纸、广播、电视、网络等渠道来到我们的身边。因此要学会阅读消息、特写、通信等不同类型的新闻作品，了解新闻内容，把握各自特点；养成阅读新闻的习惯，关注社会生活和时代发展。"从单元要求中可以看出，编者要求学生能够养成阅读新闻的习惯，并且学会撰写新闻这类应用型文章，从中能够增长见识，拓宽眼界。

这两则新闻都是我国伟大领袖毛泽东同志在解放战争时期所写，需要从时代背景出发进行分析，学生才能更容易理解文本的内容。第一则新闻是《我三十万大军胜利南渡长江》，这则新闻不仅是一份珍贵的革命文献材料，也是新闻写作的一个典范。从新闻用事实说话、及时、简明的特点出发，《我三十万大军胜利南渡长江》真实、生动地报道了人民解放军胜利渡江的战斗消息。首先，这则新闻是按事件的发展顺序展开的，在叙述中，集中概括地抓住了事实的本质特征及发展趋势，通过一系列准确的数字帮助读者获取了战场的实况，如"三十万人渡过长江""国民党三个半月的长江防线""在不到二十四小时，三十万人民解放军即已突破敌阵"，国民党花费三个半月时间铸造的防线，人民解放军战士仅用一天时间就将其摧毁，这些数字都强有力地说明了人民解放军的锐不可当，也阐明了中国人民解放军将革命斗争进行到底的决心和勇气。并且，文中有一处景物描写，"长江风平浪静，我军万船齐发，直取对岸"，长江的风平浪静为人民解放军渡江提供了有利的条件，就如《荷花淀》中的荷花如同士兵守卫着家乡一般，长江作为中华民族的象征，在这里寓意着战士们出征作战将旗开得胜，顺利渡江，并且，江面上越是风平浪静，就越是暗示着人民解放军即将浩浩荡荡地渡过长江。这则新闻以极为简短的文字简明扼要地介绍了战争的情况，层次清晰，主题鲜明。毛泽东同志充分掌握了新闻的特点，重视吸收我国古代散文写作上的优良传统，在新闻中紧紧围绕一个主题，撷取重要事实，高度概括，善于选材、谋篇。所以，既能主题集中，抓住典型，结构严谨，首尾贯通又能简短、明快。[①] 就拿文章的标题进行分析，这则新闻的标题仅 12 个字，却简明扼要地总结了这场战争的具体情况和战果。"我三十万大军"写出了人民解放军人数之多，"胜利南渡长江"刻画出了人民解放军南渡长江的壮观画面，在字数上，增加或删减都会影响其表达效果，所以恰如其分地达到了想要彰显的气势。

　　学生需要紧密结合文章内容，掌握其写作技巧。对于学生来说，新闻的严肃性似乎让人察觉不到美的存在，事实上，在这则新闻当中，客观事实的反应，人民解放军英勇杀敌的精神乃至扣人心弦的战争场面就是新闻的一种美。从专业的角度来说，这就是"新闻美学"。新闻美学，就是从审美的角度出发，研究、探讨新闻内容与形式结合的美学价值及其规律。在毛泽东同志为新华社撰写的二十多篇短小精悍的新闻作品中，每一篇都生动形象地描绘了我人民军队英勇作战，迅速打败蒋介石、解放全中国这一客观历史事实，反映了我们时代的基本特征和时代精神，揭示了国民党反动政权的覆灭和人民革命的胜利是历史发展的必然规律，充分地体现了时代的美的境界。[②] 这样一种时代精神、奋起反抗的精神都是值得学生学习和敬仰的，正因为有这样一群为国捐躯的英雄，才换来了新中国的今天，每一个学生在享受今天幸福生活的同时都应该牢记历

---

① 张保安. 学习《我三十万大军胜利南渡长江》[J]. 新闻战线，1979：19-20

② 陶艳芬. 美的境界·美的精神·美的形象——毛泽东新闻作品美学价值浅论 [J].
哈尔滨学院学报，2002：112

史，都应该知晓这样的生活是来之不易的，是革命烈士用鲜血和生命换来的。学生在学习这则一百来字、短小精悍的新闻作品的同时，更多地应该去学习这种精神。

在教学环节的设计上，老师可以选择有关影片或纪录片作为导入，帮助学生建构当时的场景和画面，然后引导学生找出这则新闻的六要素，时间、地点、人物、事件的起因、经过和结果。接着，新闻也是需要朗读的，老师可以请学生扮演播音员，朗读出这则新闻的气势，条件允许的情况下，可以准备相关音乐进行配乐，让学生更加身临其境地感受当时的战况以及人民解放军可歌可泣的宝贵精神。

第二则新闻是《人民解放军百万大军横渡长江》。在这则新闻中，主要描述了人民解放军在极短的两天时间内，完成了百万大军歼敌后顺利渡江振奋人心的消息。这则新闻主要从时间、地点、人数及事件的发展趋势等方面进行了描写，并且描写得精要而准确。首先，从新闻主体部分第一句，"人民解放军百万大军，从一千余华里的战线上，冲破敌阵，横渡长江。"就凸显出了人民解放军在战斗过程中的速度之快、效率之高。老师主要可以试着从地理环境和人数众多两个方面帮助学生进行分析，在如此艰难的地理环境下还要面临敌方的百般阻挠，我方战士能在二十四小时内完成渡江，实在令人震惊。从地理位置来说，"西起九江，东至江阴，均是人民解放军的渡江区域"，抛开路途遥远这个现实条件不说，地理地势也极其复杂，为人民解放军渡江增添了许多难度。然而，纵然再艰难也阻挡不了人民解放军前行的步伐。老师可以从时间和人数两个方面突出强调三路大军分别渡江的时间，由此可看出战士们的决心和态度。长江北岸人民解放军共三十万人在二十四小时内完成渡江；西路军三十五万人于二十一日下午五时起渡江，二十三日完成渡江；东路军三十五万大军与西路军同日同时发起渡江作战，并按时完成作战计划，生动地描写出了人民解放军的"英勇善战""锐不可当"。在这个过程中，虽然受到了战犯汤恩伯的阻挠，却丝毫没有影响东路军的进攻，再一次顺利突破防线，完成渡江。除此之外，文中词语的运用不仅准确尖锐还富有情感，学生应关注这则新闻中的遣词造句。如令人热血沸腾的动词，"歼灭及击溃一切抵抗之敌""占领扬中、镇江、江阴诸县的广大地区""控制江阴要塞""封锁长江""切断镇江、无锡段铁路线"，这些词语的运用体现出了人民解放军的所向披靡和无坚不摧。[①]

在《消息二则》中多次出现"我军""我""西路军""我东路军""我"等表示第一人称的词语。第一人称往往表示个人的主观情感，但新闻要求客观，显然这两者在某种意义上是相互矛盾的。但是，《消息二则》中第一人称的运用，不但没有违背新闻的客观性，还拉近了新闻报道和读者之间的距离——两则消息的主要阅读对象都是期盼全国解放、国家和平统一的广大人民，用第一人称能起到将广大人民看成"一家人"的表达效果，有利于争取更多的人支持渡江战役，支持人民新政权。同时，采用第一人称更容易让读者感受到这两则新闻是作者在和自己分享听闻人民解放军突破长江天堑喜讯后的喜悦和感慨。[②]通过这两则新闻消息的学习，学生能够学习到的不仅是新闻的基础模式、作者精湛的写作手法，更为关键的是学习人民解放军的精神品质，为了国家的完整统一，为了人民群众能够过上安定祥和的生活，不怕苦、不怕累的高贵品质，在战争一触即发的时刻，毫不犹豫地走上战场。作者当时之所以撰写这两则新闻，除了想要达到振奋人心的效果，更多的是为了赞扬人民解放军战士的英勇善战和势不可挡。对于后人的启示，更多的则是牢记历史，牢记革命先烈。老师在进行教学设计时，务必将这份精神传达进去，让学生能够真切地体会和感知，将历史的丰碑树立在学生心中。

① 贾龙弟.教出新闻的情感温度——品析王君老师的《人民解放军百万大军横渡长江》[J].教育研究与评论，2014：72

② 董晓强.用系统功能语法视角看新闻语篇解读——以教学统编教材八年级上册《消息二则》为例[J].语文教学通讯，2020：135

### 三、《"飞天"凌空》之案例研究

《"飞天"凌空》与《消息二则》都属于八年级上册第一单元的课文，都是新闻体裁类文章，两则新闻在内容上有很大的区别，《消息二则》是关于人民解放军渡江作战，最终取得胜利的新闻，而《"飞天"凌空》则是 1982 年 11 月 24 日，在印度新德里举行的第九届亚运会中，中国运动员吕伟获得女子 10 米高台跳水赛冠军的新闻。前者叙述的主题是战争，后者描述的主题是运动会赛事。但是两者有一个共同的主题，那就是：国家、民族、爱国。培养学生的爱国情怀是两篇课文作为新闻类文章的写作手法外最为重要的关键点。

《"飞天"凌空》原题为《"飞天"凌空——跳水姑娘吕伟夺魁记》，后有删改。这篇新闻相比较《消息二则》有着最大的不同就是，它在遵循了新闻客观、真实报道的原则上，给人以一种独特的美感。学生在积累言语经验的同时，还可以尝试不同的创作手法，就如《"飞天"凌空》中作者对跳水姑娘吕伟准备跳水、"凌空飞舞"、收尾动作的描写一般，作者截取了比赛中的几个场景，以动作分解的方式精雕细刻，再现了吕伟夺魁的一个个精彩瞬间，引导读者身临其境地欣赏了"飞天凌空"的精彩画面，是一篇文学性很强的特写。① 老师应该引导学生从欣赏的角度去挖掘它呈现出来的美。首先，是文章的语言很美。文章第一自然段，读下来的第一感觉就是整个画面都很安静，观众们都屏住呼吸，期待着台上那位沉静自若的姑娘激动人心的一跳。作者勾画出一个非常美丽的画面"白云似在她的头顶飘浮，飞鸟掠过她的身旁"，以白云、飞鸟之动衬托她的沉静。观众的反应也暗示着吕伟这一跳将是非常精彩且成功的一跳，文中是这样描述的，

---

① 任明新. 新闻也能教出审美追求和价值观——以教学《"飞天"凌空》和《一着惊海天》为例 [J]. 语文教学通讯，2020：52

"达卡多拉游泳场八千多名观众一齐翘首而望，屏息敛声的一刹那"，这些细节方面的描写是学生应着重关注的。第二自然段、第三自然段和第四自然段则是对吕伟起跳、腾空、入水三个步骤的详细描写，当中还运用了比喻、拟人等修辞手法。"轻舒双臂，向上举起"准备姿势已做好，脚尖"轻轻一蹬，向空中飞去"，优美的语言一蹴而就，"她那修长美妙的身体犹如被空气托住了，衬着蓝天白云，酷似敦煌壁画中凌空翔舞的'飞天'"。紧接着，就是最为精彩的"腾空飞舞"的动作，"动作疾如流星，又潇洒自如，1.7秒的时间对她似乎特别慷慨，让她从容不迫地展示身体优美的线条，从前伸的手指，一直延续到绷直的足尖"连贯的跳水动作被分解成三个步骤逐一刻画，犹如慢镜头的回放。在这里，作者特别强调了1.7秒这个时间，以精确的数字向读者展示出了吕伟这个动作的一气呵成，干净利落。紧接着，"还没等观众从眼花缭乱中反应过来，她已经展开身体，像轻盈的、笔直的箭，'哧'地插进碧波之中，几股白色的气泡拥抱了这位自天而降的仙女，四面水花则悄然不惊"，生动画面的展现也是新闻特写常用的手法，作者将吕伟比作从天而降的仙女，再次用优美的语言向大家展示出了她曼妙轻盈的身姿。经作者这一描述，吕伟在现场跳水的整个画面非常清晰地呈现在了读者眼前，跃然纸上。在文章的结尾部分，观众的反应再次反衬出了吕伟的精彩表现，文中多个词语的使用强有力地印证了现场热烈的反响，"一名外国记者跳了起来"中的"跳"，"如梦初醒的观众爆发出了震耳欲聋的掌声和欢呼声"中的"震耳欲聋"都起到了很好的表达效果，最后，作者以一位印度观众的话结束了这则新闻，"了不起，你们中国的人才太多了"，他之所以发出这番感叹，是因为他得知这位年方16的姑娘是中国跳水集训中最年轻的新秀。观众的侧面描写，点出了本文的爱国主题。值得注意的是，新闻语言虽崇尚简练质朴，但做到绝对的"零度介入"是不可能的，它或多或少地蕴含着作者隐性的情感倾向。《"飞天"凌空》

书写的是健儿奋力拼搏为国争光的主题，作者在告知国人的同时激动的心情自然难以自抑。[①] 也是新闻类文章教学中侧面体现出的隐性教育，不能直接言表，却在字里行间向读者传递着某种信息和价值导向。

通过这则新闻的学习，学生不仅能学到精彩的语言妙用，还能收获满满的审美体验。[②] 在教学设计当中，老师应紧扣爱国主题展开教学。例如在导入部分可以播放中国运动健儿在颁奖台上获得金牌、五星红旗冉冉升起的剪辑片段，让学生观看当运动健儿看到国旗在全世界的注视下升向高空，《义勇军进行曲》响彻耳畔时激动落泪的表情，如果想要将学生的情感渲染得更加浓烈，可以在正式上课前为学生播放《义勇军进行曲》，请全体学生集体合唱。设计如下。

师：同学们，在学习今天的课文之前，老师想请大家合唱一曲，现在请全体起立，老师为大家奏响国歌……

在学生的情绪调动到一定程度后，老师再播放运动健儿获奖的视频剪辑，在正式上课前就将整个课堂氛围渲染起来，有助于接下来教学步骤的推进。在拓展延伸部分，老师可以请学生分享自己的爱国小故事，大到对国家某一个决定的支持，小到对社会行为准则的遵守，都可以体现出学生的爱国情怀，老师就此将学生的爱国情怀再上升一个高度。老师在指导学生学习新闻作品时，不能仅仅停留在对新闻事实的理解以及对新闻文体的掌握和写作上，还要以正确、高尚的价值观和审美情趣，引领学生形成正确的价值观、高尚的道德情操、健康的审美情趣和积极向上的人生态度，最大限度地实现新闻类文本的教学价值。[③]

---

①韦伟."新闻特写"教学内容开发的路径——以《"飞天"凌空——跳水姑娘吕伟夺魁记》为例[J].语文教学，2019：33

②任明新.新闻也能教出审美追求和价值观——以教学《"飞天"凌空》和《一着惊海天》为例 [J].语文教学通讯，2020：53

③任明新.新闻也能教出审美追求和价值观——以教学《"飞天"凌空》和《一着惊海天》为例[J].语文教学通讯，2020：53

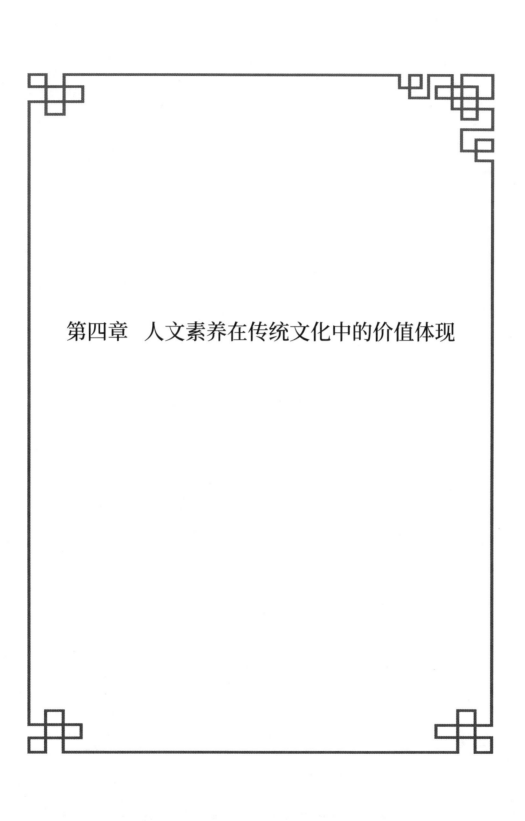

第四章　人文素养在传统文化中的价值体现

## 第一节　古诗词中的情感寄托

古诗词作为中国传统文化的精髓，对于提高人的素养、情感表达等方面都有着重大影响。古诗词是传承中华传统文化的重要载体，是学生了解、继承和发扬中国传统文化的重要途径。古诗词教学是丰富学生精神生活和培养语文核心素养的重要途径。由于古诗词年代久远，大部分老师只关注解题的技巧，而不去讲解古诗词所包含的传统文化，学生只理解古诗词的表面含义而不去深入挖掘深层含义与内涵，使得古代诗词不能完全体现传统文化的内涵。因此，高中语文教师要在富含传统文化的古诗词教学过程中有意识地渗透传统文化，提升学生的文化素养和人文内涵，为中学生弘扬中国传统文化奠定坚实的基础。中国古诗词是中国传统文化的重要组成部分，也是老师开展传统文化教育教材的良好元素。中学阶段是学生知识保存、认知发展和品格形成的关键时期，提高学生吸收传统文化的能力和提高学生的传统文化底蕴，这不仅是时代的需要，也是学生自我发展的需要，在中学语文教学中，通过传授古诗词来提高学生的文化知识和挖掘古诗词中所蕴含的传统文化的价值是非常有必要的。因为，古诗词是中国几千年传统文化的积淀，是民族精神传承的重要形式。从《完善中华优秀传统文化教育指导纲要》到《普通高中语文课程标准》，都对如何传播和传承中华优秀传统文化进行了阐释和要求，然而，在中学语文课堂教学实施中还存在一些困难，特别是如何渗透到古诗词课堂教学中，如何在师生之间架起一座传承中华优秀传统文化的桥梁，这些问题都值得语文教师探讨和研究。在古诗词教学中探索其价值意义，有助于老师转变观念，更新教学方法，重视传统文化的传承。使学生在高中学习古诗词时，加深对中国优秀传统文化的了解，增强民族自豪感，提高语文素养等。

古诗词教学一方面可以丰富中华传统文化的内容，体现文化内涵，另一方面可以展现表达中华传统文化寄托的精神，体现审美韵味。所以，要想实现中华传统文化的传承，弘扬中华传统文化，需要巧妙地将古诗词与传统文化相结合，使学生在学习古诗词的同时感受中华传统文化精神，领悟中华传统文化的独特魅力，促使中华传统文化得到有效传承。所以在理解和认同的基础上，使学生感受到中国传统文化的博大精深，从而有助于学生继承和发扬传统文化。中国传统文化最基本的形式是从语言行为习惯培养良好的道德品质入手，不断地延伸到小孝治家、中孝治企、大孝治国安邦的理念中去，在这个过程中会逐渐熏染读书的意识。这些传统文化对人的思维方式、思想观念以及行为模式等都有着深层次的影响，所以学生学习和掌握传统文化不同思想的精髓，对树立正确的人生观、价值观和世界观具有重要影响。在高中语文教学中渗透传统文化，不能只局限于课本中的古诗词进行渗透传统文化，还应该在课本内容的基础上进行拓展，引领学生进行探讨与阅读。这样不仅能够扩展学生们的知识面，还能帮助学生对传统文化全面认识，为学生继承和弘扬传统文化奠定基础。高中语文教材的古诗词篇目中有很多篇目就体现出了中国的传统文化，因此需要高中语文教师要深入挖掘高中古诗词含有传统文化的篇目，找到切入点来渗透传统文化内涵。在挖掘课文内容的同时，为学生展现中国传统文化，在学习过程中引导学生们领悟和学习中国传统文化中的思想和情感，帮助学生树立正确的思想和意识。[①]

中国传统文化博大精深、兼容并包，它对国家、社会和人都有很大的意义和价值，因为它蕴含着丰富的知识，包括政治、经济、文化、人文、社会等方方面面。如今，我国非常重视素质教育，国家也正在大力倡导素质教育，而传统文化是发展素质教育的基础。所以要重视传统文化，因为只有传统发展文化，素质教育才会得到更好的实施。古诗词是中国传统文化的一部分，学生想要更好地学习中国的传统文化，就要从对古诗词的赏析着手。在中学语文古诗词教学中，语文教师要对古诗词中所蕴含的传统文化做一个详细的解说，并且必须让学生们重视起来，让学生认识到传统文化的重要性。因为只有真正地意识到传统文化的重要性，学生才能领悟传统文化的重要思想。

## 一、爱国情怀系列

古往今来，无数仁人志士用自己的行动将爱国精神体现得淋漓尽致，在中学古诗文篇章当中，关于爱国主义情感的抒发有着一定的侧重。从一定程度上来讲，爱国主义情怀也是中华传统文化当中的重要领域，所以古诗文教学当中，发扬这种传统精神品质与当前教育理念相契合。[②]编者的目的和意图也就是希望能够通过语文教材中选入的古诗词篇目激发学生的爱国情怀，传承中华民族的传统文化。

---

① 黄雪梅. 论高中语文教育中传统文化的渗透 [J]. 课外语文：下（12）：199
② 赵露. 如何在中学古诗文教学中渗透传统文化教育 [J]. 科学咨询，2018：95

### （一）《离骚》之案例分析

屈原作为战国时期楚国伟大的诗人、政治家，他是一位诞生在中国历史上特殊时期的爱国主义诗人，而《离骚》作为屈原的代表作，是我国古代最长的政治抒情诗，其主题思想即通过诗人为崇高理想而奋斗终生的描写，强烈地抒发了诗人遭谗被害的苦闷和矛盾的心情，表现了他为国献身的精神，以及他与国家同休戚、共存亡的深挚的爱国主义和同情人民的感情，表现了诗人勇于追求真理和光明，坚持正义和理想不屈不挠的斗争精神。这首抒情诗不仅讲述了屈原的生平，还表达了自己对国家的满腔热情。但是对于中学生来说，这首诗内容过于丰富，解读起来有较大的难度，因此，老师在进行教学设计时，一定要把握学生的年龄特点，尽可能地让学生读懂《离骚》，在理解的基础上去品析作者的思想感情。

全诗的前四句是全诗的主旨句，也是精髓所在，展现出了屈原独立的精神品质和卓越的人格内涵，"帝高阳之苗裔兮，朕皇考曰伯庸。摄提贞于孟陬兮，惟庚寅吾以降。"老师需要通过这四句让学生认识屈原，因为这四句介绍了屈原的先祖，以及其名字的来历，等等。"帝高阳之苗裔兮"讲的是屈原的远祖就是古代的帝王颛顼，楚国人把颛顼视为自己的远祖，屈原与楚同姓，是屈、景、昭三大姓之一，所以他认为也是他自己的远祖。颛顼是传说中我国的远古和上古时期出现过的伟大的三皇五帝之一。从这段话中就可以看出屈原的身份是很尊贵的，他也非常重视和祖先颛顼的血脉关系，因为屈原了解了祖先的高尚与美好，便自觉地建立了一种楚国就是我，我就是楚的共生关系，也就自豪地承担起自己对楚国的兴亡义不容辞的责任。解读《离骚》，我们深刻地理解了屈原的爱国主义。伟大的悲剧诗人以忠贞的典型出现在历史上，同时又以固守节操的高风亮节，沉江殉国的悲壮生命，忧国忧民的情感意蕴，深深地感染了后代的无数文人。追根究底，屈原将自己的爱国主义建立在了对祖先的无限尊崇和对民族文化的深沉热爱之上。因此，屈原坚定地认为应该自己必须有着高尚的情操，否则就不配成为颛顼的后人。[①]当学生了解到这一点后，接下来要学习屈原的品质以及他忧国忧民的高尚情怀就不难理解了，但是，老师首先要让学生理解屈原对自己的评价和看法，才能进行下一步的学习和延伸。

在这篇课文中，对于学生来说，语句的疏通理解是最基础的第一步，然而也是最难的一步，因此，老师必须先帮助学生理清整首诗的释义，读懂诗人在说些什么，才能向情感态度价值观这个方向推进。老师可以选取当中有代表意义的诗句进行重点讲解。如《离骚》中的第 10 句"惟草木之零落兮，恐美人之迟暮"，意思是"想那花草树木都要凋零啊，唯恐美人也将有暮年到来"，屈原内心十分愁苦，因为"时不待我"，感觉自己即将老去，却不被重用，不能报效祖国。"长太息以掩涕兮，哀民生之多艰。"意思是"我长叹一声啊，止不住那眼泪流了下来，我是在哀叹那人民的生活是多么的艰难！"这一句诗形象地体现出了屈原忧国忧民的悲痛之感，他虽贵为楚国的贵族却心系百姓，深知黎民百姓身陷水深火热之中却无能为力，只能仰天长叹。第 97 句"路漫漫其修远兮，吾将上下而求索"，该句被广为流传，"纵然道路又窄又长无边无际，我也要努力寻找心中的太阳"，表达出了诗人积极进取的心态。这句诗也可以作为座右铭勉励学生在求学到道路上应该同屈原一般，虽道阻且长，但一定要努力奋进，坚持到底。在这首抒情长诗中蕴含了丰富的人生哲理，老师可以请学生学习后与大家共同探讨对于诗歌所给予自己的情感体验。

在教学设计板块，老师可以将端午节的习俗作为导入部分的内容，更贴近学生的生活，设计如下。

师：同学们，大家知道端午节都有哪些习俗吗？

生：吃粽子、划龙舟……

师：不错，那大家知道为什么要过端午节吗？

---

① 杨晓婷．在《离骚》中培养学生爱国情操的探索 [J]．科学咨询，2005：36

生 1：为了纪念屈原。

生 2：为了纪念伍子胥……

师：不错，关于端午节的由来有很多种，有同学们提到的"纪念屈原""纪念伍子胥"，还有说是纪念"孝女曹娥"，因为她投江救父，等等。那今天我们就来说一下关于"端午节纪念屈原的故事"。

以讲故事的形式展开，将屈原遭谗去职，被赶出城，流放在外，最后目睹祖国被侵略，心如死灰，写下绝笔之作《怀沙》之后，投汨罗江而死，用自己的生命为祖国、为人民献上了一曲爱的赞歌。相传屈原死后，楚国百姓悲痛万分，纷纷涌向汨罗江吊唁屈原。有位渔夫向江中投放饭团等食物，说是让鱼虾吃饱了，它们就不会啃食屈原的尸体，后怕江中蛟龙吃掉饭团，于是用叶子将饭团包裹。随着时间的流逝，以后每年的五月初五，就有了端午节的相关风俗，以此来纪念我们伟大的爱国诗人——屈原。老师在这个环节需要注意的是，如果学生对这个故事非常熟悉，那么就请学生进行分享展示，老师只做补充即可。因为现代的教学，一定要打破传统教学中，只允许老师说学生听的局面，尽可能地做到"少教多学"。在学习完屈原的《离骚》之后，一定要让学生深切地感受到屈原深厚的爱国主义感情，崇高的人格以及他宁死不屈的斗争精神。并且，这样的一种精神必将润泽一代又一代炎黄子孙的心田，植根华夏热土，对建构我国现代民族精神产生重要影响，使中华民族巍然屹立于世界民族之林。①

### (二)《春望》之案例分析

《春望》是八年级上册的语文篇目，老师如果想要通过这首诗培养学生的爱国情怀，就必须先向学生介绍《春望》的作者——杜甫。虽然初中

---

① 覃育兵．《离骚》所表现的作者爱国深情与崇高人格 [J]．四川师范学院学报，2000：56

生在小学阶段已经学习过杜甫的诗作，但是对于杜甫的了解是相对较少的，只有真正地了解了杜甫以及他所生活的年代，也就是当时的时代背景，才能更加透彻地掌握《春望》这首诗中所蕴含的爱国之情。因此，对于本诗的教学设计，语文教师可以主要从三个方面展开，第一就是对诗人杜甫的介绍；第二就是对时代背景的介绍；最后则是结合诗人的生平以及当时的时代背景来学习这首诗。《春望》是杜甫"安史之乱"期间被困在长安时作，唐肃宗至德元年（756 年）六月，安史叛军攻下唐朝都城长安。七月，杜甫听到唐肃宗在灵武即位的消息后，便把家小安顿在鄜州的羌村，只身前往灵武投奔肃宗，想为国家尽自己的一分绵薄之力，一颗赤子之心，没想到半路上遇到了叛军，被押送到长安。因他官卑职微，未被囚禁。诗人目睹沦陷后的长安萧条冷落，身处逆境思家情切，不免感慨万端，于是在次年三月写下了《春望》这首诗。全篇忧国，伤时，念家，悲己，显示了诗人一贯心系天下、忧国忧民的博大胸怀。[①]

首先，是关于诗人杜甫的介绍。对于初中生来说，几乎所有学生都知晓的就是他是一位唐代诗人，他生活在唐朝由兴盛走向衰败的时期，他向往盛唐的繁荣局面，不满统治阶级的腐败。他的作品《兵车行》《石壕吏》等深刻地反映了安史之乱所带来的社会动荡以及封建社会的腐朽黑暗，表达了人民的痛苦和愿望，被后人誉为"诗史"。[②] 老师可以在导入环节再准备一首杜甫的其他作品进行赏析和对比，请学生找出共通点，以此引出对杜甫的介绍。

师：同学们，在学习今天的古诗之前，老师为大家准备了另外一首杜甫的作品，请大家对这两首诗进行诵读和品析，然后简单概括一下两首诗大概讲了什么，二者之间有什么共同点。

---

① 濮忠华. 汲取民族文化智慧 感受民族精神熏陶——《春望》经典诵读欣赏教学设计 [J]. 新课程导学，2020：42

② 文博. 悲切爱国情 愁伤思家绪——《春望》赏析 [J]. 陕西教育，1998：83

《春望》

杜甫

国破山河在，城春草木深。

感时花溅泪，恨别鸟惊心。

烽火连三月，家书抵万金。

白头搔更短，浑欲不胜簪。

《登岳阳楼》

杜甫

昔闻洞庭水，今上岳阳楼。

吴楚东南坼，乾坤日夜浮。

亲朋无一字，老病有孤舟。

戎马关山北，凭轩涕泗流。

生：老师，两首诗好像都与国家存亡、思念家乡有关。第一首大概说了国破家亡后作者的感受；第二首大概说的是作者登上岳阳楼眺望战乱后的祖国，内心非常悲痛。

师：同学们理解得很到位，同学们在初读品析后找到了关键点，今天我们就来共同学习一下，诗人杜甫创作的《春望》，既然大家都发现了杜甫的创作中常出现与家乡、民族、国家相关的主题，那我们先来了解一下杜甫为什么会常有此类创作。接下来，老师将结合时代背景来为大家介绍一下作者杜甫。

老师在导入过后，可以将杜甫的时代背景结合起来向学生介绍作者的人生经历。首先，就是当时的时代背景，杜甫正好经历着唐朝历史上著名的"安史之乱"。诗歌的首联"国破山河在，城春草木深"以极其工整的对仗和鲜明的对比将国家的破败、城市的萧条淋漓尽致地展现了出来，"国破"之下却山河依旧，"城春"本应是一片欣欣向荣之景却草木繁茂，有悖常理。在这里，老师可以向学生发问，正常情况应该如何，但诗中却又以什么样的景象呈现。

师：同学们，按正常的自然现象来说，春天是万物复苏的季节，但是诗中却描述"城春草木深"，大家可以思考为何会出现这般景象？

生：因为人烟稀少，没有生机。

师：为何会出现这样的情况？

生：因为战争导致生灵涂炭。

接着颔联"感时花溅泪，恨别鸟惊心"，这句诗有着极其独特的写法，运用拟人的修辞手法，面对乱世之下，满是别离的凄惨之情，花儿都为之落泪，鸟儿也为之惊心。老师在此可以设计一个问题，引导学生跳过字面意思去理解深层次的含义。

师：同学们，当大家看到花啊，鸟啊，是什么样的心情？

生：愉悦的、开心的。

师：然而，诗中提到花儿、鸟儿却是悲伤的，这样写有什么作用和好处？

生：用代表快乐的事物来凸显悲伤的气氛，更能表达作者忧伤的心情。

将赏心悦目的鲜花、修养性情的鸟儿这样一些令人愉悦的元素来抒发悲伤的事物这是一种以乐景写哀景的创作手法。颈联的"烽火连三月，家书抵万金"讲述了这场战争持续时间久，长达三个月的战乱，无法得知家乡亲人的情况，一封家书"抵万金"，足以说明了在那个战火纷飞的年代，交通不发达，路途又十分遥远，消息还十分闭塞，在这样的情况下，亲人之间的问候变得更加无比珍贵。长期战乱，广大黎民百姓家破人亡、妻离子散，诗人作为经受战争的一员，对于黎民百姓那份思念亲人、渴望得知亲人消息的迫切心情深有体会。尾联"白头搔更短，浑欲不胜簪"，可以请学生自行理解，然后说说对这句诗的感受。

师：同学们，你们对"白头搔更短，浑欲不胜簪"如何理解，这句诗是什么意思，请大家赏析后分享自己的解读。

生1：我觉得杜甫很可怜，忧国忧民，头发花白了，经常挠头，头发也变少了，连簪子都插不住了。

生2：这个时候的杜甫和整个国家呈现出同样的状态，感觉都已濒临死亡了。

生3：读了这句诗，我觉得很悲痛，很难过，特别是结合前面的景物描写，感觉国家都快灭亡了，人民也不得安宁。

师：同学们都分享得很好，当时的杜甫也才四十左右，按现在来说，应正值壮年，但是头发却已经花白了而且非常稀疏，这是多么的悲惨。

结束尾联的赏析，学生对整首诗有了整体的感知，诗人忧国忧民的形象已深入人心，老师可以进行再进一步的拓展，让学生更加理解作者的心情。诗人倾其一生抒写着忧国忧民的情怀，非常著名的那句"朱门酒肉臭，路有冻死骨"，形象地写出了权贵之家的铺张浪费，百姓却饿死街头，就是这样的社会现象令诗人无比痛心却又无能为力。从《春望》这首诗中可以感受到诗人对祖国深切的爱国之情，他的喜怒哀乐是和祖国命运的盛衰相呼应的，他憎恶藩镇叛乱，关心国家安危。既有悲切的爱国情，又有悲伤思家愁绪。作者把思念家人的深情升华到忧天下之百姓，忧时局之艰辛，这种高尚的爱国精神，是杜甫现实主义诗歌一大特色，不仅在文学史上而且也在历史上起着积极的教育作用。①

### （三）《十一月四日风雨大作》之案例分析

《十一月四日风雨大作》是我国南宋时期杰出的爱国主义诗人陆游的代表作，系陆游六十八岁辞官隐居后所作，由于投降派的谗妒，诗人最终

---

① 文博. 悲切爱国情 愁伤思家绪——《春望》赏析 [J]. 陕西教育，1998：83

"报国欲死无战场"，百感交集，壮志难平，故在一个风雨交加的夜晚，以遏制不住自己的爱国热情谱写出了这首衷心映日、苍凉悲壮、豪迈昂扬的诗篇。[①]这首古诗在学习的时候需要学生站在诗人的角度去赏析其中作者悲伤的情绪。老师可以在课前设计相关问题并提出预习要求，在课前请学生先赏析、先思考、先对整首诗有自己的解读，然后老师进行总结和评析。设计如下：

（拒绝使用参考书）

1.请课前认识一下陆游。

2.了解陆游的生平简介。

3.每一句诗分别讲述了什么。

4.整首诗的情感主题、情感基调是什么。

5.哪句诗最让你印象深刻，为什么？

6.从这首诗中你能学到什么？

7.你认为作者值得你学习的地方是什么？

以上问题老师需在课前安排给学生，请学生赏析后完成问题的解答。课上，老师将以小组为单位，请同学之间相互讨论各自课前预习的情况，老师请同学进行分享然后总结，这样的教学设计可以培养学生自主学习的能力。以上问题的提出都紧扣本诗的主题，将学生一步一步地带进作者的世界，对作者创作的缘由有一个较为深入的了解。首先，是对诗人陆游的认识。陆游一生力主抗金，反对议和，屡遭贬斥。在他65岁高龄之际，因上书要求出师北伐，遭到当朝以光宗皇帝为首的主和派的打击，66岁被罢官还乡，从此闲居山阴，再也无法实现他扭转乾坤，重整山河的愿望。他怀才不遇意欲振邦却走投无路，心存报国却不在其位。但是，爱国热情却时时在这位老人的心中燃烧，宏伟的抱负日夜萦绕在他的心头。在他68岁

---

① 甄居.壮志难酬 梦中挥戈——读《十一月四日风雨大作》[J].语文教学通讯，1982：29

高龄时的一个夜晚，雨骤风狂，再次激起他金戈铁马、气吞残虏的雄心和遐想，写下了这首苍凉悲壮、沉郁凝重的爱国诗篇，千百年来时时激励和昭示着后人。接着，是对整首诗的赏析。"僵卧孤村不自哀，尚思为国戍轮台"，诗以"僵卧孤村"开篇，描写了一个风雨飘摇的夜晚，一位年迈的老人孤苦无依的处境，老人卧病在床，独自一人僵硬地躺在荒村里，然而这并非诗人想要强调的意向，"不自哀"才是诗人想要坚持的信念。诗人纵然已经年老力衰，然而诗人的意志并不消沉、也不颓废，他并不自哀，并坚信自己仍旧能够上战场抵御强敌，内心燃烧着为国戍边的志愿。"夜阑卧听风吹雨，铁马冰河入梦来"写的是诗人在暴雨之夜，梦中杀敌。在语文课本中编者写道："他静听着窗外肆虐的风雨，并把这些音响编入梦境，成为为国征战的铁骑踏冰之声。这是何等悲壮！诗人曾自称'夜雨'的诗篇最多，这首诗的特别之处是借写风雨梦境，抒发那感人至深的报国之志和忧国忧民的拳拳之心。"诗人巧借自然界的风雨，把现实和梦境联系起来，把自然界的风雨幻化为千军万马的怒吼。[①] 老师可以借书本中的这段提示，给学生勾画出诗中的这个场景，让学生有更深刻的体会。设计如下。

师：同学们，在这里，老师将用语言给大家勾画出诗中的这个场景。一位年迈的老人孤独僵硬地躺在荒凉的村子里，没有亲人也没有朋友，此时的老人已到了行将就木之时，在这个狂风暴雨的深夜里，老人静静地听着窗外的雨声，不曾想，这些风雨呼啸之声编织成了梦境，在梦里，老人实现了长久以来想要征战沙场的梦想，乘着铁甲战马跨过冰河之上。这一刻，老人并没有因为疾病缠身而意志消沉，反而越挫越勇，老人只想效命疆场，报国雪耻，在老人的灵魂深处蕴藏着一颗爱国杀敌的雄心。

师：同学们可以想象一下，如果你是这位老人，在这样凄惨的情况下，你的心情是怎样的。

① 张文宪. 苍凉悲壮报国心——读《十一月四日风雨大作》[J]. 陕西教育（教学版），
2007：31

生 1：我可能没有老人那样坚强的意志。

生 2：我可能会自怨自艾。

师：那么老师想问一下，大家最喜欢当中的哪句诗？并说说喜好的理由。

生 1：我喜欢"夜阑卧听风吹雨，铁马冰河入梦来"，常言道：日有所思，夜有所梦，诗人将自己的梦想融入梦境，在现实中不能实现的征战沙场，就去梦里实现，这样的精神是值得我们大家敬佩和学习的。

生 2：我更喜欢"僵卧孤村不自哀，尚思为国戍轮台"，因为……

在老师的引导下，学生尽可能去感知诗人当时的心境，再结合当时的时代背景，鼓励学生从多角度理解诗人的爱国情怀。都说积贫积弱的南宋是个极需英雄的时代，却又是一个英雄"过剩"的时代。陆游的一生以抗金复国为己任，但请缨无路，屡遭贬谪，因此他一直处在理想与现实的矛盾冲突中，他的心神驰于疆场，他的身体却僵卧孤村；他的心灵高高扬起，飞到了轮台，他的身体却沉重地坠落在山阴。这种高亢的政治热情，永不衰竭的爱国精神形成了诗中风骨凛然的崇高之美；[①] 由此可以总结出，诗人内心深处那份爱国之情从未减退，曹操《龟虽寿》中的"老骥伏枥，志在千里"形容陆游再准确不过了。通过本诗的学习，学生应该从中掌握一个道理：古往今来，无数仁人志士的爱国情怀是令人值得敬佩和学习的，虽然现在大家处于和谐社会，体会不到战乱带来的残酷和无情，但是这份爱国之情必须在一代又一代后人的身上延续下去，不能忘却。

## 二、思乡之情系列

"思乡"自古以来就是一个被世代文人墨客时常提及的话题，在那个久远的年代，交通不便，旅途遥远，一旦离开故乡，再想回乡就是一段非

---

① 丁晓梅. 凄风冷雨愁煞人，伤国忧民传古今——《茅屋为秋风所破歌》和《十一月四日风雨大作》比较赏读 [J]. 语文世界，2004：29

常艰难且遥远的旅程，没有现在的通信设备能够与家人及时地互诉衷肠，只能依靠一封封不知能否抵达的家书寄托思念之情，于是，就出现了许多有关"思乡"的优秀作品。学生通过学习这部分作品，能够更好地感知在那些久远的年代，羁旅之人离乡后对家乡深切的怀念以及浓浓的思乡之情。

### (一)《天净沙·秋思》之案例分析

马致远的这篇《天净沙·秋思》被喻为秋思之祖，这是一篇文字极短的元曲，仅用 28 个字就生动地展现出来了一个长期漂泊他乡的游子的悲哀。它极其出色地运用了景物烘托的创作手法，将作品中的主人公置于特定的氛围中，使主观意绪和客观环境达到了高度的统一。除此之外，对于初一年级的学生来说，这首小令读起来朗朗上口，通俗易懂，非常简单，只不过当中的意境需要在老师的引导和帮助下，学生才能更好地理解。首先，从整首小令来说，在布局上有着非常显著的特点，那就是：前三行全为写景，并没有任何抒情的成分在里面，并且也没有提到作品中的主人公，然而当中的每一个意象都是在对这位羁旅之客的描写，每一个景物的描写都在意味着他的存在——"枯藤""老树""昏鸦""小桥""流水""人家"是主人公眼前的景物，也就是视觉所带来直观感受；而"古道"是他历经之地；"瘦马"是他旅途中唯一的伴侣；"西风"吹拂在他的身上，也就是触觉带来的直观感受。当"枯藤""老树""昏鸦""小桥""流水""人家""古道""西风""瘦马""夕阳"这整整十个意象组合在一起后就形成了这样一个意境：一个秋日的黄昏，凄凉的古道上，西风强劲，落叶纷飞；古道旁，枯藤缠绕的老树上，乌鸦已经回巢，时不时发出几声悲鸣的啼叫；不远处，小桥流水旁的稀疏村舍里，炊烟缕缕，家家户户已备好晚餐。然而，就在这时，一位旅客正牵着他的瘦马独自缓缓地行走在古道上，这位异乡人看着那炊烟袅袅，看着那一户户人家，不知该去向何方，只有眺望着远方的夕阳，感叹道："断肠人在天涯"！也就是这最后一句，读者可以品出那浓浓的思乡之情。老师在向学生描述这个画面时，可以先请学生自己找出作品中的十个意象，然后引导学生组织语言先将这个场景描绘出来，老师再进行补充。

除此之外，老师可以对这篇课文通过提问、讨论等方式进行如下的设计。首先是导入环节，老师可以选择《送别》这首歌作为导入，并在PPT（演示文稿）中展示歌词，请同学们感受歌曲的意境。歌词如下。

《送别》

李叔同

长亭外，古道边，芳草碧连天。

晚风拂柳笛声残，夕阳山外山。

天之涯，地之角，知交半零落。

一壶浊酒尽余欢，今宵别梦寒。

长亭外，古道边，芳草碧连天。

问君此去几时来，来时莫徘徊。

天之涯，地之角，知交半零落。

人生难得是欢聚，唯有别离多。

天之涯，地之角，知交半零落。

人生难得是欢聚，唯有别离多。

其次，是提问环节，老师可以准备以下问题辅助学生感知作品中的意境和情感。

1.请大家找出最喜欢的那一句，然后跟大家说说为什么。

2.大家觉得把当中的"瘦马"换成"骏马"好不好，为什么？

3.如果你是作品中的旅客，你心里有什么话想对大家说？

　　在问题提出的同时，老师可以请班上绘画功底较好的同学在黑板上将老师描绘的场景以及自己理解和感知的场景简单描绘出来，这样不但可以增强学生对作品的理解，还能激发学生的学习兴趣。针对课堂中提出的问题，老师应该请学生用自己的语言表达出来，而不是照搬学生参考用书上的固定答案。

　　《天净沙·秋思》之所以可以成为秋思之祖，主要源于它文字的简洁、动景与静景的相称以及景色与情思的融合。全篇共五句话，没有任何夸张的写法和繁缛的文字，只是单纯地写出了旅客的所见所感，每一个事物的修饰及限定都给予了自然而又特殊的含义，"枯"藤、"老"树、"昏"鸦、"小"桥、"流"水、"人"家、"古"道、"西"风、"瘦"马，其中的几个事物尤其令旅客睹物思乡，加重了断肠人的悲伤情绪。藤蔓已经枯萎，大树也不再长青，黄昏已至，连乌鸦都回巢了，自己却无归处，身边没有一个亲朋，只有一匹瘦马，这样的景象实在过于凄惨。只有将当中各项事物的特征加以描述，学生才能更好地理解。其中，动景与静景的相互衬托，让画面感更加形象。"流水"是动态的，却与静态中的"小桥""人家"相辉映；"西风"缓缓吹过，将静态中的"古道"显得更加静谧。在作者勾勒的秋景图上，一面是枯藤、老树、昏鸦在秋风萧瑟中一派灰暗，一面是落日的余晖给枯藤、老树、昏鸦涂上一抹金黄的颜色；"小桥流水人家"呈现一派清雅、安适的景象，与沦落异乡的游子相映，使"断肠人"更添悲伤。[①]学生需要理解和感知的是作者想要表达的情感和意境，而在这个过程中，如何帮助学生进行构建，是老师需要思考的重点。除了从作品中的意象和意境入手，还可以从所描写的季节着手，秋天本就是凄凉的，作者将这份凄凉渲染到了一种极致，老师可以向学生抛出几个无固定答案的问题，尽情地发散学生的思维，如：这位旅客为什么选择远离家乡，四处流浪；他

①人民教育出版社.义务教育教科书老师教学用书语文七年级上册[M].北京：人民教育出版社，2020：49

将去向何方，又将如何度过余生，等等。这些问题可以引发学生进行各种大胆的猜想，也可以帮助学生从中更深入地体会旅客的心酸和凄楚。正如许多研究者对这首小令也给出过不同的看法，一般说它通过描写黄昏山野风物，凸显其萧条、凄凉，引起游子浪迹天涯的伤感，是一首羁旅思乡诗。也有人说这是作者用象征等手法，曲折地反映了元朝社会的衰败、昏暗，抒发乱世士人漂泊天涯的悲凉，是一首现实批判或者政治抒情诗。[①] 因此，学生在解读的过程中，可以根据自己的理解添加其他情感的元素，只要是言之有理即可。教学本就是在帮助学生更好地理解和掌握的基础上，尽可能地发挥学生的主观能动性，提升学生各方面的能力，因此，不应禁锢学生的思想。

### （二）《渡荆门送别》之案例分析

《渡荆门送别》是诗仙李白的作品，选入中学语文教材八年级上册，对于故乡、亲情的情感元素，这首诗中那一池"故乡水"令人回味无穷，学生在学习的过程中应结合诗中的景物去体悟诗人的情感。从教学设计的角度来说，语文教师应正确引导学生品味诗句中的优美之处以及诗中独特的韵味，尤其是诗人对于离别的惆怅，远离故乡的不舍，学生需着重把握。诗仙李白一生放荡不羁，游览了祖国的大好河山，而《渡荆门送别》却是李白初次离开故乡记录下的所思所想，开元十四年（726 年），诗人李白告别了他的生养之地，开始了他在长江、黄河中下游各地的漫游生活。对于这首作品，几乎每一联都非常经典，从诗歌鉴赏的角度来说，老师逐字翻译是禁忌，因此，想要学生真正地读懂作者内心的情感，首先就是请学生在没有任何参考资料的情况下自己先赏析，读出自己的理解。诗歌本是一个有意境的画面，初读下来在脑海中勾勒出的第一个画面是最为形象的。

---

[①] 任为新 . "美在关系"——马致远《天净沙·秋思》解读 [J]. 中学语文教学，2019：51

因此，老师应该培养学生赏析诗歌、品味诗意的学习能力。

从教学设计来说，老师可以引导学生分别从四联展开赏析，学生在课前的理解是相对片面的，而课堂上老师应该立足于"故乡情"这个角度，结合首联的叙事，颔联颈联的景物描写以及尾联的抒情，全面地品析这首古诗。从设计的角度来说，老师课前已经安排学生进行赏析，在导入部分就不必再问作者是谁、哪个年代这种没有太多营养价值的问题，而是可以紧紧围绕尾联的"故乡水"来展开话题。设计如下。

师：同学们，昨天大家在课前已经品尝了李白为大家泡制的"故乡水"，同学们觉得这水味道怎么样？

生 1：很苦涩，不太容易下口。

生 2：尝出了不舍的味道。

生 3：……

师：好的，想必这杯"故乡水"给各位同学们带来了不一样的感受，那么老师想问问大家，提及"故乡"，李白想到了故乡的水，那么对于同学们来说，当提到"故乡"，有什么是最能让大家深有感触的？

生 1：妈妈做的饭菜。

生 2：故乡的桥。

生 3：放学回家的那条小道。

师：同学们都回答得很好，那我们今天就共同来品尝一下李白的"故乡水"，体会一下李白初次离家的感受。

导入过后，老师将带领学生正式开始对这首诗歌的赏析。首联，"渡远荆门外，来从楚国游"是对整首诗进行一个总序，诗人乘舟来到遥远的荆门外，来到了战国时期楚国的境内游览，对于学生来说，这一句理解起来非常容易，没有过多指向性的东西，只是单纯地交代了自己去了哪里。老师无须过多的干涉和解释，学生只要明白即可。颔联，"山随平野尽，江入大荒流"，这句写的是诗人坐在船上，四周的景色逐渐开始变化，放眼望去，尽收眼底，高山逐渐退去，缓缓映入眼帘的是舒展开来的平野。两个动词"随"和"入"将整个富有静态美的画面显得灵动起来，仿佛将高山和平野拟人化了，好似高山跟随着平野并肩向前慢慢走着，江水也走进了平野的世界，感受着不一样的风情。诗人在陡峭奇险、重峦叠嶂的三峡地带穿行多日后，突见壮阔之景，豁然开朗的心情可想而知。运用高度凝练的语言，极其概括地写出了诗人整个行程的地理变化。此联写的是远景，短短十个字，描绘出了一幅气势磅礴的万里长江图。<sup>①</sup>老师需要做的就是通过将"高山""平野""江水"这些景物紧密地结合在一起，向学生展示这幅"万里长江图"。颈联，"月下飞天镜，云生结海楼"，这句诗分别从白天和夜晚两个不同的时间点描写出作者领略到的美景。"月下飞天镜"写出了夜晚的江面上，月亮在水中的倒影好似一面明镜，可以想象当时的月亮又圆又亮，而江面则是风平浪静的；"云生结海楼"则是在白昼观察到的自然景观，天空中出现了层层叠叠的云海，变化无穷，仿佛出现了海市蜃楼一般。因为无法帮学生置身于这些场景当中，老师可以搜集有关图片让他们身临其境，当中的景色就会让他们有更直观的感受。尾联，"仍怜故乡水，万里送行舟"是全诗的抒情点，老师可以就该诗句向学生发问究竟是谁为李白送行？答案就是"故乡水"，在这里，诗人是将故乡水拟人化了，故乡的水不远万里将李白送出远离家乡的荆门山外。在整首诗中，李白对于家乡的思念只字未提，但却说到故乡的水依依不舍地送诗人远行，才出现了"万里送行舟"，从侧面表达出了诗人对家乡深深的思念之情。

纵观全诗，看上去貌似只有尾联在抒发作者内心的情感，实则不然，沿途的风景虽然很美，颔联、颈联当中描写到的景物全都在为烘托那一江的"故乡水"。两岸青山相对迎、月入江面似明镜、彩云般的海市蜃楼、江水滔滔入平原，那些高山、彩云、明月、平野都在故乡水的环绕下显得

---

① 金凯明. 悠悠故乡情，万里话送别 —— 浅谈李白《渡荆门送别》[J]. 新课程（教育学术），2012：94

异常美丽。诗人要走了，离开生他养他的山水明月，这些亲山、亲水、明月、彩云，依依难舍，万里相送啊！这份山水亲情充盈天地，熠熠生辉。游子的李白，形式上离开了故乡山水，实质上，纵然走到天涯海角，心里永远装着故乡的一山一水、一草一木。①

### （三）《夜雨寄北》之案例分析

对于故乡的思念，古人会以不同的内容形式、不同的抒发对象来予以表达。正如李商隐的这一首《夜雨寄北》，千百年来感动了太多人。学生在学习的时候不能仅从学习的角度入手，而是要从情感的角度去感知和体悟。老师的引导非常重要，可以同学生一起来解读这封"家书"，体会诗人当时的那份思念之情。对于诗人在这首诗中所怀念的对象，一直以来都饱受争议，有人说是诗人对妻子的怀念，也有人说是对友人的思念，一般认为，这是李商隐客居巴蜀时怀念妻子或亲友的一首抒情诗。总而言之，无论诗人描写的对象妻子还是友人，都是诗人梦寐以求的故乡。

《夜雨寄北》一诗语言平淡朴实，浅显易懂却情深意浓，没有晦涩的文字，学生一读即懂诗人想要表达什么。诗的第一句"君问归期未有期"，妻子（或友人）"问归期"，得到的答案却是诗人的"未有期"。可以想象诗人当时对故乡人的思念以及无法回乡的惆怅和无奈，透露出诗人被迫滞留异乡的孤寂，以及对故乡之人的刻骨思念。该句使全诗笼罩着一层悲怆、沉痛的气氛，读者也似乎听到了诗人沉重的叹息声。② 在这里，老师也可以试着提问学生对这句诗的解读。

师：同学们，在遥远的古代，交通非常不便利，通信也不够发达，想

---

① 金凯明．悠悠故乡情，万里话送别——浅谈李白《渡荆门送别》[J]．新课程（教育学术），2012：94

② 常佩雨．秋雨寄情思——李商隐《夜雨寄北》赏析[J]．中学生阅读（初中版），2014，36—37

要联系远方的亲友是很艰难的，如果当你询问远方的亲人或者朋友何时能回到故乡时，得到的答案是"遥遥无期"，然而你又非常地想念对方，此时，你内心的感受是什么？

生1：很难过。

生2：很无奈却又没有办法。

师：确实如此，我们共同来看看诗人接下来是怎么描写他的心情的。

只有将学生的感受带入其中，才能更真切地体会诗人的情感。话锋一转，诗人独自一人滞留在这巴蜀羁旅中，夜晚的秋雨淅淅沥沥、绵延不断地注满了池塘，更加增添诗人的愁绪，这里就是典型的借景抒情，借助这秋风秋雨的凄凉来衬托诗人的孤苦无依。最后两句诗，作者跳转思维，通过幻想未来与妻子的相聚，以此来抒发自己内心的真情实感。老师可以引导学生想象这样一个画面：诗人回到家中，在夜深人静之时与妻子临窗而坐，互诉衷肠，告知妻子自己独自一人在这巴蜀之地时的孤独寂寞，微微烛光，情意绵绵，十分温馨且动人。然而诗人幻想出来的这个场景却是遥遥无期的，更加衬托出了诗人的无可奈何与寂寞。通过整首诗的学习，老师可以设置相关问题帮助学生拓展思维。设计如下：

师：同学们，从整首诗中，大家觉得哪些地方是最让诗人无助的，而哪些地方又是最让诗人期待向往的。

生1：老师，我认为"君问归期未有期"是最让人感到无助的。因为想要回家却不知何时才能回家。

生2：我觉得"共剪西窗烛"是最令人期待的。和最爱的人一起秉烛夜谈非常温馨。

生3：……

在学生进行回答过后，老师可以根据学生的想法就诗人"想家而不得归"的这个话题再次展开讨论，请学生将自己置于诗人的角度去体会诗人的感情。能够想象的是诗人回到故乡与妻子团聚时的喜悦，同时也能想象回家团聚对于诗人这样一个漂泊在外的人只是一种奢望，从人性和情感的角度来说，与亲友团聚是一种最为寻常的幸福，在那个年代，对于像诗人一样漂泊在外的人来说，却是遥不可及的追寻，这样一来，诗人笔下的情感就深深地触痛了读者的心。整首诗，不仅有景物的描写，借景抒情，还将眼前的实景与想象出来的场景融合在一起，虚实结合。诗中的实景烘托出寂寥、悲凉的气氛，抒发了诗人的悲苦愁绪；虚景构筑起温馨、幸福的意境，反衬了诗人对妻子的缠绵相思。虚实相合互为照应；情景交融，含蓄隽永，余味无穷。[①]

## 三、人生抱负系列

在古代，很多仁人志士胸怀天下，有着崇高的政治理想和人生抱负，然而由于时代的特殊性、社会的复杂性以及个人遭遇的不确定性，导致空有理想而不得实现。学生应在老师的引导下，深刻地感知这些古人的崇高志向，借此学会做一个有理想、有抱负、有志向的奋进青年。

### （一）《将进酒》之案例分析

《将进酒》是我国古代著名诗人李白的一首脍炙人口的古诗，这首诗无论是从语言的使用上还是情感的表达上都是非常经典而且令人称赞的。因此，编者将这首诗选入到高一年级必修一的语文教材中。学习这首古诗，老师可以从多个角度进行切入。如诗人借酒展示出了自己性情的豪迈奔放；还有"天生我材必有用"的怀才不遇却不气馁、不放弃；对权贵鄙夷唾弃的豪情等方面都是值得逐一探索学习的点。这首诗中的每一句都应该细细品味赏析，老师在教学的过程中要尽可能地请学生结合诗句发表自己的观

---

① 常佩雨. 秋雨寄情思——李商隐《夜雨寄北》赏析 [J]. 中学生阅读（初中版），2014，37

点，谈谈自己的人生理想、规划一下自己的人生目标，激励学生要同诗人一样要做一个有抱负、有理想的有志之士。

在整首诗中，老师可以从以下几点展开教学："借酒消愁愁更愁""人生得意须尽欢""天生我才必有用""钟鼓馔玉不足贵""与尔同销万古愁"。首先，请学生进行反复地诵读，读出自己的体会。在老师没有解析的情况下，可以请学生谈谈自己读了过后的感受，说说自己最喜欢的诗句，谈谈喜好的理由。

师：同学们，刚才大家已经诵读并赏析了整首古诗，现在我们一起来学习一下这首诗。首先，老师问问大家，最喜欢的诗句有哪些，并说说你的想法。

生1：我最喜欢开篇两句"君不见黄河之水天上，奔流到海不复回。君不见高堂明镜悲白发，朝如青丝暮成雪"。因为，我觉得这两句非常有气势，读起来很有感觉。

生2：老师，我最喜欢"人生得意须尽欢，莫使金樽空对月"。因为我觉得"人生得意须尽欢"给人的感觉很洒脱，有一种及时行乐的含义在里面。

生3：我喜欢"天生我材必有用"，就是要对自己有信心。

生4：……

在学生谈论了自己喜欢的诗句后，老师开始与学生共同来赏析讨论。首先，老师可以简单地交代一下李白创作这首诗的时代背景，让学生明白李白是在什么样的情况下创作了这首佳作。其次，就是将诗句进行逐一赏析。"君不见黄河之水天上，奔流到海不复回。君不见高堂明镜悲白发，朝如青丝暮成雪。"诗人通过两个具有自然规律的现象来向大家证明了时间的飞逝，一去不复返，劝诫大家应该要珍惜时间。运用夸张的手法，大胆地想象黄河之水自天上奔流而下，再也不会倒流。而年迈的父母双鬓已泛白，寓意青春易逝，应该珍惜时间。两句皆以"君不见"开头，气势雄伟、声音高亢，老师需要向学生延伸开来的即诗人把黄河磅礴之势的形象与自己狂放不羁、追求自由的个性相契合，其实黄河的磅礴之势仿佛就是李白狂放性格的写照。诗人以河水的"不复回"喻人生易逝，又以黄河的永恒凸显生命的渺小脆弱。再次，陡然转向人生岁月的时间轴，前后两句从空间和时间上形成强烈对比，人之衰老只不过是"朝""暮"间事，悲叹人生短促。[①] 诗人之所以会有这样的感伤，他所要悲叹的不仅仅是时间易逝这个层面，而是诗人个人价值没有得到体现却已逐渐老去，在诗人心中有一种壮志未酬之感。众所周知，李白除了诗仙还有酒仙的美誉，在这整首诗中一直散发着一股浓浓的酒香。他认为"莫使金樽空对月"，他相信自己"会须一饮三百杯"，他要求好友岑夫子、丹丘生"将进酒，杯莫停"，他觉得"钟鼓馔玉不足贵"、他宁可"但愿长醉不复醒"，在他看来"古来圣贤皆寂寞，惟有饮者留其名"，最后，他打趣"主人何为言少钱"，只有"径须沽取对君酌"才能"与尔同销万古愁"。通过这样的梳理，会让人感觉整首诗都被泡在酒里，学生需要理解的是为何诗人如此爱酒，事实上，诗人只不过想要借酒消愁，忘记眼下的烦恼。余光中曾在《寻李白》中说道："酒入豪肠，七分酿成了月光，余下三分，袖口一吐便是半个盛唐。"这句话就是用来形容李白借着美酒表达着自己的快乐、忧愁、得志、失意以及自己一生的起起伏伏和壮志未酬。李白的自信与解放极有外向的张力，他的豪情绝不是孤芳自赏，而是仍希望突破外在精神格局，实现自我价值。由此我们听到了他的呼吁："岑夫子，丹丘生，将进酒，杯莫停。与君歌一曲，请君为我倾耳听。"诗人不满足于自己一个人精神解放后得到的自信和欢愉，他急于把这番欢愉通过醉后放歌的方式分享给友人。这种外向性的倾诉，使本属于个人内在精神价值的解放行为扩大化，从而影响了外部世界

---

① 黄德虎. 愁情满怀徒奈何——《将进酒》再探析 [J]. 中学语文教学参考，2018: 57

的精神格局。学生需要在李白对美酒的这份执念中体会他的情感变化，从而真正理解李白借酒宣泄的点以及他内心深处的愁，然而这些所有对于酒的豪情都源于他认为"人生得意须尽欢"，对于这句诗，学生的理解是很不一样的，有的学生认为这是李白想要及时行乐，活在当下；也有学生觉得这是因为李白对生活非常失望，不去向往未来，只要过好今日即可，有一种颓废消沉的味道在里面。事实上，在这句诗里确实体现出了作者许多的无奈，他喊出"人生得意"的口号正是从侧面表达出了他的"不得意"，因为当时政治腐化、仕途坎坷，诗人的一腔热忱换来的却是他的怀才不遇，内心的失意感可想而知。但是，不管再怎么艰难和不快，诗人依然坚信"天生我材必有用"，李白在自己极其困顿的情况下依然相信自己总有出头之日，坚信自己的才华总有得到施展之处，这句诗形象地展现出了诗人豪放的气势和张扬的个性，也体现出了古人坚信"人定胜天"这个道理。从古至今，一般人对金钱都看得很重，然而李白却认为"千金散尽还复来"，再多的钱被挥霍光了也无所谓，因为总还会来，烹羊宰牛才是最快乐的事，万千好酒及时畅饮才最值得。诗中还有一句是"与君歌一曲，请君为我倾耳听"，他告诉好友"钟鼓馔玉不足贵，但愿长醉不复醒"，再多山珍海味又如何，只愿此生长醉不醒。对于诗人豪饮这个问题，一方面他是真的爱酒，饮酒能让他感到快乐，还为他的创作带来了许多灵感，另一方面是因为只有通过酒精来麻痹自己才能忘记太多的烦恼。对于"古来圣贤皆寂寞，惟有饮者留其名"这句话，它的弦外之音是——我李太白本有圣贤之才，但我不愿如古今所谓的圣贤一般，徒守寂寞，终其一生；我的壮志豪情必须如前世饮者和他们的作品一样，流芳百世。所以，我愿意做今世的饮者。①可以看出，李白的一生对于他而言是不快乐的，因为只能用一些精神胜利法来安慰自己，在后人的眼中他是一代诗仙，可能在他自己心中不过是徒

① 李梓林.读《将进酒》，感悟文士情怀 [J].语言文字报，2020：01

有虚名罢了，因为自己的不得志，才华无处施展，只能在美酒中享受这恣肆纵情的快乐。于是，诗人用心喊出了"与尔同销万古愁"，这一声强烈的呼喊和诗的开篇首句那奔腾而下的黄河水首尾呼应，呐喊之声激荡人心。这里的"万古愁"不仅仅只是李白的愁，还是那个年代无数仁人志士的愁，这里的"愁"字不仅鞭笞了当时黑暗的现实、丑恶的政治，还道尽了诗人坎坷的人生。一首《将进酒》，蕴含着李白的百味人生，压制李白的权贵佞臣早已烟消云散，而"诗仙""酒仙"的美名却万古流芳，千古传诵间，寄托着中国文人的景仰之意和一脉相承的酒情结。李白用诗抒情言志，俨然成了中国文人的心灵导师，引导着大家在人生道路上，不论失意得意，唯有真我才是存身立世的根本。[①]

### (二)《龟虽寿》之案例分析

《龟虽寿》是我国东汉末年著名的政治家、军事家曹操千古流传的一首古诗，在这个古诗当中，诗人主要对生命的意义给出了自己的看法以及表明了自己的志向。在课本中，编者对整首诗进行了简单的概括，让学生对此有了一个基础的理解，除了自身对生命的见解，还有自己那份老当益壮、自强不息的意志。通过学习，学生能够从诗歌当中感受到诗人对人生短暂的感叹以及壮志无法实现的遗憾。老师在教学设计的过程中除了要帮助学生对整首诗歌进行基础性的理解外，另一个重要的环节就是引导学生感悟诗人所想表达的情感以及传达的精神主旨。

在教学内容的安排方面，老师可以从生命短暂、壮志情怀、人生价值、理想抱负等几个方面展开。学生可以自由发挥对诗歌的理解，也可以根据老师给出的提示谈谈自己的看法，并针对每一句诗歌所要传达的主旨进行赏析以及拓展。首先，从字面上来理解。

---

① 马文索. 试析《将进酒》中的中国文人情结 [J]. 中学老师，2015：47

神龟虽寿，犹有竟时。

腾蛇乘雾，终为土灰。

老骥伏枥，志在千里；

烈士暮年，壮心不已。

盈缩之期，不但在天；

养怡之福，可得永年。

幸甚至哉，歌以咏志。

译文：都说神龟能活上千年，但也有死亡的时候。腾蛇可以乘雾飞上天空，终究也要化成灰土。年老的千里马虽身在马棚，心之所向仍是驰骋千里之外。英雄志士纵然已到晚年，雄心壮志依然没有衰减。人寿命的长短并非全然决定于上天。只要注意身心健康，乐观豁达，就能延年益寿。真是幸运极了，用歌唱来表达自己的思想感情吧。

从整首诗歌来说，最为明显的情感基调就是诗人在感叹时光易逝的同时，对于自身的雄心壮志没有很好的发展感到十分遗憾。诗人在创作这首诗歌时已年过五旬，风发意气都不再当年。诗歌的前四句，表达了神灵之物"神龟""腾蛇"的生命都是有限的，更何况人。"犹"和"终"强调了"有竟时"和"为土灰"的不可更变。这两句写的是，传说的神龟虽然能活上千年，终究还是死去；腾蛇能乘雾升天，神异非凡，但也免不了死掉变成尘土，表现了曹操朴素的唯物论思想。[①]诗人借"神龟""腾蛇"作比，形象地表达出了世上的一切事物都有始必有终、有兴衰必有灭亡，任何事物都改变不了这个自然法则。紧接着中间四句"老骥伏枥，志在千里；烈士暮年，壮心不已"，在这一句中的"烈士"并非现在含义中的"烈士"，而是指有雄心抱负想要建功立业之人，诗人以"老骥"自比，但是内心却和

---

① 孟宪法. 雄浑昂扬的暮年吟唱——《龟虽寿》赏读 [J]. 优秀作文评选，2012：52

马棚里的千里马一样向往着驰骋千里，形象地表明了自己虽然已经年老，但是内心却渴望着为国效命、建功立业的迫切愿望，可以说中间这四句是整首诗的核心，也是流传千古的名句，老师在学生已经掌握了字面意思的基础上，可以就这四句诗请学生谈谈自己的感受以及心得体会。

师：同学们学习了"老骥伏枥，志在千里；烈士暮年，壮心不已"这四句诗，有什么启发，现在请同桌之间相互讨论，然后老师请同学起来分享。

生1：老师，我觉得，这几句诗很有激励人心的作用，我们应该向诗人学习做一个有志青年。

生2：老师，我认为不管到哪一天都应该保持一颗积极向上的心，努力让自己变得更好，为祖国的繁荣昌盛献出自己的一份力。

师：同学们回答得都很好，这四句诗就是告诉人们，不应该安于现状，要一直努力奋进，勇往直前。

老师在跟学生互动交流过后应再次强调这四句诗的作用和意义，它表达了诗人具有积极向上、乐观进取的人生观，这是一种进步和正确的世界观，就是在建设具有中国特色社会主义的今天，这四句诗仍有鼓舞人心的艺术力量。[①] 接下来四句"盈缩之期，不但在天。养怡之福，可得永年"的意思是每个人的寿命长短不一，但不一定完全是老天爷决定的，只要自己乐观积极，保养身心就能够延年益寿。事实上，紧接着上一句诗中诗人表明自己已经年老就可以看出诗人是渴望长寿的，因为他还没有实现自己的伟大事业，在这里诗人表述了如何能够长寿，只有生命被延长，自己的价值才有更多的时间去体现，人生的理想才能得以实现。从整首诗中能够感受到诗人对于"生死"这个问题比较理性的认识以及充满理性色彩的感悟。最后一句"幸甚至哉，歌以咏志"，诗人觉得美好无比，很是庆

---

① 吴光坤. 试析曹操《龟虽寿》的理性意蕴 [J]. 唐都学刊，1992：29

幸，想要通过尽情地歌唱来抒发心中的情怀。通过学习，可以看出《龟虽寿》是一首慷慨多气的抒情诗，体现出了建安风骨的鲜明特点，读起来铿锵有力，绝无缠绵凄恻的情调，透露着诗人坚定的意志和内外如一的秉直个性。[①] 在学习的过程中，老师应该鼓励学生从诗人情感的宣泄、意志的抒发以及对人生易逝的感叹等方面展开探讨，从而真正地读懂诗人的壮志胸怀。

### （三）《行路难·其一》之案例分析

《行路难·其一》是诗仙李白的佳作之一，与之前分享的两首诗作一样，《行路难·其一》也阐述了诗人在仕途中的不得志，人生的理想和抱负没能如愿地实现。作为我国史上最伟大的浪漫主义诗人，李白一生都在期待自己能够得到君主的重用、能够施展自己的才华，然而事与愿违，从《行路难·其一》这首诗中就可以感受到诗人复杂矛盾的心理以及他跌宕起伏的情感变化。学生对于这首古诗的解读需要在老师的引导下去理解和赏析，而不是单纯地死记硬背，背诵诗人的情感以及整首诗的主旨。这首诗虽然篇幅短小，但是在这为数不多的字里行间能够看到李白在现实与理想之间的无助和挣扎。整首诗学习的关键就是学生能够从这仅有的文字当中读懂李白，读懂他一生的悲哀，总结出导致他内心如此不快，总是在美酒中麻痹自己的原因。首句，"金樽清酒斗十千，玉盘珍馐直万钱"，以极其夸张大胆的手法写出了美酒佳肴的昂贵和酒宴的奢华，从觥筹交错、推杯换盏中感受到了宴会上的热闹非凡；然而，笔锋一转"停杯投箸不能食，拔剑四顾心茫然"，越是在这热闹之际，突然间"停杯投箸"，拔剑而出内心万分茫然，从中能感受到表面上诗人在酒席间纵情享乐，实则不然，内心的压抑和郁闷瞬间迸发而出。这个时候，老师可以引出问题，诗人为何

① 邹立群. 千里之志，气雄力坚——读曹孟德《神龟虽寿》[J]. 优秀作文选评，2012：16

貌似前一秒还兴致勃勃，下一秒却瞬间茫然。事实上，前面的美酒佳肴都不过是在衬托他内心的极度苦闷，正常情况下，任何人都会被眼前的美食和愉快的氛围所打动，诗人却越发愁闷。接着，诗人写道"欲渡黄河冰塞川，将登太行雪满山"，意思是，想要渡过黄河，大雪却冰封了雪山；想要登上太行山却面临大雪封山，无法攀登前行。针对这句诗，老师可以就此引出问题。

师：同学们，为何诗人在宴会期间会突然想要渡河登山，他是真的想去"渡黄河""攀山峰"吗？

生 1：不是，他只是在比喻自己的仕途如同这两句诗中一样艰难。

生 2：这两句诗形象地写出了诗人前行的道路遇到了诸多阻碍。

不错，诗人无法实现自己内心的愿望却又在期待或许总有一天能够实现。下一句"闲来垂钓碧溪上，忽复乘舟梦日边"，主要运用了两个典故，当年姜太公钓鱼得遇文王；而伊尹做梦乘舟经过日边，受聘于商汤。诗人匠心独运，通过追忆吕尚、伊尹的故事希望自己的愿望也有实现的那天。心境逐渐发生变化，由愤懑、失望逐渐转向自信、乐观。[①] 然而，诗人马上又向天发问"行路难，行路难，多歧路，今安在？"人生的道路太过于艰难，让诗人不得不感叹"太难了"所以，由此可以看出诗人的内心是极其矛盾复杂的。一会儿看到希望，一会儿希望又破灭了，接着最后一句，也是最激励人心的一句"长风破浪会有时，直挂云帆济沧海"。诗人笃定只要坚信乘风破浪的机会总会来到，一定能够重新扬帆起航。这一句也是学生最需要学习和理解的一句，除了是理解诗句的含义，更多的是这句话给人带来的精神上的鼓励和人生的启示，在任何情况下，无论多么艰难都不要轻易放弃，一定要坚信希望的曙光就在前方，此刻需要做的就是努力

---

① 常佩雨. 跳跃的情感，跌宕的人生——李白《行路难》（其一）赏析 [J]. 中学生阅读，2015：24

拼搏，等到机会来临之时也就是获得胜利之时。可以看出整首诗歌通过层层叠叠的感情起伏变化，既充分展现了黑暗的政治现实对诗人的宏大理想抱负的阻遏，反映了由此而引起的诗人内心的强烈苦闷、愤郁和不平，同时又突出地表现了诗人的倔强、自信和他对理想的执着追求，展示了诗人力图从苦闷中挣脱出来的强大精神力量。[①]

---

① 王冠颖. 感受诗人复杂的心理矛盾 品读诗歌跌宕的情感变化——李白《行路难》（其一）赏析 [J]. 北方文学，2012：41

## 第二节　文言文中的价值呈现

在中学语文教材篇目中，编者在对篇目进行选择时都进行了用心的考量，因为文言文与白话文相比较，其晦涩的文字内容是不易学习和掌握的，大部分学生几乎都是"谈古色变"，在选择每一篇课文时不仅要关注相应年龄段的学生能否接受这个难度系数的文章，还需考虑文章当中所传递的信息是否能够对学生起到启发启示的作用，能否对学生的人生观、价值观、世界观有正确的引导作用，所以在中学语文教材中就出现了大量的优秀作品，都是我们古人智慧的结晶以及对后人的启发。如继孔子后儒家学派的代表人物孟子所作的《生于忧患，死于安乐》告诫后人"忧患则生，安乐则亡"；《论语》十二章中从学习、做人、做事、立志等多方面提出了诸多宝贵的意见和建议；道家学派战国时期的思想家列子的《愚公移山》，文章就赞扬了愚公不畏艰难，坚持不懈的精神。因此，从这些篇目中，学生能够获知的人生哲理是十分丰富的，老师应该结合这些课文帮助学生明确自己的志向、寻找人生的价值和目标。在这一章节当中，主要选取了周敦颐的《爱莲说》、诸葛亮的《诫子书》以及刘禹锡的《陋室铭》三篇课文进行案例分析。

## 一、《爱莲说》中的"莲洁"

周敦颐的《爱莲说》是八年级第五单元第二篇课文中的一篇，这一单元的文章及诗作都是脍炙人口的名篇。编者的单元教学要求：要在反复诵读中，领会课文丰富的内涵和精美的语言，并且要积累常用的文言词句。老师在进行教学设计时主要可以从以下几个方面入手：学生的学情、学生的学习方法、老师的教学方法。首先是关于学生的学情，由于初中生正处于一个需要老师正确引导的年龄阶段，并且在《初中语文新课程标准》中也提道：学生是学习和发展的主体，语文课程必须根据学生身心发展和语文学习的特点，关注学生的个体差异和不同的学习需求，爱护学生的好奇心、求知欲，充分激发学生的主动意识和进取精神，倡导自主、合作、探究的学习方式。因此，老师可以根据学生的实际情况确定两个学习目标：第一，反复诵读文章，品味句子之美；第二，感悟哲理，体会作者思想感情。其次，是关于学生的学习方法，根据新课程标准中强调的"自主合作探究"的学习方式，可以个体、小组预习；小组设疑、释疑；以课堂探究、构建为主要框架引导学生研读课文。然后，就是有关这篇课文，老师的教学方法和教学环节。其一，学生课前自主预习环节；其二，课堂教学环节，主要包含了：学生代表 PPT 展示预习成果环节、师生探讨设疑环节、学生交流探究环节；其三，课外拓展环节。整个课堂教学活动的展开都以求做到体现语文三维目标中的知识与技能、过程与方法、情感态度与价值观。具体而言，教学环节可以如下展开。

第一，学生自主预习环节。由于本文是一篇古文，在这个环节，老师可以要求学生课前对本文的文体知识、时代背景、文中人物介绍、注音字词、文中注释、花之寓意有所查阅和熟悉。特别是对"花之寓意"的阐述和解释，老师可以带领学生赏花，通过三种花的对比，以此对三种人人性的分析，由赏花到析性，对整篇课文有一个更加清晰的认识和理解。还有一个着重点就是对莲品质的描述，原文中写道：予独爱莲之出淤泥而不染，濯清涟而不妖，中通外直，不蔓不枝，香远益清，亭亭净植，可远观而不可亵玩焉，从中找出莲的品质是"洁"和"雅"。

第二，学生代表PPT展示预习成果环节。在这个环节，主要是检查学生的预习情况，在课前老师将全班同学分组，然后每个小组的同学课前共同搜集材料和制作PPT，到了课堂上每组同学请代表上台展示本组PPT，语文三维目标要求学生掌握学习过程和方法，在这个过程中就不但让学生自主积累了知识，还学会了筛选知识的方法，最重要的一点就是锻炼学生之间的相互配合协调的能力。

第三，师生探讨设疑环节。在这个环节，师生可以共同构建问题，主要是对学生知识与能力的培养。老师可以从以下几个方面启发引导，主要包括文本探究和拓展探究两个部分。在文本探究中，可以提出以下两个疑问：1.课文中哪些是托物言志的语句？ 2.本文表现了作者怎样的人文情怀？在拓展探究环节，可以让学生谈论一下最喜欢的植物，为什么？请学生勾画出文中最喜欢的词句，然后和大家分享喜欢的原因。

第四，学生交流探究环节。在上一个环节问题已被提出，那么接下来学生首先可以自主思考，然后相互合作讨论，接着探究交流，最后大家一起分享总结。

第五，课外拓展环节。针对学生情感态度和的价值观的提升和熏陶，本篇文章主要是通过三种植物来表达出了三种不同人文情怀，因此，在课后请学生找出类似的托物言志的文章，然后写一种植物，阐述植物的特性以及喜爱的原因，透过这种植物表达自身情感。

通过这样一个教学环节的设计，学生除了能够掌握该文章的写作手法，还能感知到作者想要传达的以物喻人的精神品质。具体环节设计如下。

师：同学们大家好！今天我们来共同学习宋代哲学家周敦颐的《爱莲说》，在正式学习这篇课文之前，老师呢，首先想带领大家一起赏花，那么同学们就得告诉老师，在我们这篇课文当中主要提到了哪三种花呀？

生1：菊花。

生2：牡丹。

生：还有莲花。

师：不错，正是：菊花、牡丹还有莲。那老师又要问了，提到菊花，我们作者是怎么说的呀？

生：菊，花之隐逸者也。

师：那么谁最爱菊呢？

生：陶渊明。

师：不错，正是我们东晋的学者陶渊明；那么作者又是怎么描述牡丹的呢？

生：牡丹，花之富贵者也。

师：那么谁爱牡丹呢？

生：世人爱牡丹。

师：不错，世人爱牡丹。好，当提到莲的时候，作者是怎样描述的呢？

生：莲，花之君子者也。

师：那么爱莲者谁呢？

生：作者。

师：不错，正是我们的作者周敦颐。那我们这里要来看一下这个句子，"花之君子者也"，"者也"结构是判断句，这里就是说：莲，花中的君子。刚才老师和同学们一起赏花，那是从感性的角度，花属于物，它有悟性，那么现在我们通过花上升到人，透过物性看看人性，这里主要指代的是人的品性和性格，我们通过文中的三种花来看看三种人的品性。大家都知道陶渊明是我国古代著名的田园诗人，他辞官归隐，是因为他厌恶官场的黑暗与腐化，不与世俗同流合污的处事态度，在他的作品中不难发现"菊"的影子，如在他的诗作《饮酒》（其五）中就说道：采菊东篱下，悠然见南山。在他的《归去来兮辞》中也提道：三径就荒，松菊犹存。所以后代流传有"渊明爱菊"的佳话。那么提到牡丹，不知道大家有没有听过刘禹锡的《赏牡丹》：唯有牡丹真国色，花开时节动京城。大家说说牡丹的寓意是什么呀？

生：牡丹象征富贵。

师：不错，富贵花开。由此映射出大唐的兴盛和繁荣，同时也能看出当时那个时代人的生活的奢靡。那么接下来我们就一起来看看周敦颐眼中的莲是什么样子的，他为什么爱莲？那么首先，老师先给大家读一遍，大家在老师读的过程中，找出你觉得描述莲最美的句子，"予独爱莲之出淤泥而不染，濯清涟而不妖，中通外直，不蔓不枝，香远益清，亭亭净植，可远观而不可亵玩焉。"

师：刚才老师读了一遍，现在请同学们也起来读一遍。

生：……

通过刚才的读，现在老师想请同学思考一下，一起来说说莲到底有哪些品质，首先看第一句：出淤泥而不染，突出了莲的什么品质呀？

生：洁。

师：濯清涟而不妖呢？

生：雅。

师：对，雅。那大家想想"中通外直，不蔓不枝"体现了莲怎样的品质。很好，我听到有同学说了"中通外直，不蔓不枝"体现了通和直的品质，绝无横斜旁出。作者之所以爱莲，与他所生活的年代有很大的关系。因为宋代的士大夫都具有"以天下为己任"的高尚情操，虽然身在官场，但是却具有莲一样的优秀品质。"莲则怜也"、要怜惜别人，怜爱社会；"荷则和也"，和和世界；就如同当今我们习近平总书记所提到的一样，要构建一个和谐社会。

在以上这个教学设计中，老师结合时代背景的特色，将花的特性与人的品性相比，形象地指出了三种不同的花所彰显出来的不同的人的性格特征，由此高度地赞美了莲的"出淤泥而不染，濯清涟而不妖"，这也是现代人所需要学习的精神品质。


## 二、《陋室铭》之"陋室不陋"

八年级上册的短文两篇除了上一篇周敦颐的《爱莲说》还有周敦颐的《陋室铭》，《陋室铭》这篇课文通过对一个极为简陋的屋子以及屋子外景物的描写来反衬出作者内心的恬静，不与世俗同流合污、与世无争的生活态度。学生在学习这篇课文时，除了学习"铭"这种文体、了解文章大意，还有最重要的一点就是作者高洁傲岸的情操以及安贫乐道的情趣。整个教学过程可以如下展开。

师：各位同学大家好！今天老师将带大家去参观一个屋子，这个屋子从外表上看是比较简陋的，那么它到底是否真的简陋呢？就请同学们跟随老师走近刘禹锡的这间陋室就知道答案了。首先，老师会请一位同学起来给大家读一遍这篇课文，伴随这位同学的读，大家走进这间陋室去看看，这间屋子简陋与否，为什么？待会儿我要请同学起来说一下，你在这个屋子里面看到了什么？刘禹锡平时在这间屋子里是怎么生活的。你怎么认为的，大家动笔勾出你的观点……

生：《陋室铭》刘禹锡。

山不在高，有仙则名。水不在深，有龙则灵。斯是陋室，惟吾德馨。苔痕上阶绿，草色入帘青。谈笑有鸿儒，往来无白丁。可以调素琴，阅金经。无丝竹之乱耳，无案牍之劳形。南阳诸葛庐，西蜀子云亭，孔子云：何陋之有？

师：好的，读完过后，同学们觉得这间屋子简陋吗？

生：简陋。

师：为什么简陋？

生：因为什么都没有，感觉刘禹锡的家很穷。

师：这位同学回答得很好，通过观察，他发现了这个屋子并不是富丽堂皇的，所以他觉得这个屋子很简陋，那我们待会再来看看是不是真的很简陋。其他同学有不同答案吗？

生：我觉得不简陋。

师：为什么不简陋？从哪里可以看出，现在就请同学们找出你认为简陋或者不简陋的句子和词语，分别进行论述。除此之外，请大家找出文中哪些语句描写了陋室的环境？这是一个什么样的环境？作者的生活是怎么样的？我希望同学们从"有""无"两个方面给老师说说。

生：老师，有的是鸿儒、素琴、金经，没有的是白丁、丝竹、案牍。

师：通过这一有一无，可以看出作者所生活的环境与向往的环境是什么样的？一是自然环境清幽，二是交往人物不俗。从中我们就可以看出陋室主人高洁傲岸的节操和安贫乐道的情趣。可以用文中哪两个字来总结呢？

生："德"和"馨"。

师：不错，正是"德"和"馨"。我们得出一个结论就是"陋室"并非真陋，因为在这间屋子里有作者美好的品德和高雅的情趣。

通过以上这个教学设计，主要从老师和学生的提问、回答这样一种对话式教学中展开。老师的引导起着十分关键的作用，让学生在一问一答中结合自己对课文的理解找寻答案。文章一开头就提出："山不在高，有仙则灵；水不在深，有龙则灵。"直接指出，山不在于高，而是因为里面居住着神仙而闻名；水也不在于深，而是因为有了龙，水才有了灵气。作者之所以这样说就是为了下文即将对"陋室不陋"而作铺垫。"斯是陋室，惟吾德馨"一句点明了文章的主旨：表面看上去这确是一间陋室，然而因为我的美德使得它名扬在外。接着，作者就"陋室不陋"这个论点展开了论述，作者从中提出了几个论据。第一，"谈笑有鸿儒，往来无白丁。"在结交朋友方面，作者说到能与他相谈甚欢的朋友都是博学多识的人，绝无不学无术之人。就此，老师也应该让学生明白交朋结友应该同作者一样，多结交志趣高雅、博学多才并且能够帮助自己成长的朋友，而不是整日与不学无术、毫无志向的人来往。第二个论点，"可以调素琴，阅金经。"作者的兴趣爱好方面，平日里作者喜欢在"陋室"弹奏清雅的古琴，阅读佛经，没有不良的嗜好，也没有虚度时光。第三，"无丝竹之乱耳，无案牍之劳形。"作者认为让自己心情愉悦的点还有平日里没有烦杂的音乐扰乱心绪，也没有繁重的公务让自己身心疲惫。作者之所以提到这一点是因为他厌恶了官场的黑暗，在仕途的道路上受到了不小的打击，因此，不再愿意过那种整日公务繁忙的生活。最后他提到南阳诸葛亮的草庐和西蜀杨子云的草屋，借用孔子的话："这有什么简陋的呢？"之所以作者自己觉得不简陋，是因为作者平日里有着高雅的志趣，内心也有着自己坚定的意志。事实上，作者对官场的厌恶、对世俗黑暗的鄙弃与他的经历有直接关系。刘禹锡在任监察御史时期，因其参与革新失败，被贬为安徽和州通判。在被贬期间遭到当地知县的奚落与排挤，被迫三次搬家，居住面积越来越小，条件越来越差，也越来越偏远。针对当地知县落井下石的行为，刘禹锡愤然写下《陋室铭》并请人刻于石碑之上立在门前。由此可以推断，《陋室铭》不仅在于歌颂道德品质、警诫自己，也是抒发内心愤懑之情的发泄口。短小精悍的句式读起来似乎有着在跟那位多次排挤他的县令辩论的意味，用短句也契合作者当时的写作心理。[1] 因此，老师在讲解的过程中一定要强调作者的人生经历，由此来帮助学生更好地理解为什么作者在这样简陋的环境下，依然可以做到心境如此的平和，无欲无求。

### 三、《诫子书》中的"劝诫"

我国三国时期杰出的政治家、思想家、散文家诸葛亮给自己的儿子诸葛瞻写了一封家书，在这封家书中饱含了父亲诸葛亮对儿子做人、做事、做学问等方面的劝诫和勉励。编者将这封家书选入到初一年级的语文教材中，就是为了更好地勉励学生如何做一个志向坚定、专心向学的人。这封家书就是流传千古的《诫子书》。老师在讲解这篇课文时，一定要将文章中的每一句都细化地解读给学生听，确保学生在理解大意的基础上领悟当中的人生哲理，起到勉励自己的同时，立志做一个有志青年。

整篇文章的每一句都是诸葛亮智慧的结晶，老师可以与学生共同来学习和感悟。

---

[1]徐燕.审美鉴赏与创造对初中文言文教学的启示——以《陋室铭》《爱莲说》为例[J].林区教学，2020：43

"夫君子之行，静以修身，俭以养德。非淡泊无以明志，非宁静无以致远。夫学须静也，才须学也。非学无以广才，非志无以成学。淫慢则不能励精，险躁则不能冶性。年与时驰，意与日去，遂成枯落，多不接世，悲守穷庐，将复何及！"

文章一开始就提出：想要做一个有道德的人必须修身养德，这是为人的根本、做事的基础。而要真正地做到修身养德就要做到两点："静"与"俭"，只有安静下来才能修养身心，俭朴节约才能培养自己高尚的品德。下一句"非淡泊无以明志，非宁静无以致远。"这里的"淡泊"指的是不为名利所动，能够做到安贫乐道；"宁静"指的是心情安宁，内心澄净。只有做到不受世俗的影响，在淡泊宁静中才能明确内心的真实所想，才会坚定自己的志向，进而实现自己的远大抱负。因此，想要坚定志向、实现抱负，"淡泊""宁静"是基础和前提。接着，作者提出"夫学须静也，才须学也。"学习必须静心专一，而想要获得才干就必须努力学习，而求学的过程又是孤独寂寞的，只有做到心无旁骛才能认认真真地做学问。"非学无以广才，非志无以成学。"这句话的意思是，不学习就无法增长自己的才干，没有志向就不能学有所成。诸葛亮认为立志、学习、成才必须紧密地结合在一起才能成为国家栋梁之材。接着，他提出"淫慢则不能励精，险躁则不能治性"。从反面论述了不求甚解、好高骛远不会达到一个好的学习效果，而急于求成、浮躁不专，不仅对学习无益，还对品格的培养有诸多坏处。最后，他说道："年与时驰，意与日去，遂成枯落，多不接世，悲守穷庐，将复何及！"感叹时光易逝，容颜已老，如果不珍惜这大好的时光，后悔也不济于事。整篇课文都在围绕如何真正地做到"修身治学、淡泊宁静"而展开论述，唯有宁静专一才能明确志向、达成志向，老师在教学的过程中，要引导学生自行思考。总而言之，诸葛亮通过这封家书想要传递的一个信息就是成才必须具备三个条件：

第一个条件是立志，"非淡泊无以明志，非宁静无以致远。非学无以广才，非志无以成学。"；第二个条件是学习，"夫学须静也，才须学也。"；第三个条件是惜时，"年与时驰，意与日去，遂成枯落，多不接世，悲守穷庐，将复何及！"诸葛亮主张以俭养德，以静求学，以学广才。三者缺一不可。志是成才的前提和基础，志向的培养又必须砥砺品德。[①]

---

① 人民教育出版社．义务教育教科书老师教学用书语文七年级上册 [M]．北京：人民教育出版社，2020：202

# 第三节　"记"中之人文情怀

"记"和"说""铭"等都是古代的一种文体，主要是通过对事物的记叙、景物的描写、人物的刻画等来表达自己的观点和见解，抒发自己的情感和志向。经常运用到的创作手法是借景抒情、托物言志，等等。

## 一、《桃花源记》之和谐社会

《桃花源记》是我国东晋时期著名的诗人、辞赋家陶渊明的一篇佳作，在这篇文章当中向世人呈现出了一个与世无争、风景优美的世外桃源，从中可以学到很多的内容，如语言的创作，对于桃花源的描写令世人趋之若鹜，所以说，这篇课文也可以算是一篇美文，除此之外，当中还有一个比较发人深省的问题——诚信问题，为何捕鱼者无论如何都再也无法返回到桃花源，老师在进行教学设计时不但要抓住文章的内容来展开，还要紧扣文章的主旨进行延伸。事实上，作者之所以为大家刻画了这样一个令人向往的世外桃源与他的个人情况和当时所处的年代有着密不可分的联系。陶渊明出生在没落的地主官僚家庭。他少时颇有壮志，博学能文、任性不羁。当时社会动乱不安，他有志而不得施展。他做过小官，由于不满官场的尔虞我诈，弃官回乡，这时他四十一岁，从此过着"躬耕自资"的隐居生活。他所作的诗文，内容多描写农村生活，表现了优美的自然风光，抒发他热爱田园生活、乐于和农民来往和不愿与官僚们同流合污的高尚品格。因此，由于当时政治的黑暗腐化、社会的动荡不安，统治集团生活荒淫，内部互相倾轧，军阀连年混战，赋税徭役繁重，加深了对人民的剥削和压榨。这样一个世外桃源就是当时人们想要构建的一个"理想国"，在这里，没有战乱、没有苛捐杂税、没有压迫和剥削，人们能过上幸福和谐的生活。

学生可以结合书本下方的注释去理解文章的内容，关键的点在于学生能够掌握写作的手法以及对文中主要人物的刻画。在导入环节老师可以采用两种方法，设计如下。

师：同学们，当我们提到美酒和月亮时，大家总能想到谁？

生：李白。

师：不错，我们总能想起一代诗仙李白。当提到民生、颠沛和草堂我们又能想起谁？

生：杜甫。

师：是的，我们总能想到忧国忧民的诗圣杜甫。那当我们提到归隐、菊和田园，大家又能想到谁呢？

生：陶渊明。

师：不错，正是我国东晋时期著名的世人、辞赋家陶渊明。今天就让我们一起走进陶渊明的《桃花源记》。老师将要和同学们一起去看看陶渊明笔下的这个世外桃源到底有多美。

以上这个导入法是从作者角度展开的，与此同时还帮助学生复习了有关李白、杜甫等人的创作特征，加强了学生的文学常识。针对这篇课文，还有一种导入的方法，可以算是"兴趣导入法"，设计如下。

师："同学们，咱们中国历史悠久、地大物博，经过了许许多多的朝代变迁，有着深厚的历史文化基础，甚至现在有许多的小说、影视作品等通过穿越的主题反映了当时的社会习俗、社会面貌，那么进入新课之前呢老师提一个小小的问题，如果给你一个穿越到过去的机会，你会选择回到哪个时期、哪个国度？为什么？"

生1：唐朝，因为我想亲眼见见李白。

生2：我想穿越到……

师：同学们都很有想法，说明咱们同学对古代人也是十分好奇的，但是呢"穿越"这个想法呀他并不是我们现代人的"专利"，东晋大诗人陶渊明的一篇名作中就提出类似"穿越"的概念，还引申了一个著名的成语"世外桃源"，今天我们就随着陶渊明的文章一起去"穿越"吧！

以上这样导入的方式，可以很好地激发学生的兴趣，让学生怀揣疑问走进这篇课文，学生会思考到底在这篇课文中发生了什么样的穿越事件，事实上，文中的捕鱼人在去过一次桃花源后，哪怕沿途再做标记也无法再返回这个美丽的地方，让捕鱼人也产生了一个疑问：难道是我在做梦吗？难道真的没有桃花源这个地方吗？这样的情况跟穿越非常相似，因为当捕鱼人跟桃花源中的老者交流时，老者说道："自云先世避秦时乱，率妻子邑人来此绝境，不复出焉，遂与外人间隔。问今是何世，乃不知有汉，无论魏晋。"在这群人的时间观念里还停留在先秦时期，根本不知道魏晋南北朝，所以，这样的说法让人非常惊讶。在正式上课开始时，老师可以在网上搜索一个关于《桃花源记》的水墨动画片，这部动画片制作得非常优美，完完全全地结合了陶渊明《桃花源记》当中的内容，真实地还原了当时的场景。学生可以在这个视频动画中欣赏到美不胜收的世外桃源，也能更加深刻地感受到那里的人们的善良朴实、热情好客。并且，老师还可以准备一个音频，让学生一边听专业播音员朗读这篇课文的同时一边勾画出自己喜欢的句子以及场景，并说明理由。老师可以给学生一个提示，即"三美"：风景很美，环境很美，人也很美，综合下来就是社会的和谐美。可以请学生找出相关的句子。

师：同学们，整篇文章主要体现了"三美"，请大家分别找出"风景美""环境美""人美"的句子。

生 1：描写"风景美"的句子有"芳草鲜美，落英缤纷"。

生 2：描写"环境美"的句子有："土地平旷，屋舍俨然，有良田美池桑竹之属。"

生 3：描写"人美"的句子有："余人各复延至其家，皆出酒食。"

师：很不错，同学们都回答得很好，"黄发垂髫，并怡然自得"这句话就能总结出这个社会的和谐美。

从文章很多句子都能够体现桃花源令人向往的独特之处，同时也是作者以及那个年代的人所向往的地方。如：桃花源的人听闻捕鱼人的到来，纷纷"设酒杀鸡作食"，"咸来问讯"就很好地体现出了那里的人民风非常淳朴，待客热情。渔人一一为具言所闻，桃源人为什么"皆叹惋"。因为，桃源人听后，为世上的动乱、黑暗而叹惋，也为外界老百姓过着的痛苦生活而叹惋，由此也可以看出，作者虚构的这个宁静安乐的环境、美好的风俗、淳朴的人情，是为了寄托作者想要追求没有剥削、没有压迫的社会的理想。当渔人离开时，这里的人们告知他"不足为外人道也"，这里就可以请学生进行小组讨论，为什么桃源之人不想让外界知道他们所生活的这个地方。

师：同学们，在捕鱼人离开之际，此中人语云："不足为外人道也。"现在小组之间相互讨论一下，为什么"不足为外人道也"。

生：……

师：不错，因为他们害怕世人知道了桃花源这个地方，会来扰乱、破坏他们和平安宁的生活。也为下文捕鱼人再寻桃源不得而埋下伏笔。除此之外，老师还想大家来讨论一个问题，渔人离开时为何要做记号，而且还带人来寻找呢？大家觉得这样做对还是不对，如果你们是捕鱼人，你们会这样做吗？

生1：因为捕鱼人还想回到这里，他想让外界的人知道真的有这样一个地方。

生2：因为这里没有战争，没有剥削，人与人之间友好和睦，是理想的社会，渔人也想让大家都能过上这样的好生活。

生3：我觉得他这样做没有什么问题，因为大家都想过上好生活。

生4：我觉得不对，因为这个捕鱼人不讲诚信，答应了别人的事情就应该做到，不能言而无信。

通过学生的讨论，老师可以掌握学生对整篇课文的把握和理解，并且对于捕鱼人这一系列行为的看法，能够及时地引导学生树立正确的三观。对于这篇课文来说，作者虚构的世外桃源是与作者所处的现实社会相对照的。这里景色优美、土地肥沃、资源丰富、风俗淳朴；这里没有压迫、没有战乱、社会平等、和平安宁，确实是当时乃至整个封建社会人民理想的世界。这理想在一定程度上反映了广大人民的愿望，但在当时的条件下是不可能实现的，因而它只是一种空想。

## 二、《岳阳楼记》之"忧"与"乐"

《岳阳楼记》是北宋文学家范仲淹为重修岳阳楼而创作的一篇散文，这篇散文之所以被后人广为流传，主要是因为那句令人称赞敬佩的"先天下之忧而忧，后天下之乐而乐"。想要学生真正地了解文章所体现出来的"忧"与"乐"，就要将作者所经历的事情以及这些事情给他造成的影响传递给学生，让学生对作者的情感触发点有一个大概的了解。公元1044 年，藤子京因故被贬知岳州，到了岳阳之后，他凭借自己所"负大才"，仅仅两年多的时间就把岳州治理得"政通人和，百废俱兴"。于是"重修岳阳楼"，并邀请时贬邓州的好友范仲淹为之作记，同时附上一幅《洞庭晚秋图》。范仲淹受邀之后，面对《洞庭晚秋图》，他借助丰富的想象，发挥自己卓越的艺术才能，不仅以如椽大笔描绘了洞庭胜景，更重要的是借题发挥，抒发了自己"不以物喜，不以己悲"的博大胸襟和"先天下之忧而忧，后天下之乐而乐"伟大的政治抱负，并借以与友人共勉。[1]范仲淹之所以能提出这样的见解与他自己在官场中的经历以及好友藤子京被贬是分不开的，他劝诫好友"不以物喜，不以己悲"，希望好友能够敞开胸怀坦然面对眼前的一切。与此同时，范仲淹在写《岳阳楼记》时，正好在河南邓州任上，他之所以到邓州，其实也是"谪守"，也就是大家常说的因罪贬谪流放，出任外官或守边。并且这是他第四次遭到贬谪。在此之前，他分别于1031 年、1034 年、1036 年三次被贬。四次被贬的原因都在于秉公直言，忠君报国。这在范仲淹心目中，因为坚持真理而被贬谪，并非丑事，而是君子应有的坦荡和担当。同样，藤子京被贬谪也是因为坚持正义，顶撞了刘太后。故在文章中，范仲淹将"谪

---

① 张春才 . 比较洞察《岳阳楼记》的崇高思想境界 [J]. 中学语文教学参考，2019: 48

守"二字秉笔直书。① 由此看来，作者之所以能够抒发这样的情感与他刚正不阿的品质有很大的关系。针对这篇课文，老师需要做到的是对于资料的搜集和整合，但是不能一味地念给学生听，可以像讲故事一般先让学生知道事情发展的一个时间线索，再向学生介绍范仲淹和藤子京之间的好友关系，并将两人在朝廷中所经历的事件脉络整理出来，引导学生理解当中的具体情况。在学生已经掌握了这些基础情况过后，再来谈论范仲淹提出的"忧"和"乐"就比较好解决了。文中对于景物的描写篇幅较长，从句式结构上来说，最大的特色就是骈散结合，读起来给人一种美的享受，有极高的审美价值，在文章当中的第二、三、四自然段都是对景物的描写。如"衔远山，吞长江，浩浩汤汤，横无际涯，朝晖夕阴，气象万千"，写出了在洞庭湖上欣赏到的美景，突出了洞庭湖之景的雄伟壮观；只有最后一个段落是在抒情，最为著名的两句话就是"不以物喜，不以己悲"和"先天下之忧而忧，后天下之乐而乐"。前者的含义是，不因外物的好坏和自己的得失而或喜或悲。这句话可以看出作者范仲淹对待困难挫折时乐观豁达的态度，这不仅仅是一种人生态度，还是一种一般人很难达到的精神境界，也是对人们的劝勉，不要过分在乎得失，要以平常心来对待生活中的不如意。老师在分享这句话的时候，着重点在于请学生谈谈对这句话的看法，因为它除了是一句激励他人的座右铭，还是一种深厚的思想认知以及人生态度，学生应该铭记于心，在学习和生活中遇到困难时，要学会激励自己，在患得患失的时候，要学会坦然面对，只有这样才不至于让自己在困难中更加举步维艰。后面这一句"先天下之忧而忧，后天下之乐而乐"又是更高的一个思想境界，老师要引导学生去思考，作者为什么提出要先"忧"后"乐"，究竟他在"为何忧"又在"为何乐"。在范仲淹的人生观

① 张广宇. 先忧后乐 传承永恒——重温《岳阳楼记》[J]. 岳阳职业技术学院学报，2020：23

里，只有天下百姓都获得幸福了、都快乐了，统治阶级和士人才有资格享受快乐，他对于国家的前途感到忧虑，不忍百姓过着动荡不安的生活，因此，他希望国家能够关注百姓的生活以及幸福。在这里，老师可以引入孟子的名句"达则兼济天下，穷则独善其身"来引导学生对本文有更深层次的理解。孟子认为，知识分子为人处世应该坚持如下标准：得志时恩惠施于百姓，不得志时修养自身以显现于世。与之对比可以发现范仲淹的可贵之处在于，他可以超越人生"穷"和"达"的界限，对国家的爱、对百姓的爱可以没有条件、不计较任何得失。范仲淹在继承了以往知识分子忧国爱民品质的前提下，不断完善自己，并达到了一个更高的境界。① 所以，范仲淹的心系天下以及对黎民百姓的关爱让他能由此感叹。老师可以将文字的内容以及作者的情感传递给学生，在拓展延伸环节，可组织学生组队，举办一次辩论赛，论题就是以范仲淹提出的"先天下之忧而忧，后天下之乐而乐"进行思考，究竟应该"先忧"还是"先乐"，通过课堂上的学习，课后资料的搜集，学生能够对这个问题有更深入的认识。

### 三、《醉翁亭记》之乐在其中

欧阳修，唐宋八大家之一，北宋时期著名的文学家、史学家，《醉翁亭记》是欧阳修被贬滁州期间所作，也是欧阳修的代表作之一。整篇文章以极其轻快平易的语言描写了醉翁亭怡人秀丽的自然风光，从表面上看是作者与友人纵情于山水间的一次游记，事实上是借山水之乐来排遣内心的愁苦。文章中脍炙人口的是那句"醉翁之意不在酒，在乎山水之间也"。针对这篇课文，老师可以从景物的描写、人物心情的刻画以及作者内心的情感等方面展开教学，引导学生在掌握作者的描写方式、描写手法的

---

① 于平华．文本下的"知人论世"分析及作用 —— 以《岳阳楼记》为例 [J]．中学语文教学参考，2020：34

基础上，体会作者如何在逆境中始终保持积极乐观的心态。

首先是本文的景物描写，也是本篇课文最大的一个亮点。主要从山水之间的交相辉映、朝暮间光与影的变化之美、四季间美轮美奂之美、宾主游客间心情愉悦之美、动静对比之美。文章一开篇就简单地介绍了"醉翁亭"，介绍了它四周的景致以及它的由来。[①]"环滁皆山也。其西南诸峰，林壑尤美，望之蔚然而深秀者，琅琊也。山行六七里，渐闻水声潺潺，而泻出于两峰之间者，酿泉也。"环绕在醉翁亭四周的是高大的山峰、潺潺的流水，无论从哪个角度望去都是一幅优美的画卷，作者先从醉翁亭周边的景物着手描写，从侧面衬托出了醉翁亭所坐落的位置景物别具一番风味，展现出了醉翁亭与山峰、泉水交相辉映，勾画出诗一般的优美境界。在第一自然段中，作者还讲述了醉翁亭名字的由来，也是极具趣味的，当中说道"醉翁之意不在酒，在乎山水之间也"。太守用自己的别号为醉翁亭命名，事实上，醉翁不胜酒力，之所以爱酒真正的目的也不是爱喝酒，只不过喜欢约上一群好友纵情于山水之间罢了，寄情林木，醉意山上。这里的太守也正是我们的作者欧阳修。"若夫日出而林霏开，云归而岩穴暝，晦明变化者，山间之朝暮也。"晨间雾气逐渐驱散开来，烟云聚拢，山谷间色泽开始昏暗，早晨与傍晚颜色忽明忽暗，四季的风光也有所不同，在作者的笔下，此处景色的色彩如同在画板上精心调制过一番，美不胜收。学生可以在这样的风景中感受作者当时与友人喝酒赏景时愉悦舒畅的心情。第三自然段描写的是宾客间觥筹交错时的热闹景象，小溪深处的肥鱼、泉水酿造的米酒、极具野味的野菜，欢乐的宾客、微醺的太守，整个场景让人感受到了当时人与人、人与自然之间的和谐。在最后一个自然段中，作者除了描写茂密的丛林、欢快的小鸟还对文章的中心主旨进行了点评和总结，鸟儿只知待在山林里的快

---

① 姚中应. 在《醉翁亭记》里赏"美"悟"醉"[J]. 教育家，2016：66-67

乐却不知人们的快乐，人们只知跟随太守游玩的快乐，却不知太守的快乐就是以游人的快乐为乐。《醉翁亭记》的这幅众人游乐图中还隐含着人与社会的和谐景致。太守与宾客同饮，与百姓同在，官民之间没有阶级的差别，也不论地位的高低，他们一同在自然山水之间游乐、畅饮，这种友好和睦的官民关系直接源于社会的稳定。百姓衣食无忧，纵情山水，太守励精图治，与民同乐。从广义的生态美学的角度来看，与民同乐所反映的正是人与社会生态的和谐共处。①

老师与学生共同学习这篇课文时，更多的是要将学生朝作者的人文情怀这个方向引导。"与民同乐"是作者的情怀和主要思想，作者并没有因为被贬至滁州而一蹶不振，反而是尽心尽力地履行自己的职责，为百姓谋福利、创造幸福生活，不到两年时间，就将滁州治理得井井有条，让这一方百姓过上了幸福和谐的生活，对于作者来说，最难能可贵的是他能打破古代官与民之间等级森严的戒备，与百姓同食、同音、同乐，体现出了作者是一名真正心系百姓的好官。②

① 杨茂文. 论《醉翁亭记》中的生态美学意蕴 [J]. 名作欣赏，2019：116
② 朱琰. 浅析《岳阳楼记》和《醉翁亭记》内容主题的异同 [J]. 新课程，2020：97

# 第五章　人文情怀在不同情感体系中的精彩呈现

在中学语文教材中，编者选择的很多篇目都从亲情、爱情乃至日常生活中令人感动的人间真情的角度向学生诠释了"人间自有真情在"，引导学生用心去感悟每一种情感、每一个故事、每一段文字带给人无限的感动以及触动心弦的情感迸发点是老师最应该认真考量和思索的。对于很多语文教师来说，习惯性地"教教材"而不是"用教材教"，导致将语文课中的那一篇篇极富情感的文章变成了考试的傀儡，真正要做到"用教材教"就是要通过教材中的篇目帮助学生结合自己的切己感受和生活实践去思考文章中那些与之相似的点，引发对人生、对情感的思考。因此，在本章节中，选取了中学语文教材中与亲情、爱情及生活中令人感动的情感篇目进行分析和研究。

# 第一节 论"亲情"之"家人闲坐，灯火可亲"

亲情在古往今来的文人墨客笔下都是不可或缺的描写主题，古有郑庄公与母亲老死不相往来，不到黄泉不相见；孟郊吟唱《慈母手中线》；今有史铁生无限怀念母亲的爱、朱自清永远无法忘怀父亲的背影；莫顿·亨特述说父亲如何带领他在人生的道路上《走一步，再走一步》。亲情总是在不经意间触碰着每个人内心深处最柔软的地方，对于中学生来说，他们可能已经到了叛逆期，可能经常和父母、至亲发生很多不愉快的事情，然而父母又总是用自己认为最疼爱的方式呵护着自己的孩子，只不过他们没办法很好地体会。从这些篇目中就很好地彰显了那些令人无限动容的亲情，老师在同学生学习的过程中要尽可能地引导学生去感知作者内心深处的情感以及他们对父母深深的眷念。

## 一、难以忘怀的"背影"

朱自清先生的《背影》是中学语文教学篇目中一篇非常经典的课文，每每提到朱自清先生的《背影》，许多读者就涌现出太多源自内心的感触。文章讲述了作者的父亲到车站为作者送行这样一个事情。对于初二年级的学生来说，文章中对父亲这个人物形象的刻画以及父亲一系列的动作描写是这篇课文工具性的一个体现，学生通过这篇课文的学习，除了要学会如何从人物的外貌、语言、动作、心理、神态等方面进行描写，还有一个关键的点就是体会父亲对作者、作者对父亲那份父子之间真挚的爱。都说父爱如山，对待孩子的教育、抚养、关心、呵护这些问题，父亲向来不同母亲那般喜欢表达，都是把对孩子的那份爱传递在无声的行动中。

老师在讲解这篇课文时一定要把握好当中情感的基调，带领学生一起去体会和感悟。在导入环节，老师可以选择一张"父亲的背影"让学生思考和探讨，图片中是一个父亲接送孩子时，正在下着瓢泼大雨，父亲担心孩子被雨水打湿，将整个雨伞撑在孩子的上空，孩子背着书包安然无事，父亲的后背却被雨水打湿了。对于这张图片，老师可以先请同学发表自己的观点、自己的感触。

师：同学们，大家看到这张父亲为孩子撑伞的图片有什么感触？

生1：很感动。

生2：我觉得这位父亲很伟大。

师：那么哪位同学可以起来跟大家分享一件你和你爸爸之间让你感动的事。

生1：我和爸爸出门的时候，他总是把我照顾得很好，我很调皮，他就一直照顾我，他很辛苦。

生 2：妈妈说，以前爸爸不会做饭，自从有了我，爸爸学会了做很多我爱吃的饭菜。

生 3：……

通过学生一系列的回答，老师就将父母与孩子之间亲情的话题打开了，有助于接下来教学的展开。在进行教学设计时，老师可以从以下几个方面入手，第一，通过文中对父亲为"我"买票、买橘子、送"我"上车这几件事，对父亲动作、神态等方面的描写来体现出父亲对作者的关爱。主要有几个细节，一开始，父亲因为公务繁忙无法亲自送作者前往车站，于是安排了熟识的茶房陪同前去，"他再三嘱咐茶房，甚是仔细"，然而最后还是放心不下决定亲自去；买票时，他又忙着谈价，送"我"上车后一直叮嘱"我"路上小心、不要受凉，最终父亲还是不放心决定亲自送"我"。于是，在第五自然段描写了父亲替"我"买橘子的场景，这一段也是整篇文章中意义最深刻的一个自然段。主要是通过父亲攀爬月台买橘子的一系列动作、父亲的肖像及神态的刻画，让父亲在作者心中留下了难以抹去的痕迹。父亲"走到那边月台，须穿过铁道，须跳下去又爬上去。""我看见他戴着黑布小帽，穿着黑布大马褂，深青布棉袍，蹒跚地走到铁道边，慢慢探身下去，尚不大难。可是他穿过铁道，要爬上那边月台，就不容易了。他用两手攀着上面，两脚再向上缩；他肥胖的身子向左微倾，显出努力的样子。"从这一系列的动词中可以看出，作者笔下的父亲已经年迈，身体也大不如以前，但是为了给孩子买橘子，依然竭尽全力地去做好这件事。文中还有对父亲衣着的描写，老师可以选取相关的图片向学生展示，让学生对这一幕有更加深刻的印象。在整篇课文中，老师可以作者的眼泪为"经"，以每一次流泪的原因和情感为"纬"引导学生思考作者在每一次眼泪中所蕴含的情感。从人性视角这一角度，作者之所以会流泪是因为情绪已经到达了一个点，老师可以采用小组讨论的形式，让学生分别找到每一次流泪的场景并分享自己的看法。

师：同学们，现在请大家找出文中作者共流下了几次眼泪，每一次流泪的原因是什么，并且小组之间讨论一下每一次流泪时作者内心的情感。

生1：在文中，作者总共流下了4次眼泪。

师：很好，同学们已经找到了作者总共留下了4次眼泪，现在就请大家分别来具体地说一说。

生2：作者第一次流泪是在家中，作者看到父亲的苍老、家里的衰败以及想起过世的祖母，心里十分难过，所以流下眼泪。这当中有对父亲的情感和逝去的祖母的情感。

生3：我们组分享的是作者的第二次流泪，文中作者第二次流泪是因为他看到父亲为他买橘子的过程很艰难，我们觉得在这里他流泪的原因是作者发现父亲老了。

生4：第三次流泪是父亲离开时，背影混进了人群，作者发现父亲慢慢地就看不见了，与父亲的分别让作者忍不住流泪。

生5：我们组总结一下作者的最后一次流泪是因为父亲给作者的心中提到"大去之期不远矣"，说明父亲的身体快不行了，作者很难过。

通过学生的分享，老师再将每一次作者的流泪进行总结，帮助学生再次深化文章的主题。事实上，作者对于这段父子之情的刻画是非常真实饱满的，这篇文章没有将情感描述得非常不切实际，反而很接地气，更容易让学生接受和理解。何出此言，在文章的开头，作者强调父亲在无法送"我"去车站时，一直"唠唠叨叨"地叮嘱"我"、叮嘱茶房，最后心里放心不下还是坚持自己去送"我"，并且在买票的过程中，父亲非要插嘴讲价，好像自己很厉害的样子。在作者的眼中，父亲的这些行为都让他很是不屑，让他觉得父亲非常自以为是，因为作者觉得自己已经是个成年人了，这些事情根本不再需要父亲，就这个细节的描写很能让学生轻易地接受，因为对于每个学生来说，父母在自己生活中时不时地"逞强"，在他们的眼中都是一种可笑和不屑，尤其是当每一个孩子觉得自己已经长大了，什么事都可以自己解决的时候，父母的这些行为会更让他们觉得迂腐。然而，当他们根本无法很好地解决困难时，他们就会出现文章中作者同样的想法："唉，我现在想想，那时真是太聪明了！"在这句话中，作者不但是在讽刺自己那个时候的"聪明"还是在对父亲的怀念，怀念父亲的"啰唆"和"不厌其烦"、怀念父亲对自己所做之事的妥妥帖帖。在这里，老师可以请学生回忆自己与父母之间有没有类似的事情，当时自己是怎么看待的，现在再次回忆，自己内心的想法是否有些许的变化。除此之外，文中作者提到的父亲的"背影"也是这篇课文需要讲解的重点，第一次背影是在父亲买橘子时；第二次背影是父亲与作者分别后走进人群，父亲的背影在作者的眼中渐行渐远；第三次背影是在父亲的来信中，作者"在晶莹的泪光中，又看见那肥胖的，青布棉袍，黑布马褂的背影"。

　　整篇课文，通过四次眼泪、三次背影向读者诠释了父亲对儿子那份深沉、真挚、令人为之动容的爱。再看《背影》这篇课文中所映射的人性，确实是真挚而深切的，既描述出作者朱自清当时在现场的感受，也让每一个读者在想象中建构表象，并且将对课文的理解引向自己的生活认知，从而让读者尤其是学生更深刻地认识亲情，并从生活细节中感受父爱（又或者是其他亲人的爱）。应当说这样的认识，才是基于人性对课文进行解读的主要脉络。①

## 二、那个令人怀念的秋天

　　在上一篇课文当中，朱自清通过父亲的《背影》向大家诠释了什么叫作"父爱如山"，在接下来的这篇课文中，2002 年度华语文学传媒大奖杰

① 李明.解读《背影》所需要的人性视角［J］.语文教学与研究，2020：102

出成就奖得主史铁生将通过他的文字分享他与母亲之间的故事。一直以来，母亲对孩子的爱可以用以下这些词来形容：温柔的、细腻的、伟大的，等等。那么史铁生的母亲又有哪些母亲的特质，这一篇《秋天的怀念》到底讲述了他与母亲之间怎样的故事，学生在学习之时到底先从了解母亲这个角度入手还是从题目"秋天"这个角度入手，老师需要引导学生思考，为什么作者在命题时不写"对于母亲的怀念"，怀念的对象不是母亲而是秋天，到底秋天与母亲之间又有什么联系。针对这篇课文，老师可以借用福建一名三年级的小朋友所写的小诗《挑妈妈》来进行导入。

《挑妈妈》

你问我出生前在做什么，

我答：我在天上挑妈妈！

看见你了，

觉得你特别好，

想做你的儿子，

又觉得自己可能没那个运气。

没想到，

第二天一早，

我已经在你肚子里了。

当这首小诗走入网络时，瞬间就吸引了无数网友的眼球，一名三年级的小朋友用自己非常质朴、纯真的语言表达了对自己妈妈的爱，通过大胆的想象描绘出了一个温馨而感人的场景，通过在天上的观望，发现了自己的妈妈，很想成为她的孩子，随之，好运降临，自己就真的住进了妈妈的肚子里。老师选用这首小诗不但能够点明即将学习的课文的主题，又能让学生感同身受地回忆自己和妈妈之间感人的细节。在导入过后，老师可以先请同学通读全文，在文章中去寻找这个答案。

师：同学们，现在请大家通读全文，然后在文中找出与秋天有关的内容，然后想想作者为什么将对母亲的怀念以怀念秋天来呈现。

生1：文中对秋天的描写主要从第二自然段开始，窗外树叶的飘落还有北海的菊花的开放都是秋天的特征。

生2：还有最后一个自然段也是对秋天的描写，"又是秋天，妹妹推我去北海看了菊花……"

师：很好，同学们都找出来了，想必大家对作者为什么要通过描写秋天来怀念母亲已经有了一个初步的概念，现在我们就来共同学习一下。

在老师对这篇课文进行整体的梳理后，接下来就是在文中找出相关的细节帮助学生更进一步的理解。不难发现，作者这篇课文除了是对母亲无尽的怀念，更多的是对母亲深深的忏悔。老师既要帮助学生读出母爱的伟大和艰辛，又要在这个基础上感知作者对母亲深切的感怀。为什么作者对母亲有着深深的忏悔，是因为作者对母亲极端恶劣的态度，提到作者对母亲的态度，老师就必须让学生了解作者不幸的经历。作者史铁生1972年双腿瘫痪，后来又因急性肾损伤发展到尿毒症，多年来一直在与病魔做斗争。因此，在作者的心中一直觉得自己还不如死了算了，所以，自从患病，心情和身体都每况愈下，母亲一直用自己无声的爱陪伴着史铁生并且默默地承受着一切，他将自己最糟糕的一面给了母亲。从文章的第一自然段就体现出来了。"双腿瘫痪后，我的脾气变得暴怒无常。望着望着天上北归的雁阵，我会突然把面前的玻璃砸碎；听着听着李谷一甜美的歌声，我会猛地把手边的东西摔向四周的墙壁。"从这些文字中就可以看出作者的情绪是极不稳定的，那么在这样的情况下，作者的母亲又是什么样的表现和反应呢？"母亲就悄悄地躲出去，在我看不见的地方偷偷地听着我的动静。当一切恢复沉寂，她又悄悄地进来，眼边红红的，看着我。"在这段文字中，可以看出母亲的心酸和可怜，作为一个母亲，看见自己的孩子身患重病却无能为力，在孩子心情不快之时只能悄悄地躲起来，等"我"发泄完毕才敢出来安慰，尤其是那句"她又悄悄地进来，眼睛红红的看着我"足以想象母亲在作者发泄的过程中的无助，哭红了双眼。当母亲说想要带"我"去看花，"我"就又开始发疯似地一边捶打着双腿，一边喊着："我活着有什么劲！"母亲只能哭着抱着"我"说："咱娘儿俩在一块儿，好好儿活，好好儿活……"在这段对话中，老师可以让学生分角色朗读，将母亲和作者内心的情感读出来，读出作者的崩溃和抓狂、读出母亲的悲痛和无助。在这里可以看出，作者内心随时都濒临崩溃，母亲只能在第一时间站出来对作者进行安抚。然而那个时候的母亲自己的生命都已经进入了倒计时，心中却记挂着自己瘫痪的孩子。在第二个段落，从作者与母亲之间的对话再次体现出了作者对母亲态度的恶劣，母亲憔悴的脸上现出央求般的神色，她央求作者能出去走走，然而作者的态度却是"哎呀，烦不烦？几步路，有什么好准备的！"从作者的角度来说，他之所以觉得没什么好准备的，一是本来自己就不愿意去，二是作者觉得自己已是废人一个，外出确实没什么好准备的。但是母亲却不这么看，站在母亲的角度，难得儿子答应出去散散心，当然要好好准备一下，可能母亲会给作者准备一些好吃的，再或许正是因为作者身体的不方便，母亲才需要好好地准备，以便不时之需。可是最后，这次散心始终没能实现，老师可以请学生分析为什么母亲回忆起作者小时候的事情，说得正兴高采烈，最后却又悄悄地出去了。

　　师：同学们，为什么当母亲提到作者小时候最爱吃那儿的豌豆黄儿，还提到作者小时候踩长得像毛毛虫的杨树花时母亲却退出去了？

　　生1：因为小时候的作者是健全的，现在残疾了，所以当母亲提到类似"跑"和"踩"这些动作的字眼，作者会很难过，母亲发现自己说错话了，所以退出去了。

生2：因为母亲当时犯病了，下文说到母亲出去就再也没有回来过。说明母亲出去后就死了。

通过对学生的引导，让学生对这段文字的理解更加透彻。除此之外，老师还可以请学生找出他们认为读起来让人感到难过的句子并加以分析。

师：同学们，大家对这篇课文已经有了比较完整的学习，现在老师请大家勾画出你们觉得读起来最让人难过的句子并说说为什么。

生1：我觉得"她出去了。就再也没回来"这句话最让人难过，因为那竟是作者与母亲的最后一次见面。

生2："看着三轮车远去，也绝没有想到那竟是永远的诀别。"这句话让我觉得最难过，我在想如果作者知道母亲的情况，他对母亲还会是这样吗？

生3：我觉得是母亲昏迷前的临终遗言："我那个有病的儿子和我那个还未成年的女儿……"直到即将离开人世，母亲依然牵挂着自己的孩子。

生4：我觉得最后一个自然段读起来让人很难过。"又是秋天，妹妹推我去北海看了菊花。黄色的花淡雅、白色的花高洁、紫红色的花热烈而深沉，泼泼洒洒，秋风中正开得烂漫。我懂得母亲没有说完的话。妹妹也懂。我俩在一块儿，要好好儿活……"从此以后，作者就要和妹妹相依为命了，他们永远失去了自己的母亲。

通过这样的对话，老师将这篇课文的情感再次上升到一个新的高度，学生也能更好地解读作者内心的那份愧疚和不安。母亲用自己的生命让作者重新"站"了起来，也是母亲给了作者全新的人生信念。特别是文中的那句"好好儿活"，母亲为了这句话做出了巨大的牺牲和奉献，首先，她隐瞒自己的病情，不让儿子知道，怕影响儿子的心情，让儿子彻底失去活下去的信念和希望；其次，不管儿子的情绪多么糟糕、起伏不定，母亲都用自己那份伟大的母爱竭尽全力去包容他、呵护他、保护他。最后，因为母亲的离世，作者终于明白了许多的道理，下定决心和妹妹"好好儿活"，带着母亲的期望和嘱托好好地活下去。整篇课文充满了悲伤的元素，但是很真实地展现出了一位伟大的母亲是如何在身体力行地用自己的生命和时间去爱自己的孩子，让人非常感动。老师所要向学生传达的也是母亲的这份伟大的母爱，并引发学生思考，思考自己与母亲相处的方式，思考对于亲情的认知。在课程结束之时的拓展延伸环节，老师可以请学生谈谈自己的感受，并问问学生，在日常生活中、在与父母相处的过程中，有没有和文中的作者一样把自己最糟糕的一面给了自己最亲近的人，有没有觉得父母为自己所做的一切都是理所应当的，学习了这篇课文，有没有对自己不尊重父母的行为感到惭愧，有没有想过应该怎样去改变这样的相处模式。最后，老师可以安排一项非常有意义的家庭作业，那就是请学生给自己的父母写一封信，如果曾经自己的话语伤害过父母，请在信中向父母道歉；如果回想起父母为了自己含辛茹苦，无怨无悔地付出，请在信中向父母致谢；如果从来没有对父母说过"我爱你，爸爸妈妈"，请在这封信中大胆地说出这句"我爱你"。

### 三、祖孙三代，田间散步

散步在人们的日常生活中是非常普遍的一个生活习惯，然而在作者莫怀戚的笔下却尽显人间真情。《散步》这篇文章是初一年级上册第二单元的课文，上一篇课文《秋天的怀念》也同属这个单元，作者在单元提示中提道："亲情，是人世间最普遍、最美好的情感之一。本单元课文，从不同角度抒写了亲人之间的真挚动人的感情。阅读这些课文，可以加深我们对亲情的感受和理解，丰富自己的情感体验。"让学生在一家人散步这件小事中体会那浓浓的温情。

在正式开始讲解这篇课文时，老师可以由一个话题作为切入口进行导入。

师：同学们，今天我们要学习的这篇课文讲的是一家人散步的故事，在学习之前，老师想问问大家，在你们的回忆中，和家人一起经历的哪些事让你们觉得温暖并且难忘。

生1：过年一家人包饺子。

生2：和爸爸妈妈一起出去旅行。

生3：爸爸妈妈陪我打羽毛球。

师：很好，同学们都说出了生活中和父母共同经历过的一些开心而难忘的回忆。那么今天我们就来看看作者一家人去散步这件令人感动的小事。

文章一开篇就介绍了散步的主要人物："我""我的母亲""我的妻子"和"我的儿子"。老师在引导学生学习这篇课文时主要关注几个点：第一，就是这四个人的人物特点；第二，就是当中景物的描写；第三，就是在散步这个过程中发生了一件什么事，这件事给人带来了什么感触。老师可以请学生就这几个问题进行分组讨论，因为这几个问题就贯穿了整篇课文，所以老师在课时的安排上可以多给学生一点时间，让学生在讨论的过程中畅所欲言，并且在学生讨论的过程中，老师要在教室中四周巡视，保证每个小组的每个成员都有参与到其中。先来说一下人物的性格特点，每个人物与其他人物对应的关系都应该进行分析。作为文中最主要的关键人物"我"，从整篇文章中可以看出"我"是一个孝顺、体贴、稳重、温和的人。首先是在文章的第二自然段，也是"我"对母亲的态度体现出"我"是一个孝顺的人。"母亲本不愿出来，我说正因为如此，才要多出去走走……""我"很为母亲着想，因为母亲年岁已高、腿脚不便，但是初春这样的好天气，出去走走是一件非常惬意的事，于是，"我"坚持带着全家一起出来散步。然而，在散步的途中出现了一个小小的插曲，母亲腿脚不便，想要走大路，因为大路平坦；儿子调皮可爱，想要走小路，因为小路上有金色的菜花、整齐的桑树还有水波粼粼的鱼塘。于是"我"有些犯难，这个时候"我"感觉到了自己责任的重大，但是一想到母亲的身体状况，"我"陪伴她的日子越来越少，而"我"陪伴儿子的时间还很多，于是决定"走大路"。从这个细节可以看出，"我"很尊重母亲，也很珍惜和母亲在一起短暂的时光。但是母亲看出来自己的孙子很期待走那段田间下路，于是改变了主意"走小路"。走到一处，路不是很好走的地方，"我"蹲下来背起了母亲，妻子蹲下来背起了儿子，文中写道"慢慢地，稳稳地，走得很仔细"，可以看出"我"的谨慎稳重，害怕母亲有一点点的闪失。通过这个事情，能够总结出"我"这个人物的性格特点：孝顺、体贴、稳重并且温和，家里每个人都听从"我"的意见。接着，就是对"母亲"这个人物角色的定位，从文中对母亲的描写，可以看出母亲是一个极温和慈爱的老人，从几个方面可以看出来。首先是在文章的前面部分提到，母亲本不愿外出散步，事实上，可以想象，没有人想要整天待在家里，只不过母亲的身体不好，行动不便，外出的话可能给儿子媳妇带来麻烦，所以才不愿外出，可以看出这是一位替别人考虑、替别人着想的母亲。还有在文章中说到母亲得知自己的孙儿想要走小路这个细节，"她摸摸孙儿的小脑瓜"，足以看出母亲对小孙儿的疼爱，并且，当她得知孙儿想走小路，就放弃了走大路的想法，说明母亲理解孙子的心思，决定自己克服困难，形象地体现出了中华民族"爱幼"的传统美德。再来说说儿子，儿子最突出的特征就是聪明伶俐、调皮可爱，尤其是第五自然段将儿子的聪明体现得淋漓尽致，"我和母亲走在前面，我的妻子和儿子走在后面。小家伙突然叫起来，前面是妈妈和儿子，后面也是妈妈和儿子！我们都笑了"，儿子的这句话将一个温馨的画面瞬间展现在了读者的眼前。最后，来说一下妻子，虽然在文中描写妻子的笔墨是最少的，但是也是非常重要的一部分，尤其是在第六自然段，文中说到:"妻子呢,在外面,她总是听我的。"单从这句话就可以看出妻子是一个非常贤惠温柔的女人。就是这样一个简简单单的家庭,可以说是中国无数家庭的缩影,幸福而温馨。

其次,在文中有多处景物的描写,如第四自然段中"这南方的初春的田野!大块儿小块儿的新绿随意地铺着,有的浓,有的淡;树枝上的嫩芽儿也密了;田里的冬水也咕咕地起着水泡儿……这一切都使人想着一样东西——生命",在这段话中景物的描写主要运用了借景抒情、情景交融等创作手法,可以看出这段话中所蕴含的两层含义,第一就是对"新绿""嫩芽""冬水"的描写,展现出了春天的气息,给人一种沁人心脾之感,富有诗意,渲染了一家人在田间散步愉悦、舒适、欢乐、祥和的氛围。并且,文中的"生命"不仅指的是冬去春来、万物复苏、欣欣向荣的景象,也是暗指作者一家祖孙三代生命的一种延续。接着就是第七自然段中"她的眼随小路望去;那里有金色的菜花,两行整齐的桑树,尽头一口水波粼粼的鱼塘"。这部分的景物描写是从母亲的视角来展开的,将充满诗情画意的田园风光体现了出来,也从侧面衬托出了一家人在田间散步的和谐之美。通过对文章内容的梳理、对人物性格的解析以及景物描写的细化,学生能够对事物以小见大的描写方法有了初步的掌握。文中的最后一句话算是对整篇文章主旨的升华:"但我和妻子都是慢慢地,稳稳地,走得很仔细,好像我背上的同她背上的加起来,就是整个世界。"老师可以请学生试着分析这句话,以及作者想要表达的情感。

师:同学们,刚才大家齐读了文章的最后一句话,大家怎么理解作者背上的同妻子背上的加起来就是整个世界。

生1:因为作者和妻子背上背的都是他们生命中最重要的人。

生2:就如同儿子在前文中说到的一样,"前面是一对母子,后面也是一对母子",只不过前面是儿子背着母亲,后面是母亲背着儿子,两对母子就是整个家庭。

师：同学们都回答得很好，对于一家人的关系和情感其实就如文中的一家四口一样简简单单却又和谐美好。

在学生分享过后，老师应该做出相应的总结，并且是站在一个成年人的角度去帮助学生理解。文中的"我"和妻子都已经人到中年，可以说是这个家庭的顶梁柱，既要扶老又要携幼。在人生这个漫长的历程中，母亲象征着过去，因此，对她要尊重珍惜；而儿子又代表着未来，对他需要呵护珍爱。对于一个家庭来说，母亲和儿子确实几乎是"我"和妻子的全部。作者这样来形容是非常贴切的，真切地抒发了"我"和妻子对生活的使命感及责任感。与此同时，通过对文中一家三代野外散步这一生活细节，也表现出了一家人之间的互敬互爱，体现出了中华民族尊老爱幼的传统美德。这样的传统美德不仅应该出现在课本上，还应该体现在生活中，当学生学习了这篇课文过后，老师应该引导学生从这个方面得到与之相关的启示和感悟，如学会更加尊重家里的长辈，学会孝顺父母，学会用心去感悟家庭带来的温馨和幸福，学会成为家庭里合格的一员。在作业布置这个环节，可以照应上课之始的导入，请学生结合自己的亲身经历，写一段有关自己和家人令人难忘的美好时光，可以是开头学生提到的"过年和父母一起包饺子""和父母一起去旅行"，等等，在培养学生人文情怀的同时，提升他们的写作能力。

## 四、源于内心深处的乡愁

《乡愁》是我国现代诗人余光中先生的一首代表作，这是一首非常直白易懂的现代诗，学生需要做的是不断地诵读，品味诗句极富情感的美；而老师需要做的则是结合时代背景让学生在自读的基础上融入更多作者的情感。就从字面的意思来说，本诗是非常好理解的，但是要将作者表层下所蕴含的人文情怀解读出来，就必须结合作者的个人情况以及其创作时的时代背景。这首诗的教学设计也不需过度复杂，只需将浓浓的乡愁贯穿于从导入到解析、从分享到拓展就算完成教学目标，氛围的渲染、情感的升华就是对本诗主旨的体现和彰显。

《乡愁》

余光中

小时候

乡愁是一枚小小的邮票

我在这头

母亲在那头


长大后

乡愁是一张窄窄的船票

我在这头

新娘在那头


后来啊

乡愁是一方矮矮的坟墓

我在外头

母亲在里头


而现在

乡愁是一湾浅浅的海峡

我在这头

大陆在那头

　　针对于本诗的赏析，老师可以将整首诗分为四个部分来进行讲解。第一部分是"小时候，乡愁是一枚小小的邮票；我在这头，母亲在那头"。第二部分是"长大后，乡愁是一张窄窄的船票；我在这头，新娘在那头"。第三部分是"后来啊，乡愁是一方矮矮的坟墓；我在外头，母亲在里头"。第四部分是"而现在，乡愁是一湾浅浅的海峡；我在这头，大陆在那头"。首先，课堂的导入可以采用以下两种方式：一是音频导入，选择带有背景音乐的《乡愁》的诗朗诵音频，让学生欣赏，陶冶学生的情操。二是古诗导入，选择贺知章的《回乡偶书·其一》请学生赏析。

　　师：同学们，在正式开始我们今天的学习之前，老师先给大家分享一首古诗，请大家诵读过后谈谈自己对这首诗的理解。

《回乡偶书·其一》

贺知章

少小离家老大回，乡音无改鬓毛衰。

儿童相见不相识，笑问客从何处来。

　　师：同学们读了过后，猜一猜这首诗大概说了什么？

　　生1：大概说的是作者很小的时候就离开了故乡，一把年纪了回去，故乡的小孩都不认识这个人，还笑问道：客人从哪里来？

　　生2：我觉得读了这首诗让人觉得作者很可怜，明明是自己的故乡却被当作客人。并且回到故乡，乡音未改，头发却已经花白了。

　　师：很好，同学们对这首诗的理解很到位，简单地说，就是年迈的老人在幼年时期就离开了故乡，回到故乡后，无人认识，乡音未改，头发却已花白，最令人痛心的点就是，还被当作远方来的客人，同学们想想这是怎样的一种悲凉。今天，我们要学习的是一首现代诗歌，主题也是对故乡深深的感情。现在我们就来共同学习一下余光中的《乡愁》。

　　在进行导入过后，老师可以让学生与同桌讨论，如果用自己的语言来讲述这首诗，应该怎样表达。可以提醒学生从诗作中的几个意象着手："邮票""船票""坟墓""海峡"，以及这四个意象所对应的主体。在这首诗中，意象则是最关键的一个知识点，诗歌的意象是作者把一些特有的字词作为表达情感的载体，老师在教授学生鉴赏诗歌时要让学生懂得捕捉诗歌中的意象词，这样才能深度挖掘作者所要表达的情感，深入体会整首诗中一些意象词组合在一起所产生的表达效果。[①]就如马致远的《天净沙·秋思》中，因为有了"枯藤""老树""昏鸦""小桥""流水""人家""古道""西风""瘦马""夕阳"这十个意象，才形象生动地将游子在外漂泊无依的思乡之情展现得淋漓尽致。在《乡愁》这首诗中也同样如此，一组组意象群将四个意境刻画得生动形象。首先，在第一部分中，"小时候，乡愁是一枚小小的邮票；我在这头，母亲在那头。"在作者小的时候，少不更事，乡愁于他而言只不过是对母亲的依恋和思念。因为那个时候的作者在远离家乡的江北县（今重庆市渝北区）上学，路途遥远，所以不能常回家，只能与母亲通过书信寄托彼此的思念。在这里，老师需要向学生阐明的一个点就是作者在外读书这个信息，否则学生不能理解为什么小时候的乡愁是"一枚小小的邮票"。于是，在这个部分，"邮票"就成了情感线中的意象。对此，老师可以请学生思考一个问题，如果自己离开父母、离开家乡前往外地求学，内心的情感是怎样的。老师还可以将每一组意象用语言描绘成一个画面，帮助学生去想象和感知。如在第一部分中，书桌前，作者独坐，昏暗的灯光下，他正埋头伏案，而笔下正诉说着对母亲深深的思念。第二部分，"长大后，乡愁是一张窄窄的船票；我在这头，新娘在那头。"海岸的一头，在人头攒动的海岸边，一位女子正迫切地眺望着海上的航船，因为船舶上载着自己的爱人正缓缓地向她靠近，就是这样一个画面，再现了作者与妻

---

① 耿丽霞. 诗歌核心素养中的审美意象——《乡愁》例谈 [J]. 长江丛刊，2018：135

子相见的场景。对于同妻子的婚姻，作者长大后在台湾结了婚，新婚两年诗人便赴美读书，与新娘隔着浩瀚的大洋，只能乘坐颠簸的游轮往返。邮票与船票，一个是作为书信得以进行邮递的凭证，一个是被赋予通行许可的凭证，它们作为通信工具和交通工具成为联结和沟通彼此的一种重要介质。[①]可以想象，作者与妻子在不能整日相守的情况下，这一张张"船票"就在两人的相思之情中成了重要的媒介。再后来"乡愁是一方矮矮的坟墓，我在外头，母亲在里头"，画面一转，作者正屈膝坐跪在一方矮矮的坟墓前，面容憔悴，神情忧伤，里面正是作者的母亲，作者正对母亲诉说着深深的怀念。对于人的一生来说，最无可奈何的莫过于此，死者长已矣，生者则活在无尽的思念与悲痛当中。那一方矮矮的坟墓里面住着自己的慈母，曾经与母亲寄托情感的那枚小小的邮票已变成了一方矮矮的坟墓。虽说人的一生都会经历生离死别，然而当直面这个过程时，还是很难接受的。与妻子的生离、与母亲的死别都是令作者无比难受的，然而对于祖国的完整的期盼更是遥不可及。在诗歌的最后一节就写道："而现在，乡愁是一湾浅浅的海峡；我在这头，大陆在那头。"最后这一幕，一湾浅浅的海峡，一头是作者，另一头是祖国大陆。读到这里，老师必须将当时作者所处的时代背景进行讲解，诗人余光中的祖籍是福建永春，1949年因为个人原因，他离开大陆去到台湾，由于复杂的政治原因，台湾与大陆经历了长时间的隔绝，在这个时间段，余光中也一直没有回到故乡，在思念亲人的同时，余光中也渴望早日实现祖国的统一。

在对整首诗进行了赏析过后，可以请学生来解答，在作者的这首诗作中，什么是乡愁。无疑，在余光中的笔下，母亲、妻子、故土、祖国皆是乡愁。并且可以请学生思考，如果有一天回离开故乡到远方求学，乡愁对他们来说意味着什么。

---

① 潘雨菲. 无解与可解的转化——论《乡愁》内在情感结构模式 [J]. 中学语文教学，2020：49

师：同学们，大家在几年的高考之后都会离开故乡去到考取的大学求学，请大家想象一下，如果远离了故乡，对你们而言，什么是乡愁？

生1：与父母日常的相处会成为我的乡愁。

生2：爷爷奶奶的饭菜是我的乡愁。

生3：每天途经的小路会是我的乡愁。

……

师：很好，同学们用最为简单的语言对乡愁进行了描述，那么老师现在来加深一点难度，如果乡愁是一种声音，那么你们的乡愁是什么？

生1：是中学课堂里的上课铃声。

生2：爸爸妈妈的叮嘱是我的乡愁。

生3：厨房里妈妈做饭洗碗的声音是我的乡愁。

师：很不错，同学们已经学会了用身边的各种意象来表达自己的情感，刚才大家提到的"爷爷奶奶的饭菜""上课铃声""爸爸妈妈的叮嘱"都属于意向的范畴。

在拓展延伸部分，老师可以向学生讲述关于乡愁的不同定义。事实上，在中华民族的历史长河中，乡愁可以追溯到上古时期，《诗经·小雅·采薇》里有"昔我往矣，杨柳依依。今我来思，雨雪霏霏。行道迟迟，载渴载饥。我心伤悲，莫知我哀"，汉乐府《木兰辞》中有"可汗问所欲，木兰不用尚书郎，愿驰千里足，送儿还故乡"，这是最早的乡愁表达，主要表达对家乡、故土和家人的眷念，个人情愫更浓烈一些。到了魏晋南北朝时期，乡愁开始表现为个人情感与时代命运的结合，游宦羁旅和边塞征人的离乡别情是主流。唐宋时期的乡愁则主要表现为家国命运和个人情感、人生际遇的交织，较多反映社会现状和家国情怀。尤其是安史之乱后，盛唐走向衰落，关心家国命运的情感更甚。刚才文中提到的元朝散曲家马致远的《天净沙·秋思》"枯藤老树昏鸦，小桥流水人家，古道西风瘦马。夕阳西下，断肠人在天涯"

更是以"不着一字，尽得风流"的笔触勾勒出一幅羁旅荒郊图来表达内心浓烈的亡国之痛和乡愁之苦。随着鸦片战争爆发，列强入侵，国家陷于危亡时刻，许多仁人志士开始探索救亡图存的道路。这时的乡愁主要表现为"爱国情怀和个人在历史洪流中的角色扮演，而儿女情长、故土难舍的小家情怀都让位于祖国情感"。余光中先生曾经说过，"对我个人而言，乡愁又是一种家国情怀。家是个人的放大，国又是家的放大。我的乡愁是'大我'所面对的民族的乡愁""我常说，中华文化是一个大圆，圆的半径就是母语。珍惜中国文化很好的方式，就是珍惜母语""我希望在我有生之年，以自身的努力把中国文化的半径拉得再长一些"[1] 所以，于每个人而言，"乡愁"对于大家都有不同的定义和理解，学生可以将自己心中的那份乡愁放在内心最深处的地方，可以在许多特定的时候将其释放。但是，从国家、民族这个层面来说，乡愁对于每个人的定义都是一样的，那是一份对祖国的热爱，对和谐生活的珍惜。因此，老师在教授《乡愁》这篇课文时，一定要努力践行社会主义核心价值观，让学生分别从国家、社会和个人层面确立社会主义的价值目标，成为全体人民共同的价值追求。

---

[1]夏咏梅. 乡愁与社会主义核心价值观培育和践行研究 [J]. 成都大学学报，2019：01

# 第二节　论"爱情"之"以彼一生，休戚与共"

　　自古以来，"爱情"这个话题是许多才子佳人笔下常有的素材，在中学语文教材的篇目中，编者也选择了比较有代表性的篇目供学生学习，如在《涉江采芙蓉》中他乡游子和家乡思妇采集芙蓉，表达对彼此的思念之情；《鹊桥仙·纤云弄巧》中的一句"两情若是久长时，又岂在朝朝暮暮"形象地描写出了相爱的两人就算无法朝夕相对，只要情感坚定就无畏其他的变化。学生在学习的时候除了要掌握作者想要表达的情感主旨，还要结合时代背景来分析当时的情感为何大部分都是以悲剧收场、以失败而告终。在这个部分主要分享四篇课文，《氓》《孔雀东南飞》《江城子·乙卯正月二十日夜记梦》和《鹊桥仙·纤云弄巧》。

## 一、"氓"心所向非真情

《氓》出自《诗经·卫风》，而《诗经》是我国第一部诗歌总集，主要包含了《风》《雅》《颂》三个部分，而《氓》就是"十五国风"中的一篇，"弃妇诗"则属于"十五国风"当中的一种，《氓》这首古诗也就是一首弃妇诗。这首古诗向大家讲述了一个女子与一个男子相恋、结婚直到被男子抛弃的故事。从诗歌的体裁来看，这是一首叙事诗，但是却有着强烈的抒情色彩。老师在带领学生赏析这首诗时，要抓住几个关键点：第一是诗作中女子和男子两人的性格特点；第二是整个事情描写的经过；第三是文中景物的描写有怎样的作用。在解析这几个重难点时，老师需要紧扣诗中的内容，这样有助于学生的理解。作为老师而言，应事先站在成年人的角度来解读这个作品，将自己独到的体会融入课堂当中。在教学设计上，老师可以先将全部同学分为六个小组，每个小组讨论诗作中的一个部分，因为内容较难，不需要学生准确到每个字词的含义，但是需要大概讲解每个部分主要讲了什么内容。

师：同学们，老师现在将大家分为六个小组，每个小组讨论一个小节的内容，然后和大家分享一下你们讨论的结果。

生1：第一小节大概讲述了男子和女子见面约定婚期的内容。

生2：第二小节讲了男子迎娶女子的过程。

生3：第三小节说的好像是女子描述嫁去男子家后过得不太幸福。

生4：第四小节是以景物的变化暗示女子过得很不如意。

生5：第五小节讲了男子对女子实施家暴，女子非常伤心。

生6：第六小节是女子对这段感情的总结。

通过学生简单描述过后，老师对于学生的回答先做点评，然后带领学生共同来学习这首诗作。首先，是作品中两位主人公的人物形象。诗作一开篇就写道"氓之蚩蚩，抱布贸丝。匪来贸丝，来即我谋"，男子一出场就给人留下了非常糟糕的印象。一个满脸笑意的男子，抱着一捆布，借着"贸丝"的机会来谋划婚事。男子依仗女主人公对自己的喜欢而有恃无恐，来谋划婚事，既没有聘礼，又没有媒妁之言，男子的这一举动实在是有失忠厚。相恋的最初，女主人公还保留着一丝清醒，理智地告诉男子"匪我愆期，子无良媒"。这本是合情合理的条件，但却成了男子"怒"的借口，男子不但不认真筹备迎娶之事，反而怪罪女子不该提出这样的要求。①从表面上看，男主人公氓拿着钱来女子这里来换取丝，事实上，氓的目的并非来换丝，而是来和女子商量婚事的，从这里可以看出氓是一个很有心眼的人，为了博得女子的欢心并迎娶女子回家，假装以换丝为借口；而女子是一个心灵手巧的女孩子，因为女子会织丝。接下来，女子把氓送到顿丘，并告知氓，绝非是"我"拖延时间，而是你要请好媒人到"我"家才算礼成，就以秋天定为婚期吧。从这里可以看出两人正处于一种热恋的状态，只想赶紧完婚能够长相厮守，过上夫唱妇随、举案齐眉的幸福生活。虽然很想和氓在一起，但是女子还是非常传统的，要求媒人上门、父母同意，不能私订终身。第一小节的内容主要讲述了氓和女子见面、订婚、约定婚期。第二小节讲述了女子期待男子来迎娶她的场景，从几个点的描写就衬托出了女子想要见到男子迫切的心情。"乘彼垝垣，以望复关。不见复关，泣涕涟涟。既见复关，载笑载言。"女子登上那倒塌的墙，遥望自己的心上人，刚开始没有见到就担心得哭了起来，从女子心理的角度来说，可能是担心男子悔婚，但是当见到男子过后，就露出了幸福的笑容。男子驾车来接走女子，还带走了女子的嫁妆，可以看出，女子是真心想

---

① 曾纯. 爱有多错 痛有多深——从《氓》女主人公角度浅析婚恋悲剧的原因 [J]. 中学语文参考，2019：30

跟男子好好过日子的，然而，事情的发展总是往另一个方向在进行。第三小节，女子就开始倾吐内心的不快，并感叹：女子最好不要沉浸于爱情中，因为男子沉浸在爱情里随时可以脱身，但是女子一旦陷进去就无法自拔了。并且还借用斑鸠贪食桑树会沉醉其中来比喻自己尴尬的处境。第四小节，女子开始述说自己嫁到男子家后的遭遇，首先，是忍受贫苦的生活，说明男子的家庭条件是非常糟糕的，女子嫁过来，没有过上好日子，还没有得到男子的关爱，很是可怜；其二，女子没有任何的差错，男子的行为却开始前后不一，也就是新鲜感过后，男子的爱情就发生了变化。可以想象女子内心受到的巨大的伤害，本怀揣热情跟心上人开始新的生活，谁知，你侬我侬的日子也就那几天就再也没有了，那种失望、无助不言而喻。在这一小节中，从正面写出了婚恋的不幸。一个美貌的、痴情的姑娘，对爱情充满希望，本以为自己嫁给了爱情，却在婚后的生活中被现实狠狠地打击。为了爱情奋不顾身，只身远嫁，是女主人公的痴情，然而也正是因为这份痴情，导致她没有看清男子的真实面目，错误地嫁给了一个负心汉。[①]第五小节，女子描述了和男子在一起后具体的生活细节，可以想象是多么的悲惨。每天早起晚睡，有做不完的苦活儿累活儿，男子心愿满足的同时，女子得到的是一顿暴打，最可笑的是这样的处境并没有得到兄弟们的同情，反而遭到讥讽和嘲笑。经历了这样的事情，女子静下心来反思，除了自己伤心别无他法。最后一节，女子作出最后的感叹：本想同男子白头偕老，但是就这样的日子再过下去只会徒增怨恨，河水再宽广也会受到河岸的限制，洼地再大也会有边有境，但是，男子的行为却是反复无常，既然已经忘记誓言，那就算了吧。从这个小节的描写，不由得联系到秦观的《鹊桥仙》中的那一句"金风玉露一相逢，便胜却人间无数"，纵然牛郎织女一年只能相聚一次，但至少

---

① 曾纯. 爱有多错　痛有多深——从《氓》女主人公角度浅析婚恋悲剧的原因 [J]. 中学语文参考，2019：30

两人是真心相爱的，再看看《氓》中的男主人公，每日和女子在一起却不好好珍惜，还不如牛郎织女远隔千里的爱恋。以此作为对比，对于氓始乱终弃的行为更加不予提倡。

从作品的整体来说，可以总结为两点：一是在爱情降临的时候必须保持理智和冷静，不能被表面冲昏头脑；二是像"氓"这种始乱终弃的行为是应该坚决抵制且不提倡的。老师应该向学生传递一个信息，那就是在《氓》中，女子敢爱敢恨的个性特征，向人们展现了人性最为纯真和宝贵的一面，展现了人们在爱情面前的真实和勇敢。对于爱情，世人都懂得其中的难能可贵，都懂得不能盲目，要克制，但是在爱情的世界里，我们依然要歌颂和珍惜那些有真挚情感并勇敢去爱的人，如《氓》中的痴情女子一样的人，用真挚而富有灵动的生命力撞击着每个人的灵魂和心魄，感受真实而质朴的人性的美好。[①]在作品的最后一个部分是女子对男子的控诉，对于作品中女子的性格特点，老师可以从几个方面进行分析，帮助学生更好地掌握女子的人物形象。首先，作为恋人，女子是温柔可爱、性情温和的并且她也是多愁善感的。"将子无怒，秋以为期"体现出了她的温婉善良；"不见复关，泣涕涟涟；既见复关，载笑载言"体现了她的活泼可爱、多愁善感；作为妻子，她是勤俭持家、任劳任怨的。"三岁为妇，靡室劳矣；夙兴夜寐，靡有朝矣"，体现出了纵然家里再贫困，她也没有选择放弃男子，每天都任劳任怨地做好她作为妻子应尽的本分。女子没有丝毫动摇和改变，心中的那份爱燃起了对生活的热情，她无所畏惧，无怨无悔，"夙兴夜寐，靡有朝矣"，辛苦持家，用心筑巢，真诚地追求着"及尔偕老"的朴素愿景。作为弃妇，她是理智而清醒的；"及尔偕老，老使我怨。"面对初心已变旧情不再的枕边人，面对仿佛汤汤淇水一样去而不返的柔情蜜语和山盟海誓，女子肯定是撕心裂肺的。但一向温柔忍让的她没有乞求哀怜，也没有弄得

---

① 程波.浪漫不再有　痴情更珍贵——从上古时代爱情变化的角度解读《氓》[J].中学语文教学参考，2020：40

鱼死网破，而是毅然决然地抽身离开，用掷地有声的宣告结束自己竭尽全力经营的婚姻，捍卫了自己作为女性的尊严。①

这篇课文对于学生来说，老师要进行一个正确的引导，因为对于高中生来说，正是对爱情有着比较懵懵憧憧憬的年龄，老师需要告知学生，追求爱情是每个人的权利，没有人可以剥夺，但是却有时间的一个考量。尤其对于学生来说，从时间上、经历上、年龄上都是不适合学生的，就好比每个人都喜欢吃水果，但是专家都会建议吃时令性水果，因为在不合适的时间里吃了不该吃的水果就会坏肚子，西瓜就应该在夏天吃，因为在冬天的时候，西瓜还没有结出果实，吃到的只会是西瓜的种子。同理，爱情必须是在双方年龄成熟，对世界观、人生观、价值观都有了自己的见解后再去涉入，然而学生在读书生涯只有繁重的学业，没有更多的时间去了解一个人，也没有过多的精力去接受一段感情。这个就是老师需要向学生分享的关键点，也是对学生的人文关怀。

## 二、"孔雀东南飞"，五里一徘徊

《孔雀东南飞》是我国古代最长的一首叙事诗，由于各种历史原因，作品的作者已无从考察，但是它却代表着汉乐府民歌最高的艺术成就，是中国文学史上现实主义诗歌发展中的一块瑰宝。这首诗篇幅较长，详细地叙述了诗中的两位主人公刘兰芝和焦仲卿的爱情悲剧，学生在学习这首诗时，要弄清楚这首长诗讲了什么、当中的字词如何理解，从学生的人文素养方面来说，刘兰芝和焦仲卿的爱情为何以悲剧而告终是学生必须掌握的重点。为了能帮助了解这个重难点，老师可以从以下几个方面展开教学：

---

① 康宏东. 永远的芬芳　永恒的魅力 ——《诗经·氓》中卫女形象之深层解读 [J]. 语文教学通讯，2020：74

文中主要人物的性格分析，主要有刘兰芝、焦仲卿、焦母、刘兄，等等；当时社会环境和封建的时代背景；除此之外，导致他们的悲剧产生还可以归结为三个原因：家庭原因、心理原因和社会原因。

　　首先是文中主要人物的刻画以及对他们的性格进行分析，焦仲卿的母亲焦母可以说是这场悲剧最大的始作俑者，这个婆婆就是封建社会里蛮横专制、不讲道理恶婆婆的典型形象，诗中多处写出了她对待刘兰芝的尖酸刻薄，"鸡鸣入机织，夜夜不得息。三日断五匹，大人故嫌迟。非为织作迟，君家妇难为！"每天鸡鸣晨曦之时，刘兰芝就得起身开始织布，晚上也不能休息，三天的时间就已经织好了五匹绸缎，但是婆婆依然嫌弃她动作太慢；而焦母对刘兰芝不满的原因竟是她单方面地认为，刘兰芝不讲礼节，做任何事都全凭自己的喜好，对她并不尊重，"何乃太区区！此妇无礼节，举动自专由。吾意久怀忿，汝岂得自由！"，事实上，这个不过是焦母因为对焦仲卿自作主张定了这门婚事，选择了刘兰芝不满而找的借口跟理由罢了，焦母坚持认为孩子的婚事就应该是"父母之命，媒妁之言"，而不应该提倡恋爱自由、婚姻自由，这样的观念在当时的社会尤为根深蒂固。对于兰芝是否真如焦母所说的那样，在家中由着自己的性子来，对焦母不尊重，事实上在诗中已经道出了真相，"勿复重纷纭。往昔初阳岁，谢家来贵门。奉事循公姥，进止敢自专？昼夜勤作息，伶俜萦苦辛。谓言无罪过，供养卒大恩"。自从刘兰芝嫁到焦家，一直以来都勤勤恳恳地侍奉婆婆，什么事情都听从她的吩咐，从不敢越矩，但是就因为焦母的蛮横专制，所以就要拆散自己的儿子儿媳。从文学作品的角度来说，焦母就是当时社会恶婆婆的一个典型事例，也是封建家庭礼教下，家长独大这样一个现实情况的缩影；从现实社会的角度来说，这样令人窒息的婆媳关系在当时那样的年代，在很多家庭里比比皆是，焦仲卿家只不过是其中之一罢了。再来说说焦仲卿这个人物的性格特点，焦仲卿最大的性格特点就是懦弱，他很爱自己的妻子，但又不敢违抗母亲的命令，于是在这场婆媳关系中，他选择了牺牲自己的妻子。当他听了妻子的诉苦，他将妻子的愁苦告知母亲，还表达了自己为能拥有这样一位贤良淑德的好妻子而感到庆幸，并询问了母亲为何会对妻子不满，"共事二三年，始尔未为久。女行无偏斜，何意致不厚？"但是不管怎样，母亲还是提出了让儿子赶走兰芝的要求。如果说他没有试图努力过、争取过也不是的，当母亲执意如此时，他提出，假如非要休掉妻子，他此生都不会再娶。可以看出焦仲卿对刘兰芝还是情深义重的，最起码他还是向母亲阐明了自己的态度。但是他懦弱的性格还是占了上风，当结束和母亲的谈话，焦仲卿开始哭着劝说妻子先遵从母亲的决定回娘家，并承诺一定去接兰芝回来。但是焦仲卿并不知道，因为他的软弱导致了与刘兰芝再无夫妻之缘，并双双赴了黄泉。虽说他也有许多的无奈，但是他的无奈以及他的软弱无能也是那个社会所催生的。接着，来说一下刘兰芝这个人物，对于《孔雀东南飞》这个作品，很多研究者都很推崇并且认可刘兰芝的处世态度，要说焦仲卿以及焦母的性格特征是符合那个社会的，那么刘兰芝的性格以及人物的特点与当时的时代背景却是大相径庭的，虽然她很爱自己的丈夫，也不愿被遣送回娘家并且再嫁，但是当焦母盛气凌人的态度一直对她咄咄逼人时，她主动提出离开；当她发现丈夫很为难并且支支吾吾时，她没有像许多妇孺一般哭哭啼啼，虽然她也不愿面对自己被休被遣的惨状，但她还是很坚定地表达出了自己的态度，同意回到娘家。宁可成为其他人的谈资也不愿再继续面对婆婆的冷言冷语。并且，在刘兰芝离开夫婿家时，对自己进行了一番精心的打扮，并且拜别了婆婆和小姑子，"鸡鸣外欲曙，新妇起严妆。著我绣夹裙，事事四五通。足下蹑丝履，头上玳瑁光。腰若流纨素，耳著明月珰。指如削葱根，口如含朱丹。纤纤作细步，精妙世无双。"她之所以这么做就是想让大家看到她最好的一面，离开之时也要体体面面。从这里就可以看出兰芝的自信、知性并且知书达理，也是在向世人宣告自己的态度，那就是绝不懦弱也绝不妥协。所以说，刘兰芝的性格是很令人欣赏的，没有普通妇人的一哭二闹三上吊，用自己最好的状态向这个封建家庭说再见。最后来说一下刘兰芝的哥哥，前面提到焦母是这段爱情悲剧最大的始作俑者，那么兰芝的哥哥就是导致她走向死亡的催化剂，她的哥哥这个人物最大的特点就是无情无义，在他看来"长兄如父"，他有支配兰芝婚姻的权力，与此同时，他还是一个非常势力、巴结权贵、贪图荣华富贵之人，文中说到"作计何不量！先嫁得府吏，后嫁得郎君，否泰如天地，足以荣汝身。不嫁义郎体，其往欲何云？"，在他看来，焦仲卿只不过是一个小小的官吏，现在愿意迎娶妹妹的都是达官贵人，兰芝居然想为了那个小官吏拒绝更好的选择，他非常恼怒就一直逼迫兰芝。于是，在这种封建家长的专制下，用钱财、权势包办，最终的结局只能是自食恶果。他断送了兰芝、仲卿的幸福。阻碍了人的本质力量的体现，但诗篇通过艺术的典型化使之成为对生活中丑的否定，将生活的丑反映了出来。[①] 对于作品中每个人物的性格特点的总结，人物的刻画都是非常形象的，学生在学习的时候一定要紧扣这个关键的点。当时的时代背景也是另一个最为重要的因素，长期以来形成的封建家长制是焦、刘悲剧形成的背景与深层原因。成员只是家长的附庸，几乎没有独立性。在焦家，焦仲卿、刘兰芝只是成员；在刘家，刘兰芝也只是成员。这种身份定位注定了焦仲卿和刘兰芝不能掌握自己的命运。[②] 所以说，在当时的封建家庭里，焦仲卿也好、刘兰芝也罢都只不过是家庭的附属品，是家长管制下的傀儡，他们没有替自己作主的权利，更没有追求自己幸福的权利，更何况是在那个"父母之命，媒妁之言"的封建社会里，追求恋爱和婚姻自由简直就是天方夜谭。最后，老师要同学生一起来感受

① 何顺莉.《孔雀东南飞》的婚姻爱情悲剧根源 [J]. 山海经，2018：31
② 高和昌.《利己归因偏向心理下缺位家庭的社会悲剧》——浅析《孔雀东南飞》焦仲卿、刘兰芝悲剧原因 [J]. 语文教学与研究，2020：101

焦仲卿和刘兰芝两人令人感动的爱情故事，其中有一句尤为出名的诗句："君当作磐石，妾当作蒲苇，蒲苇纫如丝，磐石无转移。"这句话是刘兰芝对焦仲卿说的，意思是说："你一定要成为磐石，我一定要成为蒲草和苇子。蒲草和苇子柔软结实得像丝一样，磐石不容易被转移。"兰芝的意思就是我们俩的感情一定要坚定不移，无论遇到多大的困难都不要放弃、不要妥协，我会像蒲草和苇子般结实，而你也要如磐石般永不动摇。也正是因为彼此的这段誓言，在遭受焦母和哥哥的巨大压迫下，两人被逼无奈双双殉情。由此也从侧面衬托出了焦母与哥哥的残酷无情，他们二人，一个不允许别人有自己的思想，一个贪图富贵、自私自利，不顾至亲的感受和生死，不接受焦仲卿和刘兰芝的人间真情，将自己的儿子和妹妹推向了死亡的深渊。在两个人殉情后，他们才意识到不该如此，决定将二人合葬，也算是对后人的警醒，但是后知后觉又有何意义，毕竟还是导致了一出悲剧。

老师在进行讲解时，一定要将作品情感的氛围渲染到位，将各方面的因素归结起来让学生理解这个故事，理解当时封建礼教下对人们想要追求幸福的压制，认识到作品中每个人物在这场悲剧中所都扮演了什么样的角色、起到了什么样的作用，从而真正地去体会焦、刘二人在那个年代想要幸福美满却梦想破灭的那份绝望。

## 三、"十年生死两茫茫"，无处话凄凉

《江城子·乙卯正月二十日夜记梦》是我国北宋时期著名的文学家苏轼悼念亡妻王弗的一首悼亡词，被编者选入高二年级上册的语文教材当中，在词派的划分方面，苏轼是豪放派的代表，比如他的《江城子·密州出猎》："老夫聊发少年狂，左牵黄，右擎苍，锦帽貂裘，千骑卷平岗。"全篇透露着为国杀敌的豪情。然而，这一首《江城子·乙卯正月二十日夜

记梦》却是苏轼的作品中不可多得的婉约词，整首词几乎每一句都是经典，词作中处处体现出作者思念亡妻的悲楚和无助，并且在文字的创作方面，读起来朗朗上口，浅显易懂，老师不需要过分强调每个字眼的含义，只需要同学生一起细细品读即可。整首词在亦实亦虚中展开，词的上阕是作者对妻子实实在在的思念，即实写；下阕记述了梦境中与妻子相见的场景，即虚写。虚实结合，将作者对亡妻的思念体现得淋漓尽致。老师在与学生赏析该词时，可以先请学生品读后，找出他们觉得凄楚、悲凉的词句，然后谈谈自身的感受。

师：同学们，现在请大家读一读这首词，并且在词中找出你们认为能够体现悲伤情调的词句，跟大家分享一下内心的感触。

生1：我觉得上阕的第一句就很悲凉"十年生死两茫茫，不思量，自难忘"，可以看出作者非常想念自己的妻子，妻子让他很难忘。

生2：我觉得最悲惨的是那句"千里孤坟，无处话凄凉"，想象一下那个场景，孤独的坟墓，作者内心的凄凉无处可说。

生3：我认为下阕的"相顾无言，唯有泪千行"体现出作者很可怜，尤其是当中的"泪千行"最能体现。

师：同学们品析得都很好，那接下来我们就共同来品一品作者内心深处的那份无处可说的凄凉。

在学生进行了分享后，老师可以和同学一起来学习和品读。词的上阕："十年生死两茫茫，不思量，自难忘。千里孤坟，无处话凄凉。纵使相逢应不识，尘满面，鬓如霜。"作者在词作的一开篇就直抒胸臆地表达了对妻子无限的怀念，尤其是"十年"这个数字让人体会到作者对妻子的一往情深，妻子离开已经十年了，但无论何时作者都能轻而易举地想起妻子，人生短短数十载，在这一生中又有几个十年呢，但自从妻子逝去后，作者就一直活在对她深深的怀念中，无法自拔。"两茫茫"体现出了作者和妻子之间的相互思念，虽然这只是作者单方面的表述，但是从这句词中可以想象妻子生前与作者的情感深厚，而现在，双方都在这样一种茫然无助中度过。因此在这一句中，老师需要着重强调"十年""两"这些数字。接着，在"十年生死两茫茫"中"不思量、自难忘"就变得如此的顺理成章了，强忍着自己不去想，却怎能忘怀呢，因为日有所思，才引出了下阕的夜有所梦，这是多么残忍的人生，每天都要在思念中煎熬。老师在这里可以问问学生在生活中有没有哪个人不在自己的身旁，却非常想念的，这样的想念有没有常常进入自己的梦乡，联系学生的生活实际，帮助学生更真切地体会作者的感情。接下来这一句给人以极其强烈的画面感和悲痛感，"千里孤坟，无处话凄凉"，作者一想到妻子的坟墓在那千里之外的地方如此孤独，内心有着千言万语却无法向妻子倾诉，此情此景，那番凄凉自己该如何去消化不得而知。这是抹杀了生死界线的痴语、情语，极大程度上表达了作者孤独寂寞、凄凉无助而又急于向人诉说的情感，格外感人。[①]词的上阕最后一句"纵使相逢应不识，尘满面，鬓如霜"对作者的外貌进行了刻画，当中最醒目的就是作者的"鬓如霜"，然而作者在创作该词时才年仅四十岁，双鬓却已泛白，一句"鬓如霜"就形象地写出了作者的身体已经在逐渐衰老、容颜也不再年轻，作者自言自语道："纵然此刻你我再相逢，你也不会再认出我来，因为我已不再是当初那个少年，只剩下双鬓花白、满脸沧桑。"可以想象诗人在妻子离开这十年里过得多么得不堪和悲凉。至此，通过上阕对亡妻的深沉怀念，为下阕在梦中与妻子相见作铺垫。在下阕中，作者的梦里主要从两个方面来入手，一是作者对之前和妻子幸福生活的回忆，二是梦里与妻子相见的场景。作者写到"夜来幽梦忽还乡，小轩窗，正梳妆。相顾无言，唯有泪千行。料得年年肠断处，明月夜，短松冈"。下阕第一句，作者运用虚写的手法，梦到自己回到了家乡，

---

① 王惠芳. 豪情万丈男儿心 凄婉清绝女儿情 ——《江城子·乙卯正月二十日夜记梦》[J]. 语文月刊，2013：92

看见妻子正在闺房中对镜梳妆的场景，作者之所以会梦到这个场景是因为这是妻子生前作者每天都会经历的场景，或许在那个时候，这些微不足道的生活细节并没有多么的特别，但是人一旦离开过后，任何一个微不足道、任何一个不经意间都会让人百感交集、痛不欲生。老师在讲解这个知识点的时候应尽可能地联系学生的生活实际来展开，但又不是那么容易来展开，因为生与死这个话题在高中生的人生经历来说还是比较少的，当然，在个别学生的成长经历中也是有的，因此，老师在拓展延伸的时候可以多举例说明。下一个场景却是让人泪目哽咽的，"相顾无言，唯有泪千行。"当作者与妻子四目相对时，两人泪如雨下，一句话也说不出来，此时无声胜有声，这该是怎样的伤心难过才会让作者在见到久违的爱妻时竟无言以对。老师在讲解这句词作时可以请学生起来分享一下自己的见解。

师：同学们，现在请大家讨论一下，为何作者见到深爱着的亡妻竟一句话都说不出来。

生1：老师，我觉得是因为作者太难过了，除了哭泣什么都说不出来。

生2：我认为作者是因为哭得太难过了，导致说不出话来。

生3：如果我是作者，我也只有眼泪，因为眼泪就包含了想要对妻子所说的一切。

确实如此，所有的悲痛都化作了语言写在了脸上、痛在了心里。两人除了以泪洗面，再也没有更好的语言来表达对彼此深深的思念，梦境里也就剩下泪目与悲凉。最后一句"料得年年肠断处，明月夜，短松冈"，"明月夜，短松冈"描写了亡妻墓地的景象：圆月之夜，矮松成林的山岗上，凄凉的月色洒在亡妻的坟墓上。月亮越圆越明，越反衬亡妻的孤寂凄凉。而亡妻正是在这样凄清幽然、黯然销魂的环境中不断地思念自己。这种推己及人的表现方法，表面上写了亡妻的思念之苦、凄凉孤独，更是从侧面诉说了词人对妻子殷切的思念以及内心孤苦无依的现状，同时也表现了词人与亡妻之间互通心意、深切的感情以及那份不会随着时间流逝而消失的思念之情。[①] 如果说梦境中的相见是一种思念的寄托，那么梦醒之后的失落和无助才是对作者最大的伤害。因此，从整首词作中可以清晰地感觉到作者以一个丈夫的身份将对亡妻的思念寄托在了这短短的 70 个字中，让读者都为之心酸难过，纵观全词，通篇采用白描手法，叙事与抒情交织并行，借助平易质朴的语言，娓娓诉说自己的心情和梦境，将梦幻与现实相互融合，浓郁的情思与率直的笔法相互映衬，既是悼亡，也是伤时，情真意切，哀婉欲绝。其境界凄婉哀伤，其情韵哽咽悲苦；其语言凝练概括，其感情真挚动人，堪称悼亡词中的佳作。[②]

## 四、"两情若是久长时"，何需朝朝暮暮

《鹊桥仙》是北宋文学家、词人秦观的代表作，他的这一首《鹊桥仙·纤云弄巧》中那句"两情若是久长时，又岂在朝朝暮暮"流传千古，写出了牛郎织女之间聚少离多的悲惨爱情。这首词被编者选入在高一年级的语文课本中，学生在学习之时需紧扣词中牛郎和织女的爱情这一主题，品味作者想要表达的情感。

词的上阕"纤云弄巧，飞星传恨，银汉迢迢暗度。金风玉露一相逢，便胜却人间无数"。仰望夜空中纤薄的云彩的变幻多端，用大胆的想象描绘天上的流星在传递着相思的愁怨。牛郎织女在七月初七那天将会迎来一年一次仅有的相会，虽然聚少离多，却胜过尘世间那些每日相守却貌合神离的夫妻。在《古诗十九首》中有写道："河汉清且浅，相去复几许？

---

① 谷玉英. 从及物性角度析《江城子·乙卯正月二十日夜记梦》[J]. 山东理工大学学报，2014：52

② 胡文俊. 何梦不思量 此情自难忘——苏轼《江城子》赏析 [J]. 中国古代文学研究，2009：50

盈盈一水间，脉脉不得语。"从这句诗中可以想象相爱的两个人被一条又清又浅的银河所阻隔，貌似相隔不远，四目相对之时，只能含情脉脉却不能言语。然而秦观在这里却写道："银汉迢迢暗度"，就"迢迢"二字就可以写出了银河的辽阔宽广，说明牛郎织女相隔遥远，"暗度"二字点明了"七夕"的题意，"我"将在暗中渡过那遥远无垠的银河，只为了在秋风白露的七夕节那天与你相聚，词中的"恨"字就形象地说明了两人的无可奈何。但是接下来作者笔锋一转，以极富感情色彩的语言感叹道："金风玉露一相逢，便胜却人间无数。"这对久别的情侣即将在这美好的夜晚相聚，这美好的一刻胜过了人间无数的相会，因为在作者看来，这对恋人虽然不能天天见面却好过世间千千万万的虚情假意。作者热情地歌颂了这样一种理想圣洁而永恒的爱情。词的下阕"柔情似水，佳期如梦，忍顾鹊桥归路。两情若是久长时，又岂在朝朝暮暮"，"柔情似水"点明了两人见面时的情意犹如无声的流水，是那样的温柔缠绵，然而一想到这见面的时间短暂到令人分不清究竟是梦境还是现实，不由得悲从中来，除了道出相见时间短暂，还写出了这对相爱的恋人内心的复杂和痛苦。就连分别之时都不忍回头看那鹊桥之路，因为刚刚还借以相会的鹊桥，转眼间就成了同爱人分别的归路，在这婉转的语意中，透出了恋人间的无奈和心酸。回顾这佳期相会，疑真疑假，似梦似幻，依依不舍却又必须分开。就在这无限悲楚的时刻，作者又宕开笔墨，爆发出内心的呐喊："两情若是久长时，又岂在朝朝暮暮。"在这里，作者跳出俗套，立意高远，幸福之感由是而生。这里已不是银河隔断双星的遗憾，而代之地老天荒，真情永驻。虽只有一年一度的鹊桥相会，却"胜却人间无数"的"朝朝暮暮"。无限的悲恨之中孕育着无比的欢乐。这种欢乐是"七月七日长生殿，夜半无人私语时。在天愿作比翼鸟，在地愿为连理枝"（白居易《长恨歌》）那种朝朝暮暮欢娱，天上人间永不离分式的爱情永远无法达到的境界。① 这两句词也是整首词作中所要阐述的人生真谛：真正相爱的两个人能经得住时间的考验，也经得起长久分离的考验，只要能彼此真诚相爱，哪怕终年天各一方也无所畏惧，也比朝夕相处的庸俗情趣可贵得多。也正是这两句词的情感鲜明、热情高亢，成了爱情颂歌中的千古绝唱。这两句词也给无数相爱的却不得不分开两地的两个人树立了正确的爱情观，鼓舞着人世间太多相隔两地的恋人，一定要坚持走下去。

对于学生来说，学习这首词主要是把握秦观词作婉约清丽的风格，并且要引导学生在赏析的过程中提高审美情趣，培养学生的诗歌鉴赏能力。在课堂导入环节，老师可以中国四大民间爱情故事入手，给学生大概讲一下这几个故事。

师：同学们，大家知道中国四大民间爱情故事分别是哪四个吗？

生：梁祝、孟姜女哭长城、白蛇传、牛郎织女。

师：同学们回答得很多，那么哪位同学来为大家简单介绍一下这四个故事。

生：……

通过这样一个导入，顺理成章地进入到今天的课文当中去。以故事的形式激发学生的兴趣，从而让学生对即将学习的词作有一个基础的认识。通过学习可以看出，在众多咏七夕的作品当中，秦观的这首《鹊桥仙》独具风采，它既没有慨叹聚少离多，也没有抒发脉脉的相思，却自出机杼，歌颂忠贞不渝、诚挚不欺的爱情。②

---

① 赵同宇. 纤手因岁月流逝易老，真情因河汉阻隔弥新——评秦观《鹊桥仙》(纤云弄巧) [J]. 现代语文，2005：31

② 赵德铭. 两情若是久长时，又岂在朝朝暮暮——品读秦观《鹊桥仙·纤云弄巧》[J]. 山西老年，2016：49

# 第三节 论"人间真情"之"生活明朗，万物可爱"

在我们每个人的生命中，总会有许多与你无亲无故却让你为之感动的人，他们的一些举动温暖着我们、感动着我们，让我们觉得其实生活真的可以很美好，尤其是在受到挫折、遭遇不幸时，这些人的出现点亮了我们前行的道路。他们的无私奉献、他们的默默无闻总是让人倍感幸福，于是，生活中这样的人和事成了无数作家笔下的素材走进我们的视线，鼓舞着我们前行。在中学语文教材中，这样的篇目很多，在这个章节中，主要选取了海伦·凯勒的《再塑生命的人》、毛泽东同志的《纪念白求恩同志》、鲁迅先生的《记念刘和珍君》以及杨绛先生的《老王》这四篇文章。

## 一、为我再塑生命的老师

《再塑生命的人》是美国著名的聋盲哑女作家海伦·凯勒的一篇记述自己经历的文章，文章记述了"我"一个残疾人一直以来对生活感到失望、对任何事都提不起兴趣，直到遇到了一位老师，她改变了"我"的一生，她就是安妮·莎莉文老师。老师在讲解这篇文章时，主要关注以下几个方面：第一，莎莉文老师的性格特点，"我"的性格变化；第二，文中通过哪几件事讲述了莎莉文老师对"我"的改变；第三，通过学习这篇课文，学生最大的收获是什么。

首先，文章一开篇就直接点题，"老师安妮·莎莉文来到我家的这一天，是我一生中最重要的一天。"老师可以根据这句话让学生带着问题阅读课文并思考"为什么这一天是作者生命中最重要的一天"。对于作者来说，那天"从母亲的手势以及家人匆匆忙忙的样子，猜想一定有什么不寻常的事要发生"，当时作者的心情是疲倦不堪的，因为作者已经经历了数个星期的愤怒和苦恼。作者的愤怒和苦恼来源于她如同一艘迷失在大海上的船只，没有光明、没有指引，独自一人在寻找人生的航向。因此，文章中的第四自然段是一个承上启下的段落，老师应该将这一段单独着重分析。尤其是这一段的最后一句话："我心里无声地呼喊着：'光明！光明！快给我光明！'恰恰正在此时，爱的光明照在了我的身上。"作者感受到的光明正是与她初次相见的莎莉文老师，那个对她启示了世间的真理、给她深切的爱的老师。在赏析了这段话后，老师就可以请学生在文中找出莎莉文老师对作者所做的几件事，并且请学生分析一下，站在作者的角度，莎莉文老师的这些行为会给作者带来什么样的感受。

师：同学们，刚才大家已经带着问题通读了全文，现在我想请大家来说一下，文中莎莉文老师主要做了哪几件事，如果你们是作者，你们当时是什么样的感受。

生 1：莎莉文老师和作者做文字游戏，教会了作者认识很多单词。我觉得莎莉文老师采用的这种办法不枯燥，并且很有趣味，哪怕是残疾人也可以学会，莎莉文老师教作者识字这件事让我觉得她是一个非常有智慧的人。

生 2：莎莉文老师教作者区分水和水杯，但是作者一直不会区分就生气了，但是莎莉文老师并没有发脾气，而是带作者去感受阳光的同时偶遇泉水，就此让作者知道了什么是水。这件事让我觉得莎莉文老师是一个很有耐心和爱心的人。

生 3：我觉得作者把洋娃娃摔破后，莎莉文老师并没有对作者发脾气，而是清理了洋娃娃的碎片，说明莎莉文老师脾气很好、很温柔。

师：很不错，通过同学们的发现和总结，归纳出莎莉文老师是一个有耐心、有爱心、有智慧的好老师。

在对莎莉文老师这个人物的性格特征进行总结后，老师可以在这个问题的基础上请学生说说作者又有什么样的变化。不难想象，学生在了解了课文的内容过后，对于作者性格的变化就可以很好地解答了。作者当时是一个年仅六岁九个月大的小孩子，由于身体的缺陷，在遇到莎莉文老师之前，作者是迷茫的、无助的、对生活也是没有半点希望的，性格很暴躁，脾气还比较糟糕。但自从莎莉文老师出现在她生命中过后，她整个人都变了，她开始对生活充满希望、她觉得自己的世界变得花团锦簇，她觉得因为拥有了莎莉文老师，自己成了全世界最幸福的孩子，纵然她还是无法像一个正常人一般生活，但是莎莉文老师给了她光明，让她对生活重拾了信心。作者之所以说莎莉文老师再塑了她的生命是因为莎莉文老师让作者的生命彻底变得不一样了。这就需要从作者的人生经历说起，老师必须将这个内容传递给学生，让学生了解作者不平凡的人生。作者于 1880 年出生，出生后 19 个月便生了一场重病夺去她的听力和视力，变得又聋又哑，在众人看来，这个聋盲哑的一岁半幼儿一辈子就这么完了。然而，她的生命出现了奇迹，导致奇迹产生的原因是作者自身的顽强不屈、刻苦奋斗和她的老师莎莉文小姐的教导有方，当然还有她出众的天赋。她从 7 岁才开始接受教育，然而她学会了英文、法文、德文、拉丁文、希腊文五种语言之多，并且学识渊博，后来，她的职务主要是写作和演讲，全心全意为聋盲哑人的教育和福利事业奉献了自己的一生。[①]学习这篇课文，学生掌握莎莉文老师这个人物的刻画以及对作者的了解是一个方面，另一个方面就是在了解了作者海伦·凯勒后对学生的启发。

师：同学们，请大家想一想，像作者这样一个身体存在如此多缺陷的人都在努力奋进，最终成了一个如此优秀的人，那么大家都是健康健全的人，是不是应该向作者学习，学习她那种不愿向命运妥协努力奋进的精神，学习她身残志坚的伟大品质，不虚度光阴，不浪费时间，在生命中的每一天里都尽可能地学习各种知识，学会成为一个优秀的人。

除此之外，老师还可以请学生蒙上眼睛、捂住耳朵，模拟海伦·凯勒的日常生活习惯，体会海伦·凯勒的日常生活状况，体会她的困境与艰难。在课后作业的布置方面，老师可以采用以下几个内容。

1.请学生写一篇海伦·凯勒带给自己的启示和心得体会。

2.请学生试着根据文章中用事情的描述来反映一个人的写作手法来描写一个人。

3.请学生课后阅读海伦·凯勒的另一篇文章《假如给我三天光明》，并谈谈自己的体会。

通过学习这篇课文，可以总结出能够帮助学生提升自己的人文素养的

---

① 人民教育出版社. 义务教育教科书老师教学用书语文七年级上册 [M]. 北京：人民教育出版社，2020：141

几个点：首先是莎莉文老师对作者一生的重大影响，想必每个学生都想遇到一位莎莉文老师，莎莉文老师也是所有人民教师应该学习的榜样，她对学生的关心、爱心和耐心，还有她的慧心都是每一位老师应该具备的品质。一个老师只有真正地从学生的角度出发思考问题，发自内心地关爱学生才能帮助学生更好地学习，才能让好学生变得更好，让差学生成为好学生，这个过程是非常漫长的，但是也是一名老师必须认真执行的，一个学生遇到一个怎样的老师在很多时候可能会改变学生的一生，老师应该遵循不抛弃、不放弃、一个都不能少的原则，帮助学生在成长的道路中成为一个有用的人、一个优秀的人。其次，是关于海伦·凯勒给学生带来的影响，老师要让学生知道，一个残疾人都可以做到的事，他们能够更轻松地做到，只不过需要他们有坚定的决心和毅力、坚持的动力和信心以及对自己的学习设定一个个的小目标再向远大的目标靠近。一定要将这样的精神传达到位，让学生在今后的学习中更加努力、更加坚持不懈。

## 二、致敬白求恩同志

《纪念白求恩》是毛泽东同志为悼念白求恩同志的逝世而写的一篇纪念性文章，全文以说理为主，记叙和抒情为辅，是纪念类文章的典型之作。作者在文中高度赞扬了这位来自加拿大的共产党员伟大的国际主义精神，作者写这篇文章的目的是号召全党同志学习白求恩同志毫无自私自利之心的精神，并对白求恩同志的不幸逝世表示沉痛的悼念。

老师可以在导入部分给学生讲一个关于白求恩同志被称为"群众血库"的故事，让学生在正式进入课文前对白求恩同志有一个初步的印象。二十世纪三四十年代，野战医疗条件输血的条件是非常不成熟的，是人们连想也不敢想的事情。白求恩同志向大家详细地讲述了采血操作、储存运输等基础知识，白求恩同志为一位战地伤员进行输血，用自己的鲜血拯救了这名伤员的性命，实现了战地输血在中国军队野战外科史上的第一次成功，当第二名伤员被送来时，他义不容辞地躺在伤员的身旁，要求再用他的血进行救援，对大家说："我是O型血，抽我的。"白求恩同志因此被群众称赞为"群众血库"。这个故事是非常有典型意义的，老师在分享完这个故事后可以先对学生进行一个访问。

师：同学们，当大家听完有关白求恩同志的这个故事，在还没有正式开始学习这篇课文之前，大家觉得白求恩同志是个什么样的人？

生1：我觉得白求恩同志是一个非常伟大的人，他能做到用自己的鲜血拯救他人的生命，这一点很多人都做不到，并且是在那样恶劣的条件环境下，他不怕被细菌感染，一心只想救人。

生2：白求恩同志是一个具有无私奉献精神的人，这种精神值得大家学习。

师：好的，同学们，通过这个故事大家对白求恩同志有了一个最基础的认识和了解，那么现在我们就来共同认识一下这位伟大的白求恩同志。

整篇课文可以从几个方面入手，第一是关于白求恩同志所具备的精神品质。第二就是他和"有些人"之间的对比。第三是学生从白求恩同志身上所学习到了怎样的"白求恩精神"。首先，是关于白求恩同志所具备的精神品质。老师可以请同学进行小组讨论，并提示白求恩同志的精神贯穿全文，全文就4个自然段，每个自然段都在讲述他的精神。第一自然段中，作者直接发问："这是什么精神？这是国际主义的精神，这是共产主义的精神，每一个中国共产党党员都要学习这种精神。"那么作者为何这样说呢？是因为文章开篇就提到了："白求恩同志是加拿大共产党员，五十多岁了，为了帮助中国的抗日战争，受加拿大共产党和美国共产党的派遣，不远万里，来到中国。去年春上到延安，后来到五台山工作，不幸以身殉职。"

年过半百的白求恩同志为了帮助中国的抗日战争，率领由加拿大和美国人组成的医疗队于 1938 年年初来到中国，1939 年 10 月在救治伤员的过程中，手指不幸感染中毒却坚持工作，肘关节又发生转移性溃疡，于 1939 年 11 月 12 日在河北省唐县逝世，事实上，白求恩同志逝世时才 49 岁，文中的"50 多岁"是当时毛泽东同志估计的，并不准确。然而无论 49 岁也好、50 岁也罢，白求恩同志的牺牲对于国际共产主义、对于中国人民来说都是一种沉重的悲痛。在第二自然段中，作者除了讲述白求恩同志的精神以外，还将"不少的人"与白求恩同志进行了对比。段落一开始就说道："白求恩同志毫不利己专门利人的精神，表现在他对工作的极端的负责任，对同志对人民的极端的热忱。"接着，作者就针对白求恩同志的这种精神，将"不少的人"进行了对比。老师在讲述这个部分时可以制作一个表格请学生完成相关信息的填写。如表 5.1 所示。

表5.1白求恩同志和"不少的人"对工作、同志和人民的态度及对工作的要求对比分析

| | 对工作的态度 | 对同志、人民的态度 | 对工作的要求 |
| --- | --- | --- | --- |
| 白求恩同志 | 极端的负责任 | 极端的热忱、满腔热忱 | 对技术精益求精 |
| 不少的人 | 对工作不负责任，拈轻怕重，把重担子推给人家，自己挑轻的。一事当前，先替自己打算，然后再替别人打算。出了一点力就觉得了不起，喜欢自吹，生怕人家不知道 | 冷冷清清、漠不关心、麻木不仁 | 见异思迁、鄙薄技术工作以为不足道、以为无出路 |

作者通过这样的描述，就把白求恩同志的精神与一般人进行了鲜明的对比，将白求恩同志这种真正的共产主义精神表达得淋漓尽致。在第三自然段中，依然将白求恩同志与其他同志进行了对比，体现出白求恩同志医术的高明以及对技术的精益求精。文章的最后一个自然段是要求背诵的段落，接连用了五个排比句，气势磅礴、铿锵有力，当中用了五个"一个……的人"语势贯通，加强了文章的逻辑力量。作者说道："我们大家要学习他毫无自私自利之心的精神。从这点出发，就可以变为大有利于人民的人。一个人能力有大小，但只要有这点精神，就是一个高尚的人，一个纯粹的人，一个有道德的人，一个脱离了低级趣味的人，一个有益于人民的人。"其中"高尚的人"是指白求恩同志无产阶级思想境界的崇高；"纯粹的人"是指白求恩同志思想品质的纯洁；"有道德的人"是指白求恩同志无产阶级社会生活及其行动的准则和规范；"脱离了低级趣味的人"是指白求恩同志具有高尚的志趣；"有益于人民的人"是指白求恩同志作为共产主义战士奋斗的目的。通过五个"什么样的人"对白求恩同志的"这点精神"表达得非常具体，充分地表达出了毛泽东同志对这种真正共产主义战士崇高精神的赞美，也寄托了对更多的共产主义新人的殷切希望，给人以巨大的鼓舞。

整篇课文采用了夹叙夹议的写作手法，运用了对比的手法，既赞扬了白求恩同志的崇高品质，又号召全党同志学习白求恩同志的精神。在学习了这篇课文过后，老师接着要做的就是询问学生的感受，可以分为两个步骤。第一是就这篇课文的内容来展开。

师：同学们，大家学习了这篇课文过后，都学到了怎样的"白求恩精神"？

生1：我学到了白求恩同志毫无自私自利之心的精神，我觉得做人不能只考虑自己，也要考虑他人。

生2：我觉得白求恩同志牺牲在异国他乡，为了其他国家的人民献出了自己的生命，这一点实在是难能可贵，一般人是做不到的，让我非常敬佩。

生 3：白求恩同志最令我感动的点就是他明明自己已经被病毒感染却依然坚持工作，不顾自己只为他人，并且这个地方并不是他的祖国，他完全可以不用这样做，但是他却这样做了，让我特别感动。

第二，就是在课堂上进行拓展延伸。学生分享了自己所学习到的"白求恩精神"过后，老师可以与学生交流。比如以新冠肺炎为例，交流疫情中抗疫工作者和医护人员的感人事迹。老师要让学生看到他们如同白求恩同志一般的伟大，这样的精神和品质是值得所有中国人学习的。

### 三、纪念那位英勇的少女

《记念刘和珍君》是鲁迅先生又一篇具有代表性的文章，这篇文章被选入到高中课程语文必修 1 的教材当中，之所以选择这篇课文进行交流和探讨，主要从学生的年龄这个角度出发来考虑。高中年级的学生大概也就在 17、18 岁左右，文中不幸遇害的刘和珍、杨德群两位学生也就 22 岁左右，高二年级的学生与文中的主人公相差不了几岁，或许更能引发学生的思考，是什么样的决心和勇气能够让两位正值青春年华的女生用自己的生命与反动派的子弹抗衡，这是令人不可思议的。整篇课文不但是作者对死者的哀悼、也是对反动政府的鞭笞、更是对无数青年志士的呐喊，作者想要利用自己笔下的文字让更多的中国人看清当时黑暗的中国，必须团结一致奋起反抗才能争取自由的权利、才能迎来崭新的生活。

整篇课文总共分为了七个部分，对于学生来说，鲁迅的文章向来是比较晦涩难懂的，因此，想让学生真正地读懂文中的内容，体会鲁迅想要抒发的情感，句子的解析是非常重要的环节。首先从教材内容来说，本文是人教版语文必修 1 第三单元的第一篇课文，编者的用途何在，这是非常值得我们研究的。必修1第三单元主要是学习写人记事的散文，编者在单元提示当中提到，本单元所描写的都是现实生活中的真实的人物，字里行间融入了真挚的情感和深刻的体悟，学生在学习的时候，要仔细揣摩人物的性格特征和心理感受，注意文章当中能够触动心灵的地方。那么作者又将《记念刘和珍君》放在了本单元的第一篇，足以见证了本文不管是在人物特征的描写还是情感的表达方面都有许多值得令人学习和鉴赏的地方，一开始就为本单元拉开了描写人物与抒发真挚情感的序幕，同时也为本单元的另外两篇课文的学习奠定了坚实的基础。在这篇课文当中，对于刘和珍的描写没有太多直接的刻画，比如语言、动作、神态等都没有，只是针对她奋起反抗牺牲自己这个事件进行了描写，从而对她的个性、情操进行了赞扬，这篇课文中最能触动心灵的地方就是刘和珍用牺牲自己的生命去向反动政府宣告"我们不妥协"。本篇课文是散文中的杂文，其中截取了生活片段来叙事、描写，放大了生活当中的横断面，不是单独写人，也不是单独记事，是以此来描述教训和意义。因此，在教学设计当中，必须把握好整体的协调性，从刘和珍君这一主要人物来展开，让学生在对整个事件有了一个初步的了解过后，重点掌握其中的描写手法。其次，从学生学情方面来说。学生是教学环节当中的主体，怎样让学生正确深入地把握一篇课文，理解作者想要表达的情感是非常重要的。那么对于刚从初中升入高中的学生来说，是否能够正确把握好《记念刘和珍君》这一篇课文想要表达的复杂情感是其关键所在。首先，对于他们来说，生活在幸福的今天，远离二十世纪二三十年代，并不能真正体会那个年代的动荡不安，也不能完全理解今天幸福生活的来之不易，但是，对于这篇课文来说，认清当时的时代背景又是非常关键的一点，怎样才能让学生很真切地去感受、去体悟那个时代，这就需要老师做足了准备工夫，怎样去引导，怎样去体现，怎样去点播，这些都是本篇课文设计的一个教学重点。并且，对于刚进入高中的学生来说，在之前鲁迅作品的学习当中，都还是比较浅显的，怎样帮助学生提升一个台阶，这是一个由浅入深的过程，在这篇课文当中，重新审视鲁迅先生所要向世人倾吐的情愫，学生是否能够读懂作者想要表达的感情，还有其中所运用的写作手法都是关键点。本文的教学设计主要是以学生自主探究为主，在老师的引导下由学生自己去寻找文中的情感线索，自己找到问题的答案。

接着就是从老师教学的环节来说。老师在教学环节当中起着主导作用，充分发挥老师的主导性，带领学生领悟一篇课文的真情实感为之重要。那么对于《记念刘和珍君》这样一篇情感十分强烈并且复杂的课文来说，老师本身就应该有自己独到的体会。作为一名合格的语文教师，拿到一篇课文，首先要做的不是打开教参去生搬硬套，而是应该反复研读全文，然后找出自己对这篇课文独到的见解和所要讲解的重点难点。这样，不仅能够将自己对这篇课文最直接的感受传达给学生，还能找到许多创新点，如果老师没有自己的想法和独到的见解，仅凭教参填鸭式地灌输给学生，久而久之，学生会发现原来老师不过是照着参考书念而已，这样不但不会让学生信服于老师，而且语文课也只会越上越死。因此，老师带领学生一起领会体悟尤为重要，因此，对于这堂的教学设计可以从以下几个环节展开：介绍背景、渲染氛围环节，提问设疑环节，自主探究环节，合作交流环节，课外拓展环节。

首先在介绍背景渲染氛围环节，本篇课文的情感非常强烈，想要学生深刻体悟，那么时代背景的介绍、氛围的渲染尤为重要。于是老师可以选择一些关于"三一八惨案"的视频、图片和刘和珍的相关图片，给学生们一个深刻的视觉印象。同时给学生留下悬念，22岁的刘和珍正值豆蔻年华，为什么却惨遭毒手。除此之外，老师还可以准备关于整篇文章的音频，学生在情感丰富的音频的带读下，带着老师事先布置的问题去体会和领悟其中的情感。特别是文中一些情感表达强烈的章节段落，如：第二节、第四节等的朗读是必不可少的，通过读，请学生找出最能体现作者情感的语句和字词。如："真的勇士，敢于直面惨淡的人生，敢于正视淋漓的献血。""沉默呵，沉默呵！不在沉默中爆发，就在沉默中灭亡。"等。

其次，是提问设疑环节。这个环节重在培养学生思考问题、解决问题的意识。老师提出的问题是对学生学习文章的引导线，因此，善于提问也就善于发散学生的学习思维。例如在通读全文的时候，请学生找出本文作者介绍了几种人，他们特征分别是什么？文中刘和珍君最大的特征是什么？作者这么写的目的和意图是什么？再如，在本文的第四章节，副词和关联词（居然、颇、不料、不信、况且、无端等）的运用；（但段政府就有令，说她们是"暴徒"！）和（但接着就有流言，说她们是受人利用的。）这两段，短短的两句话为什么不放在一个自然段，而要分为两段？其中的标点符号为什么要这么运用，等等。透过这些典型的细节来反衬作者隐性的情感。

第三，自主探究环节。在这个环节，主要是学生在老师引导下去研读课文，一边研读一边用笔圈点出相应问题的答案，和自己存在疑惑的地方。例如文中鲁迅先生依次写了7处看似矛盾或重复的语句："我也早觉得有写一点东西的必要了。""可是我实在无话可说。"等。学生可能会出现疑惑，作者这么写是否前后矛盾？在对整篇文章学习过后，请学生依据文境，分析每一句话表达了作者怎样的心情。

第四，合作交流学习。这个环节主要是学生在自主学习过后，大家一起相互交流，相互学习，相互帮助解疑的环节，老师可以把最难的部分放到这个环节，请大家一起探究交流。例如，整篇文章学习结束后，根据情感的变化，划分段落大意。摆脱了陈旧老式的一开始就划分段落层次，归纳大意的教学方法。鲁迅先生此处的情感非常复杂，情感变化是曲折的，因此，可以看出整篇文章的情感变化是三起三落的，通过PPT展示出来，给学生一个清晰的脉络。第一节和第二节为第一部分（说明写作目的，表达了作者的强烈情感），第三节至第五节为第二部分（介绍刘和珍君的生前和她及她同学的遇害经过），第六节和第七节为第三部分（指出"三一八"惨案的教训和意义）。

第五，课外拓展环节。在这个环节当中，可以给学生补充一些课文当中所没有提及的知识点，例如，课前准备一些与《挽歌》有关的诗句，让学生更加深刻地理解人们对故人离开的那份情感的寄托。如：陶渊明的《咏荆轲》。其用意是将课文和实际生活相连接，要求学生课后自己查找资料去了解更多关于"三一八"惨案以及刘和珍君的信息，请学生写一篇日记。一方面可以加深学生对课文的理解，另一方面也鼓励学生自主学习的积极主动性。

在实际展开教学的过程中，有几个知识点需要着重强调，首先是在第四部分中，一连串副词和关联词的运用，作者这么运用的目的是什么？"说卫队居然开枪，……但我对于这些来说，竟至于颇为怀疑……然而我还不料，也不信竟会下劣凶残到这地步。"从这几个词可以看出鲁迅先生极其复杂的心情和情感，作者没有想到反动政府可以残忍到将武器对准我们自己的同胞，为了自己的利益，不顾别人的死活。并且，"但段政府就有令，说她们是'暴徒'！"和"但接着就有流言，说她们是受人利用的"这两个自然段，短短两句话为什么不放在一个自然段，而要分为两段？文中"暴徒"的双引号、感叹号和其他标点符号为什么这么应用？这些问题对于学生来说都是非常难理解的，老师在讲解的过程中一定要尽可能地仔细。文中之所以要将短短的两句话分为两段就是为了更能突出作者的那一份愤怒而无奈的情感，首先说她们是"暴徒"，紧接着又说她们是受人利用的，为了国家牺牲了自己的生命，却反遭反动派的诬陷和诋毁，这样悲愤的心情不是一般人能够理解的。而文中将"暴徒"二字加上了双引号，紧接着句末又用上了感叹号，第一是为了强调这里的暴徒并非真正的暴徒，也是对反动派对刘和珍等人这种定位的一种讽刺，其次，句末的感叹号表达出作者对"暴徒"二字感到不可思议和惊讶。此外，文中一些比较简单的问题，老师可以请学生自己寻找答案。

师：同学们，现在请大家在文中找找主要描写了几种人？作者是用怎样的文字去描述这些人的？他们的特征分别是什么？请大家谈一下对这几类人的看法，还可以用别的什么词来形容他们，为什么？

生1：以刘和珍君为代表的"猛士"：他们敢于直面惨淡的人生，敢于正视淋漓的鲜血；将更奋然而前行。

生2：所谓的"学者文人"：阴险的论调；赤裸裸的鞭挞；反动派的走狗。

生3：麻木不仁的国人："哀其不幸、怒其不争"。

生4：残暴的反动派：凶残、虚伪、狡诈、不择手段。

师：那么大家来说说文中刘和珍君最大的特点是什么？作者这么写的目的和意图是什么？

生1：她是"常常微笑着的、态度很温和的"。

生2：我觉得作者这样写的目的就是说，像刘和珍这样看上去温和、平易近人、柔柔弱弱的女生在面对无耻黑暗的反动事例居然能够用生命去对抗。

师：同学们回答得很好，作者在文中每次提到刘和珍君都是"常常微笑着的，态度很温和的"，作者之所以一再强调这一点，主要是想要表达主人公是一个善良的、勤奋好学的女学生，在鲁迅先生看来，一个敢不为势力所屈，站在正义和真理一边的应该是一个比较尖锐的、锋利的人，但刘和珍却恰恰相反，同时也从侧面揭露了反动派的残暴和麻木不仁，对自己祖国的同胞都可以伸出魔爪，还是对如此有亲和力的学生，足以看出反动派的人面兽心。作者这样写的目主要有两个，第一：就是想通过对刘和珍正面描写，描写她的温和、她的友善、她的不畏牺牲以此来侧面烘托出反动派的虚伪、阴险和残暴；第二：给读者一个对刘和珍更深入的印象，以此了解作者心中的那一份复杂而悲痛的情感。

师：同学们，大家还可以找一下，文中有没有哪句话是重复出现的？

生：有，就是那句"我是否有写一点东西的必要"。

师：总共出现了几次？

生1：七次。

师：很好，那么大家想想，这句话在文中反复出现了七次，大家觉不觉得作者前后矛盾？

生2：作者能这样写的话应该就是不矛盾的，可能作者想通过这句话来表达自己对反动政府的不满。

师：不错，这样写是不矛盾的，作者本想写一些东西来纪念这些死去的同学，赞扬他们不畏牺牲的精神，可面对那些所谓的"学者文人"的陈词滥调，在这种时候还说风凉话，作者感到无比悲哀。除此之外，面对国人的麻木不仁，对他们那种"哀其不幸"却又"怒其不争"的态度苟活在这世上，作者不知道要用怎样的语言才能唤醒他们。最后，就是当时的反动政府的残暴，尽管作者无比愤怒，可是不管用怎样的语言来鞭挞都略显苍白。因此，作者反复提出"我觉得是有写一些东西的必要了""可是我又无话可说"。

文中还可以从鲁迅先生的几个思考入手，帮助学生站在鲁迅先生的角度去思考。鲁迅先生的第一个思考，是牺牲了以后有什么用？有限的几个生命在中国不算什么，只不过成为无恶意的闲人饭后的谈资。所以并没有什么用。但是，在各种运动当中，还是有很多人会鼓励年轻人、让学生往前冲。所以鲁迅先生说："我爱这些学生，我同情他们，我因为他们的死而感到悲愤，我更加把我的怒火喷射到黑暗的现实中去。但是我依然要理性地对我的学生说，不要做无谓的牺牲，没有意义。"鲁迅先生的第二个思考是：请愿、牺牲这样的行动他是不支持的，但是死难学生的精神是值得我们学习的。鲁迅先生写道："苟活者在淡红的血色中，会依稀看到微茫的希望。真的猛士，将更奋然而前行。"

苟活者就是像鲁迅一样有良知、有思想、愿意接着前行下去的人。而真的猛士，是像刘和珍这样，以及未来被刘和珍他们的精神所感召的人，将更加努力地继续前行。到最后，鲁迅说："呜呼，我说不出话，但以此记念刘和珍君！"

鲁迅对于刘和珍，是敬重也好、怀念也好、心痛也好，最后凝成了一个词——"记念"，"我以此记念刘和珍君"。总而言之，《记念刘和珍君》这篇文章，可以读到三层意思，最简单的一层就是鲁迅对于刘和珍牺牲这件事情的感情。

把它读得再丰富一点，就读出了段祺瑞执政府枪杀学生的凶残举动，这是第二层的意思。再深一层，就是要读出鲁迅先生对社会现状的思考：这样无谓的牺牲越少越好，因为我们要保存实力，我们要慢慢地走下去，因为这是一段很漫长的旅程，而旅程当中需要真的猛士。

## 四、离开人世间的最后一份礼物

杨绛先生的《老王》是一篇回忆性的散文，文章记叙了作者与"老王"之间的交往以及对老王的几个生活片段进行了回忆，通过这些事件的梳理，作者刻画出了一个生活在社会最底层小人物的形象，同时也表达出了作者对老王那样的贫苦人民的同情和关心，从另一个角度也抛出了一个问题，社会是否应该给予老王这样的人群更多人道主义的关心。老师在引导学生学习这篇课文时比较关键的点是作者描写老王的几件事，请学生总结出每一件事情背后老王的人物特点。

　　文章一开始就讲解了老王的个人情况，他是如何从蹬三轮车这个队伍中落单以及自己无亲无故的个人处境。从文中提供的信息可以猜测，作者和老王之间的交往应该是从作者得知老王患有夜盲症，于是给了他一瓶鱼肝油开始的，也是因为这件事，或许就在老王心中种下了想要报恩的种子，也就有了在老王临终之时送给作者一家的那袋鸡蛋和那瓶香油。因此，作者赠送老王鱼肝油是文章中记叙的第一件事。第二件事就是老王给作者一家送冰，文中说到："老王给我们楼下人家送冰，愿意给我们家带送，车费减半。""他送的冰比他前任送的大一倍，冰价相等。""胡同口蹬三轮的我们大多熟识，老王是其中最老实的。他从没看透我们是好欺负的主顾，他大概压根儿没想到这点。"从这些文字中可以看出，老王是一个极其善良、老实的人，没有太多小算盘、小心思。第三件事是老王送作者的丈夫钱钟书先生上医院看病，老王坚决不肯收钱，实在推辞不下收了作者给的钱并笑着问道："你还有钱吗？"老王之所以这么问是因为，当时正处于"文革"时期，大家的情况都不景气，因此，老王不愿意收下这笔钱。由此可以看出，虽然老王当时自己都很艰难，却还替别人着想、替别人考虑，这份精神是非常难能可贵的。后来，载客三轮车被取缔了，老王为了维持生计，就将原来的三轮车改成了运输货物的平板三轮车，然而老王已经没有太多力气运送货物了，于是一位老先生出于好心，愿将自己降格为货物，照顾老王的生意，让老王运送。老王也知道老先生的好心，于是在平板三轮车的周围安装了半寸高的边缘，以至于老先生不会掉下来。再过了一些时日，老王生病了，吃了药不见好，作者一家许久没有见到他。直到有一天，老王拎着一个瓶子、一个袋子，面如死灰地站在作者家门前，作者将当时的老王描写得非常形象、非常真实。"他面如死灰，两只眼上都结着一层翳，分不清哪一只瞎，哪一只不瞎。说得可笑些，他简直像棺材里倒出来的，就像我想象里的僵尸，骷髅上绷着一层枯黄的干皮，打上一棍就会散成一堆白骨。""那直僵僵的身体好像不能坐，稍一弯曲就会散成一堆骨头。"从这段对老王的外貌描写，就可以想象老王当时身体已经不行了，随时都有可能倒下，然而就是在这样的情况下，他想的依然是给作者一家送来新鲜的鸡蛋和香油。最后，当作者得知老王在从自己家回去的第二天就离开这个世界，作者心里五味杂陈。老师可以根据最后作者的内心活动请学生猜想一下，老王最后一次见作者时内心的情感，以及作者得知老王病逝后内心的情感。

师：同学们，老师现在请大家换位思考一下，如果你是老王，你最后一次来到作者家给作者送鸡蛋和香油，当时你心里都在想些什么。

生1：可能老王知道自己不久之后就会离开人世，于是想在自己仅剩的时间里再去给作者一家送上自己的心意。

生2：老王是在和作者做最后的一次道别。

生3：老王可能想对作者说一声"谢谢"，谢谢作者一家一直以来对他的关心和照顾，但是老王又是不善言谈的，于是将他所有的情感全部融进了那袋鸡蛋和那瓶香油里。

不错，老王的初衷和想法非常简单，就是想来跟作者一家道个别，将自己最好的东西送给作者，遗憾的是，作者没能悟出老王这一举动的目的，或许在作者看来，老王送来了鸡蛋和香油，那自己就应该用钱作为交换，她误解了老王的真情实意，在那个时候，钱对于老王来说已经毫无意义了，最终，善良的作者也没读懂善良的老王。因此，在作者得知老王病逝的消息，她的内心久久不能平静，作者在最后一个自然段中说道："我回家看着还没动用的那瓶香油和没吃完的鸡蛋，一再追忆老王和我对答的话，捉摸他是否知道我领受他的谢意。我想他是知道的。但不知为什么，每想起老王，总觉得心上不安。因为吃了他的香油和鸡蛋？因为他来表示感谢，我却拿钱去侮辱他？都不是。几年过去了，我渐渐明白：那是一个幸运的人对一个不幸者的愧怍。"在这里，老师首先要向学生解释"愧怍"的含义，"愧怍"就是"羞愧""惭愧"的意思，可以理解为"因为自己的缺点或犯下的错误而内心感到不安"。

师：同学们，根据最后一个自然段，大家说说作者为什么会对老王感到"愧怍"。

生1：因为作者误解了老王的意思，她觉得没能跟老王好好告别非常遗憾。

生2：作者觉得自己如果当时能克服恐惧，邀请老王进家坐坐就好了。

事实上，无论作者内心究竟是怎么想的，不难能否认的是，作者和老王都是极其善良之人。人教版八年级上《老王》课后练习题一是这样说的："以善良去体察善良，是双向的善良。在这篇课文中，作者的善良表现在哪里？老王的善良又表现在哪里？对课文结尾的一句话，应该怎样理解？"这个问题就是解读本文很好的，老师要善于引领学生在文本的细处、语言的深处探究、发现怎么写老王和杨绛的善良，还要探究、发现作者为什么这样写两人的善良。[①] 虽然和本文的作者所记叙的有关老王的几件事并不像很多大人物那样被广为流传，然而这些生活中细小的事情依然能够打动人心，依然是对良心的拷问。作者创作《老王》一文，以真挚的文字直逼自己的灵魂、考问自己的灵魂。可以看出，这篇文章打动读者的何止是老王和杨绛先生两颗善良的心，更有先生那种自我反省的可贵品质。[②]

除此之外，作者之所以写出这篇文章，除了是在高度赞扬老王这个生活在社会最底层的小人物身上所蕴藏的高贵的品质，也是在向社会呼吁对于这群人的关注。无论是在哪个年代，只要有人站在社会的最顶端，就会

---

① 于保东 . 善良的最高境界——《老王》别解 [J]. 山东教育，2020：17
② 李华英 . 当爱的天平倾斜——解读《老王》中杨绛先生的"愧怍" [J]. 初中生，2020：33

有人处于社会的最底端，从学校教育这个层面起，老师应该引导学生学会尊重，无论是哪个阶层的人，都应该值得被尊重，尤其是社会最底层的人更应该被尊重、被关注，因为，从人性的角度来说，这个群体的人往往过着最糟糕、最不如意的生活，然而在很多时候，他们的生活也不是他们自己能选择和决定的，有可能是原生家庭所导致的、也有可能是经历了太多坎坷和挫折所促成的，我们能做的就是在允许的情况下尽可能地关心和尊重他们。关于这样的一种人文关怀，老师可以结合学生的生活实际，选取生活中的一些点来进行补充。例如，学会尊重环卫工人的工作，在公共场合不要制造垃圾，学会使用礼貌用语；学会尊重城市的拾荒者，或许他们在这个城市，没有自己的容身之处，只能四处流浪，请拒绝欺辱；学会尊重残疾人，尤其是在他们需要帮助的时候，请伸出自己的援助之手。在我们的生活中，这样的人和事随处可见，老师要引导学生怀揣一颗感恩的心去对待。在学生学习完整篇课文过后，老师可以从两个角度为学生安排作业，第一，老师可以请学生分享在生活中所遇到的类似于老王这样令人感动的人和事，并在课后写一篇这样的作文，以小见大地来分析，学会用记事来写人的创作手法，将一个又一个片段组合起来构成一个完整的框架，透过这些事情来完成人物的刻画和描写。第二，请学生回忆在自己的人生经历中有没有发生过令自己"愧怍"的事，请写出来并谈谈自己的感受，尤其是在事情发生过后，内心对这件事的看法以及变化，并且通过这件事自己获得了哪些感悟，如果以后再有类似的事情，自己会怎么对待和处理。

# 第六章　陶行知教育理念研究

　　陶行知先生作为我国伟大的教育家、思想家、爱国者、民主主义战士，其教育思想、教育理念成为了我国无数一线教育工作者行动的标杆、学习的榜样，长期以来，陶行知先生提出的教育口号以及倡导推行的教育理念对教育的价值取向和人才的培养都具有极为重要的现实意义。他提出的口号和建议可以针对所有学科来展开，尤其是对一线的教育。他曾经说过一句话："先生不应该专教书，他的责任是教人做人；学生不应该专读书，他的责任是学习人生之道。"所以，从语文教育教学的角度来说，陶行知先生的思想观念贯穿着语文学科所倡导的"以学生为主体、充分发挥学生的主观能动性、着力发展学生的核心素养、形成良好的思想道德修养和科学人文修养"等多个方面，那么针对陶行知先生所提出来的教育理念，这个部分将以语文教学中的人文素养为主要研究对象来展开讨论。

## 一、生活教育理论

陶行知先生的"生活教育理论"是其提出的主要教育思想，也是陶行知先生在我国教育探索道路上的一项重要成果，"生活教育理论"主要包含了三个方面的内容："生活即教育""社会即学校"以及"教学做合一"。其中，"生活即教育"是核心思想，其根本特征是生活决定教育，教育影响生活。而"社会即学校""教学做合一"则是对"生活即教育"的展开和补充。[①] 在中学语文教学中，无论是从语文篇目选择的这个角度还是语文课堂的打造这个角度，都与陶行知先生的"生活教育理论"有着密切的联系。从语文人文性的角度来说，学生情感的体验、"三观"的树立、人文情怀的培养都与生活、与实践密不可分。首先从"生活即教育"这个角度来讨论一下。在我们的学校教育中，如果脱离了生活来谈教育就是空谈，编者在选择语文篇目时都会根据学生的年龄特点侧重某些生活中的点来展开，就拿之前的教学案例来举例说明。为了让学生更好地体会亲情的重要性和幸福度，莫怀戚的《散步》就很好地诠释了这一点，学生通过学习《散

---

① 王欣艳. 陶行知的生活教育理论与初中语文教学的生活化 [D]. 石家庄：河北师范大学，2016：01

步》这篇课文，可以结合日常生活中与父母、与长辈的美好回忆去感悟当中生活的真谛，虽然都是琐事，但是却洋溢着浓浓的幸福。再如，学习史铁生的《秋天的怀念》，虽然大部分学生不能感同身受地体会作者失去母亲后的悲痛，但是在老师的引导下，能够更多地珍惜父母、更多地尊重父母，而不是以最糟糕的一面呈现给最爱的人。朱自清的《背影》，这篇课文同样从生活的角度入手，让学生看到了作者与父亲之间令人感动的父子之情，类似父亲买橘子这样的小事在任何家庭里都会发生，然而，父亲不善言谈，只是尽可能地为自己的孩子做到最好，这个就是人世间最简单、最质朴、最令人动容的情感，学生可以联想自己的父母在平日里对自己的衣食住行所做的每一件小事其实都是一种发自内心的爱、都是不求回报的默默付出。因此，老师在讲授课文的同时，必须教会学生懂得感恩，懂得回报，懂得父母所做的一切不是理所应当，这个就是教育，同时，这个也是生活。其次，陶行知先生提出的"社会即学校"，意思是只要是社会上的一员都应该积极参与到教育当中，每个人都可以是老师，每个人也都可以是学生，就是要做到相互学习，不断提升。对于这一点，笔者有其他含义的理解，笔者认为陶行知先生之所以提出这个观点是与当时的时代背景有着紧密的联系，当时的中国在整个大的局势下存在着国家危机、民族危机，他认为，只有尽可能地让全民学习，调动能够利用的教学资源，才能让每一个人都有学习的权利，只有大家都进步了，国家才能进步，就如鲁迅先生弃医从文是一个道理，学医只能拯救人的身体，而文章可以拯救人的灵魂。并且在社会这个大家庭中，利用一切可以利用的资源对每一个社会人进行教育也是社会的责任。拿现在的社会来说，广告牌上的宣传标语就是一种教育、每一个人规范的行为准则也是一种教育，因此，社会也是一所学校。最后，陶行知先生提到的"教学做合一"言下之意就是要做到言行合一、学思结合，通俗来说就是要将所学到的理论运用到实际当中，不仅要学习还要思考并且要在实践中能经得住考验。如何通过语文教学让学生在人文素养方面学有所思、学有所用是语文教师需要认真思考的一个问题。针对这个问题，老师需要关注文本、关注学生，还需要对自身的教学水平进行不断的反思和提升。如学习了杨绛先生的《老王》，学生应该思考应该怎样更多地关注社会最底层的劳动人民，学会尊重他人、关心他人。学习了《说和做——记闻一多先生言行片段》，学生应该反思自己在学习上有没有很好地执行"说了一定要做"的行动目标，如何解决自己的拖延症等问题。而作为老师，在"教学做合一"这一点也应该为学生做好榜样，对于学生的学习情况要随时做好记录，反思在教学中与学生之间存在的问题，如何改进、如何不断去更新。如同样的教学方法，在不同的班级得到不一样的效果，应该从学生的角度思考如何变通，不能用同样的教学模式重复到底。例如，在写作课上，中学语文教师可以先创设实践操作化的教学情境，让学生在写作前可以"有感而发"，逐渐树立乐观向上、积极进取的写作情感，端正语文学习与作文写作的态度。如在《茅屋为秋风所破歌》的教学中，为了让学生产生"忧国忧民"的感情，在教学之后，老师可以带领学生到孤儿院、养老院等社会公益机构，亲身做一些公益性的社会活动，使学生在进行相关的作文写作时就可以"文思如泉涌"了。[①]

## 二、爱的教育

陶行知先生具有"爱满天下"的教育情怀，在他的观念里，每一个孩子都应该享受被爱的权利，在语文教育中，这样一种爱的情怀能够促使老师认真地对待每一位学生，并且利用语文篇目让学生去感受爱、学会爱，这是对学生人文情怀的一种培养，也是对学生人文精神的一种提升。在中

---

① 魏娟.基于陶行知生活教育理论的中学语文教育研究 [J]. 教育理论与实践，2006: 54

学语文教材的很多篇目中都蕴含着"爱"的元素，苏轼爱亡妻、莎莉文老师爱学生、刘和珍君爱祖国、中国人民解放军爱人民。老师在与学生共同学习这些课文当中，应避免照本宣科，应将学生作为一个个鲜活的、有思想的群体来对待，让学生真正地去感受老师对他们的爱，感受每一篇课文本身的温度和情怀。事实上，每一篇课文的学习都是作者、编者、读者之间的对话，作者之所以创作出这样一篇文章是为了让读者能够体会当中的感情，而编者之所以将一篇文章选入课本是为了让学生品味作者的感情，而作为读者的学生，对待一篇课文应该融入进去，站在作者的角度感悟课文中作者的感情。如此一来，学生对于一篇课文的学习就是一种爱的诠释、对情感的升华和理解。如周敦颐的《爱莲说》，从文章的题目和字面上的意思，作者想要表达的应该就是对莲这种植物的喜爱，然而通过深入学习过后，学生应该明白，莲不过是一种意象，一种"出淤泥而不染"的精神品质，透过这种精神品质，学生应该学会爱自己，学会让自己变得洁雅，"可远观而不可亵玩焉"。想要学生真正地做到这一点，语文教师对于课文的解读就不能是"念课文"，而是要做到让我们的语文课堂有温度、充满爱，只有老师将自己的情感融入其中，学生才能真正去感知。

### 三、高尚的精神是无价之宝

陶行知先生曾经说过："我们深信最高尚的精神是人生的无价之宝，非金钱所能买得来。"在中学语文课程标准中，一直强调语文课程必须坚持立德树人，弘扬民族精神，培养学生奋发向上的人生态度，关注学生的情感态度价值观。学生在学习的过程中不断树立起来的人生价值观对于学生来说有着非常重要的影响，很多情况下精神食粮要比物质更容易左右一个人的思想。因此，编者在对语文篇目的选择方面严谨而慎重，因为课文的影响力对于学生来说是非同小可的。因为学生在接受教育的年龄段是人生当中心智发展并趋于成熟的年龄段，所以每一篇语文课文都是编者精挑细选的精品。对于这样的一些文章，老师在教学的过程中务必将其中的精神传达到位，让学生真正地体会每一篇课文所要诠释的主旨和精髓。纵观语文教材当中的篇目，从初中到高中，除了阅读的难度在提升，对于学生汲取文章的精神内涵的要求也在提升，这就是随着学生年龄的增长，对于不同思想层次的文章也在随之变化，但是目的只有一个：那就是学生在学习过后能够在精神的充实度上再次提升一个水平。同样是对人物的描写，初中课文中会有《邓稼先》，学生从中能认识到"君视名利如粪土，许身国威壮河山"的邓稼先，他的功绩和品行值得每一个中国人学习，这样一种为了祖国、为了民族奉献一生的精神让人佩服和称赞。在高中课文中就有《县委书记的榜样——焦裕禄》，文章讲述了焦裕禄同志如何下乡当县委书记，帮助当地群众解决困难、认真工作的事迹。从精神的层面说，两篇课文都通过写人记事的创作手法树立了两个高大的人物形象，只不过后者的篇幅长于前者，内容也增加了难度，但是对于学生在精神层面上的领悟都是一样的积极有效。因此，老师在对于课文解读的过程中，一定要做到先领悟再传达，只有自己都有了高水平层次的理解才能行之有效地帮助到学生。

因此，从现实的角度和未来的视觉考虑，现实的教育更需要反思，教育改革特别需要吸收深邃的教育哲理、崇高的教育理想和浓厚的人文情怀；教育很需要返璞归真，只有唤起教育者内心的激情冲动和对教育的崇敬，使其感受到教育的幸福与快乐，教育才会有真正的希望；只有建基于崇高的教育理想、根植于深厚的思想基础之上的教育和教育改革，才是有希望和可持续的教育和教育改革。教育者不能没有激情，不能没有崇敬感，不能没有理想追求；教育理想是教育工作者的人生之舵。教育是什么？

教育就是感动，没有真情，没有感动，便没有教育。教育是教育者时时的感动、时时的被感动、时时地创造感动、时时地感动他人；教育也不能没有理想，不能没有思想基础。现实的教育需要激情，需要感动，需要理想，需要思想，需要人文精神。所有这些，陶行知堪为万世师表！①

---

① 高焕祥 . 陶行知思想的当代人文精神价值 [J]. 南京晓庄学院学报，2005：10

# 参考文献

[1]. 潘新和 . 新课程语文教学论 [M]. 北京：人民教育出版社，2005.

[2]. 陈琦，刘儒德 . 当代教育心理学 [M]. 北京：北京师范大学出版社，2010.

[3]. 盛群力 . 教学设计 [M]. 北京：高等教育出版社，2010.

[4]. 陶本一 . 学科教育学 [M]. 北京：人民教育出版社，2001.

[5]. 王文彦，蔡明 . 语文课程与教学论 [M]. 北京：高等教育出版社，2006.

[6]. 王荣生 . 语文科课程论基础 [M]. 北京：教育科学出版社，2014.

[7]. 王荣生 . 语文课程与教学内容 [M]. 北京：教育科学出版社，2015.

[8]. 王荣生 . 小说教学教什么 [M]. 上海：华东师范大学出版社，2016.

[9]. 王荣生 . 语文教学内容重构 [M]. 上海：上海教育出版社，2007.

[10]. 张华 . 课程与教学论 [M]. 上海：上海教育出版社，2015.

[11]. 袁行霈 . 中国诗歌艺术研究 [M]. 北京：北京大学出版社，2009.

[12]. 朱绍禹 . 中学语文课程与教学论 [M]. 北京：高等教育出版社，2005.

[13]. 朱光潜 . 诗论 [M]. 北京：人民出版社，2010.

[14]. 张华，钟启泉 . 课程与教学论 [M]. 上海：上海教育出版社：2015.

[15]. 人民教育出版社 . 义务教育教科书教师教学用书语文七年级上册 [M]. 北京：人民教育出版社，2020.

[16]. 陈媛媛 . 语文阅读教学中人文素养的培养——以新课程改革为背景 [J]. 吕梁教育学院学报，2020.

[17]. 戴盛才 . 探寻高校语文教育有效改革途径 [J]. 语文建设，2017（20）.

[18]. 魏灵真 . 中学生生命意义感的发展特点及其与心理健康的关系 [J]. 中小学心理健康教育，2020.

[19]. 李喜艳 . 完善语文教学策略助力初中生古诗词鉴赏能力提高 [J]. 教材教法，2020.

[20]. 倪桂贤 . 古诗词教学对培养中学生人文素养的重要性 [J]. 语文教学与研究，2016.

[21]. 王愉萍 . 经典诵读在语文教学中的传承创新 [J]. 高考·教学方法，2021.

[22.] 张安娜 . 经典诵读中地方文化资源的融入——以大同古今诗赋为例 [J]. 山西大同大学学报，2020.

[23]. 黄伟 . 略谈语文教材价值与语文教学价值 [J]. 中小学课堂教学研究，2021.

[24]. 陈仕新 . 从《台阶》谈文本教学价值的开发与利用 [J]. 语文教学与研究，2018

[25]. 饶满林 . 审美视角下的散文阅读教学——以《荷塘月色》为例 [J]. 语文教学通讯·高中，2020.

[26]. 殷雪 .《白杨礼赞》：礼赞之情荡气回肠 [J]. 阅读广场 / 文本精读，2020.

[27]. 黄金 . 精湛的写作技艺，独特的审美价值——浅析茅盾《白杨礼赞》的美学特征 [J]. 中学语文参考，2020.

[28]. 李静 . 月下听音赏画 探寻荷塘之美 [J]. 中学语文参考，2020.

[29]]. 饶满林 . 审美视角下的散文阅读教学——以《荷塘月色》为例 [J]. 语文教学通讯·高中，2020.

[30]. 李静 . 月下听音赏画 探寻荷塘之美 [J]. 中学语文参考，2020.

[31]. 上官文金 . "物哀美学" 在《故都的秋》中实现的三重内涵 [J]. 语文教学与研究，2020.

[32]. 尤忠民 . 日本文学中的传统美学理念——物哀 [J]. 天津外国语学院学报，2004(06).

[33]. 唐福玖，李贞 . 怎一个 "悲凉" 了得——古都 "秋味" 的多重意蕴探析 [J]. 名作欣赏，2020.

[34]. 刘莉 . 在比较中走进厚重《说和做——记闻一多先生言行片段》教法探微 [J]. 中学语文教学参考·初中，2019.

[35]. 段正龙 . 多维度解读小说内涵，深化语文思维能 [J]. 语文教学与研究，2020.

[36]. 郭简 . 初中语文小说教学中的审美教育策略 [J]. 教师教育，2020.

[37]. 吴平波 . 从小说常识层面切入赏析《林黛玉进贾府》[J]. 中学语文教学参考，2019.

[38]. 常瑞娜 . 匠心独具——《林黛玉进贾府》构思艺术赏析 [J]. 散文百家，2020.

[39]. 张春霞 . 借黛玉之眼看贾府——谈谈《林黛玉进贾府》中封建大家庭的特点 [J]. 语数外学习，2019.

[40]. 苏宁宁 .《荷花淀》中三要素之美的教学研究 [J]. 语文教学之友，2020.

[41]. 刘仲文 . 孙犁小说的亲水情节 [J]. 中学语文教学参考·下旬，2020.

[42]. 黄昕瑗 . 平常的生活，不平常的情怀——读《荷花淀》[J]. 初中生写作，2020.

[43]. 徐沛 .《台阶》教学中对学生人生观培养的分析 [J]. 新课程研究，2019.

[44]. 陈龙 . 关联理论视域下《台阶》的解读及其教学建议 [D]. 上海：上海师范大学，2020.

[45]. 石杰 .《台阶》文本解读与教学内容述评 [J]. 语文教学与研究，2019.

[46]. 林静 . 在艺术的氛围中品诗——高中现代诗歌教学价值及途径探索 [J]. 中学语文·大语文论坛，2007.

[47]. 付煜 . 文学类文本的美学审视 [J]. 语文建设，2016.

[48]. 孙鸿飞 . 吟诵黄河，诗意课堂 [J]. 语文教学通讯·初中，2018.

[49]. 梅永兵 . 在语文教学中渗透社会主义核心价值观——以《黄河颂》教学为例 [J]. 云南教育，2014.

[50]. 谭新 . 谈《黄河颂》的爱国主义精神 [J]. 问答与导学，2019.

[51]. 邵富国 . 爱国主义教育必须植根于语文教学始终 [J]. 中小学文化课程分析，2017.

[52]. 黄耀红 . 苍茫大地上的青春叩问——以"青春"视角解读《沁园春·长沙》[J]. 湖南教育（B 版），2020.

[53]. 吕莉春 . 浅谈高中诗词教学中四大语文核心素养的运用——以毛泽东《沁园春·长沙》为例 [J]. 科教文汇，2020.

[54]. 许华丽 . 赏析《沁园春·长沙》"崇高"之美 [J]. 家庭生活指南，2019.

[55]. 蒲珺珠 . 抓住重点词语，切入独特视角——以《沁园春·长沙》赏析举隅 [J]. 语文天地，2020.

[56]. 张雪鹏 . 基于语文学科核心素养的新闻教学研究——以人教版高中语文教材为例 [D]. 上海：上海师范大学，2019.

[57]. 高文蓉 . 课堂从认知走向审美浅见——以《奥斯维辛没有什么新闻》为例 [J]. 中学教学参考，2018.

[58]. 陶艳芬 . 美的境界·美的精神·美的形象——毛泽东新闻作品美学价值浅论 [J]. 哈尔滨学院学报，2002.

[59]. 贾龙弟 . 教出新闻的情感温度——品析王君老师的《人民解放军百万大军横渡长江》[J]. 教育研究与评论，2014.

[60]. 董晓强 . 用系统功能语法视角看新闻语篇解读——以教学统编教材八年级上册《消息二则》为例 [J]. 语文教学通讯，2020.

[61]. 任明新 . 新闻也能教出审美追求和价值观——以教学《"飞天"凌空》和《一着惊海天》为例 [J]. 语文教学通讯，2020.

[62]. 韦伟 ."新闻特写"教学内容开发的路径——以《"飞天"凌空——跳水姑娘吕伟夺魁记》为例 [J]. 语文教学，2019.

[63]. 任明新 . 新闻也能教出审美追求和价值观——以教学《"飞天"凌空》和《一着惊海天》为例 [J]. 语文教学通讯，2020.

[64]. 黄雪梅 . 论高中语文教育中传统文化的渗透 [J]. 课外语文：下（12）.

[65]. 赵露 . 如何在中学古诗文教学中渗透传统文化教育 [J]. 科学咨询，2018.

[66]. 杨晓婷 . 在《离骚》中培养学生爱国情操的探索 [J]. 科学咨询，2005.

[67]. 覃育兵 .《离骚》所表现的作者爱国深情与崇高人格 [J]. 四川师范大学学报，2000.

[68]. 濮忠华 . 汲取民族文化智慧 感受民族精神熏陶——《春望》经典诵读欣赏教学设计 [J]. 新课程导学，2020.

[69]. 文博 . 悲切爱国情 愁伤思家绪——《春望》赏析 [J]. 陕西教育，1998.

[70]. 文博 . 悲切爱国情 愁伤思家绪——《春望》赏析 [J]. 陕西教育，1998.

[71]. 甄居 . 壮志难酬 梦中挥戈——读《十一月四日风雨大作》[J]. 语文教学通讯，1982.

[72]. 张文宪 . 苍凉悲壮报国心——读《十一月四日风雨大作》[J]. 陕西教育（教学版），2007.

[73]. 丁晓梅 . 凄风冷雨愁煞人，伤国忧民传古今——《茅屋为秋风所破歌》和《十一

月四日风雨大作》比较赏读 [J]. 语文世界，2004.

[74]. 任为新 . "美在关系"——马致远《天净沙·秋思》解读 [J]. 中学语文教学，2019.

[75]. 金凯明 . 悠悠故乡情，万里话送别——浅谈李白《渡荆门送别》[J]. 新课程（教育学术），2012.

[76]. 常佩雨 . 秋雨寄情思——李商隐《夜雨寄北》赏析 [J]. 中学生阅读（初中版），2014.

[77]. 黄德虎 . 愁情满怀徒奈何——《将进酒》再探析 [J]. 中学语文教学参考，2018.

[78]. 李梓林 . 读《将进酒》，感悟文士情怀 [J]. 语言文字报，2020.

[79]. 马文索 . 试析《将进酒》中的中国文人情结 [J]. 中学教师，2015.

[80]. 孟宪法 . 雄浑昂扬的暮年吟唱——《龟虽寿》赏读 [J]. 优秀作文评选，2012.

[81]. 吴光坤 . 试析曹操《龟虽寿》的理性意蕴 [J]. 唐都学刊，1992.

[82]. 邹立群 . 千里之志，气雄力坚——读曹孟德《神龟虽寿》[J]. 优秀作文选评，2012.

[83]. 王冠颖 . 感受诗人复杂的心理矛盾 品读诗歌跌宕的情感变化——李白《行路难》（其一）赏析 [J]. 北方文学，2012.

[84]. 徐燕 . 审美鉴赏与创造对初中文言文教学的启示——以《陋室铭》《爱莲说》为例 [J]. 林区教学，2020.

[85]. 张春才 . 比较洞察《岳阳楼记》的崇高思想境界 [J]. 中学语文教学参考，2019.

[86]. 张广宇 . 先忧后乐 传承永恒——重温《岳阳楼记》[J]. 岳阳职业技术学院学报，2020.

[87]. 于平华 . 文本下的"知人论世"分析及作用——以《岳阳楼记》为例 [J]. 中学语文教学参考，2020.

[88]. 姚中应 . 在《醉翁亭记》里赏"美"悟"醉"[J]. 教育家，2016.

[89]. 杨茂文 . 论《醉翁亭记》中的生态美学意蕴 [J]. 名作欣赏，2019.

[90]. 朱琰 . 浅析《岳阳楼记》和《醉翁亭记》内容主题的异同 [J]. 新课程，2020.

[91]. 李明 . 解读《背影》所需要的人性视角 [J]. 语文教学与研究，2020.

[92]. 何顺莉 .《孔雀东南飞》的婚姻爱情悲剧根源 [J]. 山海经，2018.

[93]. 高和昌 .《利己归因偏向心理下缺位家庭的社会悲剧》——浅析《孔雀东南飞》焦仲卿、刘兰芝悲剧原因 [J]. 语文教学与研究 ,2020.

[94]. 王惠芳 . 豪情万丈男儿心 凄婉清绝女儿情——《江城子·乙卯正月二十日夜记梦》[J]. 语文月刊，2013.

[95]. 谷玉英 . 从及物性角度析《江城子·乙卯正月二十日夜记梦》[J]. 山东理工大学学报，2014.

[96]. 胡文俊 . 何梦不思量 此情自难忘——苏轼《江城子》赏析 [J]. 中国古代文学研究，2009.

[97]. 于保东 . 善良的最高境界——《老王》别解 [J]. 山东教育，2020.

[98]. 李华英 . 当爱的天平倾斜——解读《老王》中杨绛先生的"愧怍"[J]. 初中生，2020.

[99]. 赵同宇 . 纤手因岁月流逝易老，真情因河汉阻隔弥新——评秦观《鹊桥仙》(纤云弄巧）[J]. 现代语文，2005.

[100]. 赵德铭 . 两情若是久长时，又岂在朝朝暮暮——品读秦观《鹊桥仙·纤云弄巧》[J]. 山西老年，2016.

[101]. 魏娟 . 基于陶行知生活教育理论的中学语文教育研究 [J]. 教育理论与实践，2006.

[102]. 高焕祥 . 陶行知思想的当代人文精神价值 [J]. 南京晓庄学院学报，2005.

[103]. 曾纯 . 爱有多错 痛有多深——从《氓》女主人公角度浅析婚恋悲剧的原因 [J]. 中学语文参考，2019.

[104]. 康宏东 . 永远的芬芳 永恒的魅力——《诗经·氓》中卫女形象之深层解读 [J].
语文教学通讯，2020.

[105]. 耿丽霞 . 诗歌核心素养中的审美意象——《乡愁》例谈 [J]. 长江丛刊，2018.

[106]. 夏咏梅 . 乡愁与社会主义核心价值观培育和践行研究 [J]. 成都大学学报，2019.

# 编者附记

从一开始决定编写这本《语文教学中的人文素养价值探索》之时，就对相关课文和案例展开了搜集和整理。之所以想要编写与"人文素养""人文价值"相关的语文学科类用书，完全出于对语文学科、对语文教材、对语文教育事业以及对中学生的热爱之情。纵观近几年语文教育事业的发展趋势，阅读能力的培养、学生独特育人价值的提升已经成了中学语文教师的一项艰巨任务。除了要响应国家政策和时代的号召，本人坚定地认为，学生人文素养的提升、人文情怀的培养已经与语文学科所要学生达到的听说读写等实践能力一样，成了语文教育的必不可少的关键因素。学生对于语文课程的学习不能仅停留在"死读书""读死书""死记硬背""填鸭式教学"的基础上。作为一名优秀的语文教师，帮助学生学会阅读、学会写作、学会赏析、学会思考是基本要求，引导学生学会感悟人生、学会反思自己、学会感恩生活、学会珍惜生命是更高层次的要求。学生不是机器人，他们应该获得老师的尊重，他们才会尊重别人；他们应该受到社会的重视，他们才会回报社会；他们应该得到善意的帮助，他们才会懂得感恩。因为学生也是有血有肉有思想的人。在语文教材中，编者尽全力搜集了能够给学生在学习上、思想上都大有所益的篇目，老师的任务就是将这些篇目中所蕴含的人文关怀、情感价值传递给学生，让学生在心灵上有更深层次的启发和收获。因此，作为语文教师，我们的任务是很明确的也是很艰巨的，我们没有数学学科固定的公式可以套用，也没有英语学科固定的英语语法能够使用，我们更不能将一份教案用在一个班的学生身上又用在其他班级不同情况学生的身上，我们要结合学生的实际情况进行备课，还要结合时代的发展进行备课，要随时结合国家的发展注入新的知识和新的案例，所以我认为，语文学科不可能一劳永逸。例如教授《奥斯维辛没有什么新闻》这篇课文，在许多年前，可以借用美国911的恐怖袭击事件进行补充，而近几年则可以选用叙利亚政府与叙利亚反对派组织以及伊斯兰国之间的冲突作为补充，让学生清楚地知道和平的重要性，更为重要的一点是，在同一个时代，其他国家还在饱受战争的摧残，而中国——我们的祖国，因为她的强大让我们过着幸福和谐的生活，爱国是每一个中国人必须具备的精神品质。再如，讲解《纪念白求恩》这篇课文，在前些年可以用2002年国家遭受非典进行举例说明，而现在就可以用2021年的新冠病毒进行举例说明。所以从老师应该与时俱进这个层面来说，语文教师不能一直"啃老本"，我一直认为，语文教师就要付出比其他学科老师更多的心血、精力和时间，才能在时代不断进步的今天，跟上时代的步伐，让语文课堂变得更加生动、更加充满活力。从丰富学生的精神素养的这个方面来说，尤其是在每个孩子都是父母的宝贝疙瘩的今天，不难发现，很多学生在学校里的表现能够看出，由于家长的过分溺爱、过分关注，越来越多的学生只在乎学习成绩，不在乎个人的整体发展，长此以往，学生就会朝着只是一个学习的机器这个角度发展，没有精神财富、没有思想境界，最终只是一副躯壳。这将是一个非常可怕的局面。所以，我认为，通过在语文教材中挖掘与之相关的价值元素，在语文课堂当中帮助学生提升人文情怀，在语文教学中探索人文素养的价值是对语文教育高要求的体现。

希望在不久的将来，通过语文教育的不断发展和进步，学生在拥有优异的成绩的同时，还能成为一个有素养、有情怀、有追求、有向往的优秀青年，愿每一个莘莘学子的语文教师都是值得他们尊重、值得他们爱戴的，也期待每当学生提起曾经的语文课堂时，脸上都能够洋溢着幸福的微笑，都能拥有美好的回忆。

黔南民族师范学院文学与传媒学院　王爱淳

2021 年 3 月 14 日